Allegria

Die Autorin

Michaela Dane, 1963 in Düsseldorf geboren, war von 1979 bis 1983 Mitglied des Jugendsymphonieorchesters als Cellistin. Sie studierte Biologie an der Universität Düsseldorf und Arabisch in der Deutsch-Arabischen Gesellschaft. Ihr Diplom erhielt sie in Biochemie der Pflanzen, wonach sie an der Universität Alicante promovierte.

Seit den 90er Jahren leitet sie zusammen mit ihrem Mann eine Praxis für Allgemeinmedizin mit klinischem Labor. Es folgte eine Ausbildung in Homöopathie und die Umstellung ihrer Praxis auf Naturmedizin und Runenmagie (ererbtes Wissen). 2000 wurde sie in die Rittergilde Cofradía Reino Monastrell aufgenommen, danach folgte eine Ausbildung in spagyrischer Paracelsusmedizin durch das Laboratorium Heliosar.

Von der Autorin stammen acht Bände der Science-Fiction-Serie »El Conde«, erschienen in Spanien und Deutschland (Tebbert), im Eigenverlag veröffentlichte sie den Weinführer »Michis lächelnde Weinkunde« und bei Allegria »Die Heilgeheimnisse des Paracelsus«.

DR. MICHAELA DANE

DIE GEBURTSHERRSCHER

ASTROLOGISCHE SELBSTFINDUNG
NACH PARACELSUS

Ullstein

Besuchen Sie uns im Internet:
www.ullstein-taschenbuch.de

Allegria im Ullstein Taschenbuch

Ullstein Taschenbuch ist ein Verlag der
Ullstein Buchverlage GmbH, Berlin.
Originalausgabe im Ullstein Taschenbuch
1. Auflage März 2011
2. Auflage 2017
© der deutschsprachigen Ausgabe 2011 by
Ullstein Buchverlage GmbH, Berlin
Umschlaggestaltung: HildenDesign, München
Lektorat: Marita Böhm
Satz: Keller & Keller GbR
Gesetzt aus der Garamond
Druck und Bindearbeiten:
CPI books GmbH, Leck
ISBN 978-3-548-74504-6

Inhalt

MATRIXPRINZIP 9
  Astrologie als Schlüssel zum Verständnis des Kosmos 9
  Die hermetischen Prinzipien 21
    1. Das Prinzip der Geistigkeit 22
    2. Die Natur ist sich selbst ähnlich 26
    3. Das Prinzip der Schwingung 29
    4. Das Prinzip der Polarität 33
    5. Das Prinzip des Rhythmus 36
    6. Das Prinzip des Geschlechts 39
    7. Das Prinzip von Ursache und Wirkung 42
  Die sieben Signaturen 46
    Metallsignaturen 53
    Blütenpflanzen 56
    Heilpflanzen und Bäume 58
    Signatur bei Tieren 59
  Die Interpretation der Geburtsherrscher 60
    Taghaus/Nachthaus, Würde/Exil, Erhöhung/Fall 60
    Männlich/Weiblich 61
    Qualität: kardinal, fest, beweglich 63
    Die »Elemente« 63

IN HARMONIE MIT DEM GEBURTSHERRSCHER 70
  Test 71

DIE ARCHETYPEN DER GEBURTSHERRSCHER 81
  Sonne 85
    Sonnenpflanzen 89
    Wesensarten der Sonnensignatur 89
    Tiere und Fabelwesen 91
    Engel und ewige Wesen 93
    Der Sonnenmensch 94

Mond 98
    Antennenmetall Silber 100
    Die Sinne des Mondes 101
    Mondmineralien 103
    Mondpflanzen 105
    Mondfauna 107
    Engel und ewige Wesen 108
    Der Mondmensch 109
Merkur 113
    Antennenmetall Quecksilber 114
    Schmuck und Mineralien des Merkurs 115
    Die Pflanzenwelt des Merkurs 118
    Kommunikations- und Tierwelt des Merkurs 120
    Engel und andere Wesensarten des Merkurs 122
Venus 126
    Kupfer, das Antennenmetall der Venus 127
    Pflanzen und Kräuter der Venussignatur 128
    Die Macht der Venus, Wesen und Symbole 129
    Venustiere 131
    Venusmenschen 132
    Die Zahl der Venus in Musik und Pflanzenwelt 133
    Die Wesenswelt der Venus 133
Mars 139
    Das Antennenmetall des Mars 143
    Blutrote Kristalle 144
    Die Nahrungswelt des Mars 145
    Die Pflanzen- und Tierwelt des Mars 147
    Die Beschützer des Mars 152
    Kameradschaft des Mars 152
Jupiter 155
    Jupitermetall 156
    Mineralien und Steine des Jupiters 158
    Jupiterpflanzen 159
    Die Tier- und Wesenswelt des Jupiters 161

Saturn 164
    Die dunklen Steine des Saturns 167
    Die Pflanzenwelt des Saturns 168
    Die Fauna des Saturns 170
    Wesen und Wesensart des Saturns 174

DER UMGANG MIT DEM GEBURTSHERRSCHER 177

DIE HIMMELSKÖRPER IM STERNZEICHEN 181
    Modulationsgesetzmäßigkeiten der Geburtsherrscher 183
    Eigenschaften im Wandel 196
    Nahrung nach dem Geburtsherrscher 197

DIE WOCHENUHR 207
    Montag 209
    Dienstag 212
    Mittwoch 214
    Donnerstag 218
    Freitag 222
    Samstag 225
    Sonntag 230

DIE LEBENSUHR 235
    Babyzeit ist Sonnenzeit 236
    Das Kleinkind in der Mondphase 239
    Jugend: Merkur 244
    Partnerwahl und Fruchtbarkeit: Venuszeit 257
    Karriere und Kinderaufzucht: Marszeit 268
    Pensionierung: Jupiter 280
    Krankheit und Tod: Saturn 294

DIE UHR UNSERES SONNENSYSTEMS 302
    Sonnenzeit 302
    Mondzeit 304

Merkurzeit 306
Venuszeit 311
Marszeit 316
Das Ende der Marszeit 320
Jupiterzeit: 2012   322

Danksagung 324
Literatur 325
Bildnachweis 330
Testauflösung 331
Tabellenübersicht 333

MATRIXPRINZIP

Astrologie als Schlüssel zum Verständnis des Kosmos

Cognitum est corpus solare habere magnitudinem et secundum eam oniam vincere corpora, eiusque effectus tam in simplicibus quam in compositis manifestos esse, eumque in mundo caloris naturalis in corde sedum habentis vicem optinere. Per hunc metalla et his simila esse, arbores et plante vitam, animalis sensum sortiuntur, ex eiusdem motu solus noctis et diei est vicissitudo, non ex luna ceterisve stellis.

Es ist bekannt, dass die Himmelskörper eine Größe haben, die alle Körper übertrifft, sodass sich ihre Wirkung sowohl im Einfachen als auch im Zusammengesetzten manifestiert, und auch in der Welt der natürlichen Leidenschaften erlangen sie ihren Platz im Sitz der (menschlichen) Herzen. Von ihnen erhalten die Metalle ihre Simila, die Bäume und Pflanzen ihr Leben und die Tiere ihre Wahrnehmung, außerdem ist es die Kraft der Sonne, die den Wechsel zwischen Tag und Nacht bewirkt, nicht die des Mondes oder der anderen Sterne.

Abraham ben Meir ibn Esra, anno 1140

So begann im 12. Jahrhundert ein Buch über Astronomie und Mathematik, von einem spanischen Juden auf Latein geschrieben, damit die gesamte christliche Kulturwelt es lesen konnte. Der Autor, Abraham ben Meir ibn Esra, auch Abraham Ben Esra genannt, bemüht sich hierbei nicht gerade um Ausführlichkeit und fasst die Grundprinzipien des alchemistischen Denkmodells in zwei lapidaren Sätzen zusammen, denn er konnte davon ausgehen, dass das Gesagte den Lesern geläufig war.

Heute, circa 1000 Jahre später, haben wir nicht den leisesten Schimmer, wovon der Mann eigentlich spricht.

Was genau will der Gelehrte uns nun sagen, das sich lohnen könnte, heute, nach fast einem Millennium, wieder auszugraben?

Machen wir einmal ein Gedankenexperiment, ähnlich den spirituellen Reisen, die berühmte Seminarexperten mit ihren Schülern veranstalten. Doch diesmal stellen wir uns keine blühende Seelenlandschaft vor, sondern etwas viel Größeres. Einigen Lesern ist vielleicht die Filmtrilogie »Matrix« in Erinnerung. Der Grundgedanke war, dass alle Menschen wie Batterien an Stromkabeln blind und taub in Nährlösungen vor sich hinvegetierten mit der einzigen Daseinsberechtigung, Strom für eine Maschinenwelt zu produzieren. Damit das funktionieren konnte, waren die Gehirne an ein Computerprogramm angeschlossen, in dem sich das Leben der Menschen ausschließlich virtuell abspielte. Fehler in der virtuellen Welt der Matrix, wie zum Beispiel Computerviren, gefährdeten das Leben aller angeschlossenen Individuen und indirekt natürlich das der herrschenden Maschinen. Spezialprogramme mit Spionfunktion sorgten dafür, dass nur sehr wenige aus dem System ausstiegen. Trotzdem gab es immer wieder Leute, die diesen Schritt wagten, im Falle der »Matrix«-Trilogie natürlich die Helden der Geschichte mit entsprechend tragischem, aber sinnvollem Ende.

Die Computermatrix ist eine Fiktion, Gott sei Dank, obwohl man bei all der Globalisierung und Gleichschaltung durch die Medien immer öfter den Eindruck gewinnt, man sei wirklich an ein Programm angeschlossen, das für alle gleich abläuft und nur noch minimalen Handlungsspielraum zulässt.

Doch um beim Beispiel zu bleiben: Eine Matrix gibt es ganz gewiss, und das ist die Natur unseres Universums. Das Sonnensystem hat einen bestimmten Aufbau mit Konsequenzen für jedes Lebewesen auf der Erde, und nicht nur für die Lebewesen, sondern auch die unbelebte Materie. Die Helden in der Filmtrilogie vermochten die Matrix auszutricksen, weil sie lernten, das Computerprogramm zu lesen und zu verstehen.

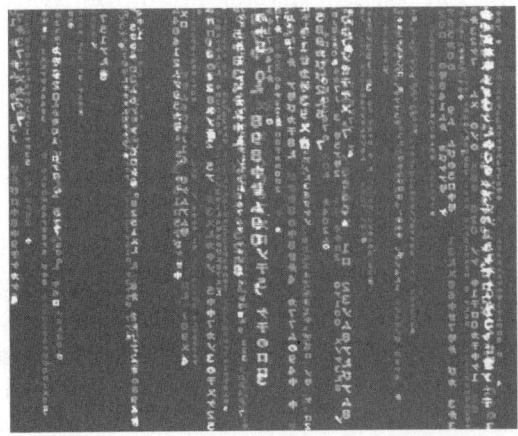

Matrixcode

Unsere Naturmatrix zu verstehen bedeutet, ihre Gesetzmäßigkeiten zu erforschen und ihre Zusammenhänge zu verstehen. Wer weiß, wie der Makrokosmos auf den Mikrokosmos wirkt, das Große auf das Kleine, der kann wie Neo und seine Freunde nicht nur die Matrix lesen, sondern auch nach Belieben aussteigen.

Wenn man Ben Esras Einleitung liest, ahnt man schon, dass es sich hierbei um Astrologie handelt, und doch war dies einmal die wichtigste Wissenschaft, die zum Durchschauen der Matrix erforderlich war, sozusagen die Telefonverbindung zwischen Himmel und Erde. Man kann schon beim Lesen auf die Idee kommen, dass die moderne Astrologie nur noch wenig mit dem zu tun hat, was Ben Esra unter diesem Terminus verstand.

Astrologie, wie der Name schon sagt, beschäftigt sich mit den Sternen und der Bedeutung, die diese für uns haben können. Es ist eine sehr alte Kunst, so alt wie die menschliche Neugier an sich, die ausgehend von Babylonien und Ägypten das gesamte Abendland geprägt hat. Zur Zeit der Antike existierte noch keine Unterscheidung oder Aufteilung in naturwissenschaftliche Teilgebiete, sodass die Astrologie nicht denkbar war ohne Geometrie, Mathematik und Astronomie. Die großen Fortschritte der Mathematik beruhten überhaupt nur darauf, dass die alten Kulturen sie brauchten, um die Phänomene am Himmel berechnen zu können. Da sehr bald Zusammenhänge zwischen den beobachteten Phänomenen und Ereignissen auf der Erde erkannt wurden, war die Astrologie immer das Herzstück einer jeden Wissenschaft.

Eine Ahnung von ihrer herausragenden Bedeutung bekommen wir, wenn wir an die Weihnachtsgeschichte denken. Man kann sicherlich davon ausgehen, dass die drei Weisen aus dem Morgenland keine reichen Müßiggänger waren, die mal für ein paar Monate ihre Regierungsaufträge vernachlässigten, um eine Survival-Tour durch die Wüste zu unternehmen, was der Fall gewesen wäre, wenn es sich um Könige statt um Weise gehandelt hätte. Es ist also eher wahrscheinlich, dass es gute Astrologen waren, die erkennen konnten, was der Komet am Himmel über Bethlehem bedeutete.

Als die Alchemie sich als erste ganzheitliche Wissenschaft herausbildete und begann, die Natur mit hermetischen Gesetzen zu beschreiben, bildete die Astrologie auch hier wieder das Kernstück. Die Alchemie als Mutter aller Naturwissenschaften ist heute unbekannt, denn übrig geblieben sind höchstens noch vage Assoziationen von Personen, die unbedingt Blei zu Gold umwandeln wollten und als Nebenverdienst noch das Rezept für ewiges Leben suchten.

Menschen mit astrologischen Kenntnissen hatten jedenfalls aus solchen oder anderen Gründen für lange Zeit einen krisensicheren Job, waren jahrhundertelang hoch geachtet und meistens hoch bezahlte Ratgeber der Herrschenden.

Unter diesem Aspekt ist es bedauerlich, was aus den Hofastrologen später geworden ist. Heute verdingen sie sich im Internet, als Verfasser von Horoskopseiten in Klatschblättchen oder als unfreiwillige Lachnummer in »Galileo Spezial«.

Wie konnte es zu solchem Abstieg kommen, wo doch das Interesse der Bevölkerung an Gottes Matrix, an Zusammenhängen zwischen Mikro- und Makrokosmos niemals nachgelassen hat?

Am auffälligsten ist die Tatsache, dass man die Astrologie in eine Ecke gedrängt hat, in der sie von modernen Naturwissenschaftlern nicht mehr ernst genommen werden muss. Gleichzeitig sind auch die tatsächlichen Kenntnisse der Astrologen seit dem Mittelalter unaufhaltsam ins Bodenlose gestürzt.

Heute erwarten die Kunden von einem Astrologen, dass er ihnen ihren Charakter erklärt und vorhersagt, ob es endlich mit der Liebe oder mit dem Kinderkriegen etc. klappen wird. Kein Wunder, dass immer wieder Sendungen gezeigt werden, in denen ein Einheitshoroskop ausgegeben wird, von dem dann zwanzig völlig unterschiedliche Menschen sagen, es träfe hundertprozentig auf sie zu.

Solche Vorführungen sind sehr bedauerlich, weil sie vom Wesentlichen ablenken, nämlich von der Tatsache, dass die Astrologie trotz aller gegenteiligen Behauptungen kein Humbug ist. Das ist gerade so, als würde man ein paar Promis zum Thema Chemie interviewen. Ist die Chemie etwa keine ernst zu nehmende Wissenschaft, nur weil Paris Hilton ein Zuckermolekül nicht von der TNT-Formel unterscheiden kann?

Jetzt kann man einwenden, das Beispiel sei absurd, schließlich befragt man zu diesem Thema keine Promis, sondern studierte Chemiker möglichst mit Doktor- oder Professortitel. Sehr richtig eingewandt, doch wo bekommt man heutzutage einen Doktor in Astrologie? Welche Universität bietet hierfür einen Lehrstuhl? Cordoba jedenfalls schon lange nicht mehr, genauer gesagt, seit dem Fall von Granada im schwarzen Jahr 1492 nicht mehr.

Unsere heutigen Astrologen sind also leider allesamt mehr oder weniger engagierte Laien. Auch die Fernsehgurus und andere selbsternannten Internetexperten können da nichts Handfestes aufweisen, was sie über ihre Popularität hinaus legitimieren würde. Solche Leute haben eine Art Vulgärastrologie aus dem Kontext der Alchemie herausgerissen und benutzen die rudimentären Reste nun für besagte Fünfzeilenhoroskope.

Natürlich gilt das nicht für alle. Es gibt Gelehrte auf dem Gebiet, die sich in jahrelanger Arbeit und Forschung einen Großteil des alten Wissens wieder angeeignet haben. Hierzu müssen sie Arabisch, Latein und Altgriechisch beherrschen, was die Zahl der Wissenden doch erheblich einschränkt (das Internet ist hierbei nicht sehr nützlich). Rafael Gil Brand ist beispielsweise ein solcher. Bedauerlicherweise kennt diesen Namen fast keiner, und im Fernsehen tritt er auch nicht auf, genauso wenig, wie anerkannte Physiker dies tun, außer wenn sie einen Nobelpreis in Empfang nehmen. Bei seriösen Autoren kann man also das Wesentliche zur Erstellung eines Horoskops nachlesen, aber auch sonst noch alles, was in das Gebiet Astrologie gehört.

Jeder kennt sein *Sternzeichen*. Dieses Zeichen steht hoch am Himmel, wenn ein neuer Erdenbürger geboren wird. Der *Aszendent* befindet sich im Osten. Es ist das Zeichen, das gerade aufgeht, wenn ein Mensch geboren wird.

Für moderne Astrologen sind Aszendenten, die zwölf *Häuser* und die darin enthaltenen Planeten wichtig, um Aussagen zum Charakter des Menschen und seinem weiteren Schicksal treffen zu können. Selbst die Physiognomie soll sich an den Sternen orientieren, in diesem Fall am Aszendenten.

Für Alchemisten waren solche Details zwar wichtig zur Beurteilung eines Individuums, aber ihre Arbeit erschöpfte sich nicht in solchen Analysen. Ihre wirkliche Aufmerksamkeit galt dem Aufbau der Matrix, der Zusammensetzung unseres

Universums. Denn wer die Zusammenhänge des Kosmos kennt, wer seinen äußeren und inneren Aufbau versteht, erlangt den größtmöglichen Grad der Freiheit. Er kann die Schöpfung beherrschen oder sogar in gewisser Weise aus den vorhergesehenen Bahnen ausbrechen. Alchemisten, die immer wieder gerne als Hexer verbrannt wurden, waren in Wirklichkeit Aussteiger, die mit ihrer Freiheit die Masse ärgerten, die nur dumpf in einer unsichtbaren Nährlösung aus Tabus, Geboten und Verboten herumwuselte wie Bakterien auf einer Agarschale. Wen wundert es, dass die Überlebenden ihr Wissen lieber ängstlich vor der Außenwelt abschotteten und im Geheimen hüteten. So wurde aus einer Naturwissenschaft Okkultismus.

In der Wissenschaft der Alchemie hat alles Bezug zueinander. Die Himmelskörper stehen in Beziehung zu ihren *Antennen*, den Metallen. Die Kristalle tragen die *Signaturen* des Himmels, ebenso wie die Pflanzen und Tiere und letztlich wir selbst. Hier nun kann ein Astrologe Aussagen über einen einzelnen Menschen treffen, die über bloße Charaktereigenschaften weit hinausgehen und die ganz bestimmt nicht das Gleiche für zwanzig Menschen beschreiben.

Es handelt sich hierbei um die Signaturenlehre, die mit dem Geburtsherrscher eng zusammenhängt. Paracelsus erklärte folgendermaßen:

»Ihr wisset durch die Kunst der Signatur, dass jedes Ding nach dem, aus dem es ist und zu dem es gehört, gezeichnet wird, damit es immer gleich gefunden werde, wie es die Kunst der Signatur anzeigt, die der Arzt kennen soll, um dies zu verstehen.«

Er, der bekannteste Meister der Alchemie, den es je gegeben hat, war gewohnt, die Natur zu beobachten und in ihr zu lesen wie in einem offenen Buch.

Der Erfolg seiner Medizin beruhte nicht auf Wundertinkturen, obwohl er solche als *Arcana* bezeichneten Mittel auch zur Verfügung hatte, sondern in seiner Fähigkeit, die Signaturen der Mineralien, Pflanzen, Pilze oder Tiere zu erkennen.

Erkennt man die Signaturen, also die Zusammengehörigkeit eines Mittels zu seinem Himmelskörper, dann weiß man auch, welches Organ oder welches Leiden damit geheilt werden kann.

Ein berühmtes Beispiel ist das Schöllkraut. Seine jupitergelbe Farbe und die leberförmigen Blätter haben Alchemisten ganz ohne Tierversuche darauf gebracht, dass dieses Kraut gut für die Leber sein müsste. Moderne wissenschaftliche Untersuchungen haben inzwischen bestimmte Wirkstoffe isolieren können, die die Theorie von früher bestätigt haben. Nach wie vor gibt es wenige wirksame Mittel zur Behandlung von Leberschäden. Chelidonium, homöopathisch oder spagyrisch aufbereitet, ist eines der wenigen wirklich guten Mittel, die wir in der Naturmedizin zur Verfügung haben. Die Schulmedizin hat gleich gar nichts anzubieten, außer dem Spruch, endlich das Trinken sein zu lassen, selbst wenn der arme Patient seine Zirrhose vielleicht einer Hepatitisinfektion verdankt.

Doch beschränkten sich die Anwendungsmöglichkeiten der Signaturenlehre nicht nur auf die Medizin. Sie kann uns ganz praktisch dazu dienen, zu erkennen, was zu wem gehört, und uns damit ganz konkret helfen, im Einklang mit der Natur und unserer angeborenen Persönlichkeit zu leben.

Hierbei kommt die Astrologie wieder zum Tragen. Viele Menschen wissen nicht, wie bedeutsam ihr *Geburtshoroskop* für sie selbst sein kann. In der Alchemie versteht man unter Geburtshoroskop die Konstellation von Himmelskörpern, die am Tage der Geburt im eigenen Sternzeichen stand.

Findet man zum Beispiel, heute leichter als früher durch die Astronomieprogramme, im Sternzeichen Widder auch noch den Mars, so handelt es sich um einen Menschen, dessen *Geburtsherrscher* auch noch im eigenen Haus steht. Es wird ein extrem marsregierter Mensch sein, mit einer Vorliebe für die Farbe Rot, mit gutem Geruchssinn und der Neigung zu Magengeschwür oder Darmproblemen. Gleichzeitig liefert die Natur zahlreiche marsgeprägte Hilfsmittel, die diese Probleme, vom aggressiven Temperament bis zur quälenden Gastritis, mildern können.

Es sind Marskristalle wie der Granat oder der Pyrit, Kräuter wie die Berberitze und die Brennnessel, eine Eiche im Garten oder ein Hund als Haustier, die dafür sorgen, dass es dem Menschen besser geht als anderen gleicher Signatur, die nichts von ihrer Natur wissen.

Gegen seine Natur zu leben kann hingegen zu Unwohlsein bis hin zu Krankheit führen. Als Beispiel sei ein alltägliches Bild aus der Mode genannt.

Für die Jugend ist es immer schick, sich schwarz zu kleiden. Auch erwachsene Frauen haben oft das berühmte »kleine Schwarze« im Schrank, amerikanische Filme postulieren so ein *Must have*-Teil ein ums andere Mal. Warum sich die meisten Frauen darin aber trotzdem nicht als Siegerin fühlen, warum die Jugendlichen dazu neigen, extrem unglücklich zu sein, die Künstler trotz schwarzen Rollis zum obligatorischen Pferdeschwanz erfolglos bleiben, hat nicht selten diese banale Erklärung: Schwarz ist die Negation aller Farben, die Negation des Lichts, die Negation der Sonne, es verschluckt und verdeckt die Aura der meisten Menschen! Nicht umsonst wurden Frauen rund ums Mittelmeer jahrhundertelang gezwungen, Schwarz als Trauerfarbe um irgendein Familienmitglied zu tragen, was die Unterdrückung des weiblichen Selbstbewusstseins von vornherein ungemein erleichterte. Wir beobachten dieses Phänomen noch in vielen muslimischen Ländern, in denen Männer die strahlende Sonnenfarbe Weiß tragen, während die Persönlichkeit der in Schwarz gehüllten Frauen fast ausgelöscht wird.

Schwarz tut nur Saturngeborenen wirklich gut, und die sind die absolute Ausnahme unter den lebenden Wesen.

Das Sonnensystem ist nämlich so aufgebaut, dass bestimmte Himmelskörper der Erde näher liegen als andere. Es werden sehr viele Menschen unter dem Mond oder Merkur geboren, danach folgt eine etwa gleiche Verteilung für Mars und Venus, dann Sonne und schließlich mit großem Abstand (in der Statistik) kommen erst die Jupiter- oder Saturngeprägten. Saturn ist aber ausgerechnet ein Planet mit sehr viel negativer und mystischer Energie. Das mag der Grund dafür sein, die Farbe Schwarz attraktiv zu finden, auf einem Venuskörper ist sie aber schlichtweg schädlich!

Außerdem darf man nicht vergessen, dass Menschen als einzige Lebewesen nicht Opfer oder Sklaven ihrer Natur sein müssen. Wer will, kann willentlich seinen Geburtsherrscher wechseln, kann seiner eigenen Natur und den Abgründen in ihr begegnen und Unbehagen bis zur Krankheit schon im Vorfeld abbiegen. Um beim Mars-Beispiel zu bleiben: Eine Marsfrau, die weiß, dass allzu viel Mars in der Liebe und Mutterschaft absolut hinderlich sein kann, mag sich bewusst

Venuseigenschaften oder Mondeigenschaften zulegen. Das beginnt mit der Farbwahl der Kleidung, wobei Venusfarben wie Blau und Rosa verwendet werden, bis hin zur Einnahme von Mondelixieren aus Perlen und Silber, die die Fruchtbarkeit fördern.

Hinzu kommt, dass bei mehreren Geburtsherrschern ganz instinktiv immer einer ausgewählt wird, so wie man ja auch immer nur einen Schutzengel hat (der im Übrigen auch den Himmelskörpern zugeordnet wird).

Doch um bewusst handeln zu können, muss man wissen, wo der eigene Platz in der Matrix ist, mit welchem Erbe einen die Natur ausgestattet hat, denn es sind, wie die Alchemisten wissen, keineswegs nur Gene und Umwelt, die uns prägen, sondern auch ein drittes Element, das Geburtshoroskop, das uns nicht nur prägt, sondern als Bindeglied fungiert zwischen uns und der uns umgebenden Natur.

Die hermetischen Prinzipien

Was kümmert uns angesichts der langsam aufkochenden Panik vom »Ende der Welt 2012« im Nacken die verstaubte Wissenschaft Alchemie? Warum sich mit *Hermetik* beschäftigen, wo es zurzeit von spirituellen Entdeckungen ohnehin nur so wimmelt?

Ist die Philosophie des Osho für das Abendland das, was einst die Alchemie des Paracelsus war?

Bestimmt nicht, denn Abendland bedeutet nun einmal das Gegenteil von Kontemplation und Meditation. Abendland heißt: rationale Analyse und Bewegung, also *Logik* und *Aktion*. Nicht umsonst sind dies griechisch-lateinische Begriffe.

Hermetik heißt wörtlich »abgeschlossen«, also so wie ein Schatz in einer Truhe mit knacksicherem Vorhängeschloss oder eine Mail in einer Computersprache, deren Code wir nicht mal aus dem Internet herunterladen können.
 Texte, die vom *Digerieren des grünen Löwen* und einer *chymischen Hochzeit* sprechen, sind genau solche verschlüsselten Kochrezepte, die nur eingeweihten Alchemisten etwas nutzen konnten. Raubkopierer hatten dagegen keine Chance und verloren höchstens ein paar Barthaare und Augenbrauen, wenn ihnen die Retorten Funken sprühend um die Ohren flogen.

Nach über 2000 Jahren Geheimniskrämerei dieser Art sollte man aber doch meinen, dass die Menschheit, zumindest der lesende Teil, reif genug ist, selbst zu entscheiden, was er mit den Naturgesetzen anfangen möchte oder nicht. Denn das und nichts anderes sind die sieben hermetischen Prinzipien, deren Logik sich nur teilweise mit den Erkenntnissen moderner Naturwissenschaften deckt, aber merkwürdigerweise jedem Menschen mit gesundem Menschenverstand sofort einleuchtet.

1. Das Prinzip der Geistigkeit

Alle Materie ist im Grunde Geist. Die Vorstellung von einem beseelten Universum ist für alle Naturvölker eine Selbstverständlichkeit. Der moderne Mensch, meist jedem Glauben abhold und allein auf fünf von sieben Sinnen vertrauend, blickt auf den sogenannten *Panspiritismus* mit scheinbar überlegenem Lächeln herab. An so etwas glauben eben gerade mal die Yanomami. Zivilisierte Europäer haben sich soeben großteils vom Christentum befreit und blicken mit tiefstem Misstrauen auf Gläubige anderer Buchreligionen, während sich Buddhismus »light« durchaus größerer Beliebtheit erfreuen darf, wenn damit nur Verzicht auf Steak, aber nicht auf asoziales Verhalten verbunden ist.

Tatsächlich vertrauen wir heute zumeist lieber unseren fünf Sinnen, mit starker Betonung auf dem optischen Sinn, denn es ist das Auge, das wir brauchen, um die diversen Bildschirme zu betrachten, die heutzutage nun einmal unsere wichtigste Informationsquelle darstellen. Eine böse Falle, denn sagte man früher von einem besonders Dummen, »er habe ein Brett vorm Kopf«, so trifft das inzwischen fast auf uns alle zu, vom Kind bis zum Büroangestellten. Das quadratische Brett von heute hat noch dazu die tückische Eigenschaft, unsere Gesundheit mit elektromagnetischer Strahlung zu gefährden.

Bei Kindern beobachten wir genau wie bei den Naturvölkern, dass sie noch keinen Unterschied zwischen tot und lebendig machen, wie Erwachsene es gewohnt sind, denn für sie ist alles, was sie umgibt, beseelt.

Ein einfaches Beispiel hierfür ist das Kuscheltier, ohne das ein Kind nicht einschläft. Dieses ist für jedes Kind genauso lebendig wie das Zwergkaninchen im Käfig. Selbst wenn das Kind zu unterscheiden lernt, dass man das Zwergkaninchen füttern muss, während das Plüschtier keine Nahrung braucht, wird es doch erzählen, dass die Dunkelheit ihm Angst macht oder der Plüschhase nicht gerne allein ist. Wenn Eltern dann oft genug betont haben, dass es sich ja »nur« um ein Spielzeug handelt, wird das Kind nach einer Weile nicht mehr darüber sprechen. Man kann dann, wenn das Kind sich unbeobachtet wähnt, hören, wie es sich mit dem Spieltier flüsternd austauscht.

Die Comicserien »Pu der Bär« oder »Calvin und Hobbes«, bei der der Zeichner geschickt die Perspektiven zwischen Mutter und Kind wechselt, indem das Spieltier mal wie ein echter Tiger aussieht und mal wie ein Stofftier, haben diese Bewusstseinsdifferenz genau auf den Punkt gebracht.

Kinder erleben ihre Umwelt persönlicher und individueller als Erwachsene und daher auch oft genug in Form von Bedrohung.

Da gibt es das Badewannenmonster, das aus dem Schaum entsteht, wenn man das Kind im Bad allein gelassen hat. Schatten in dunklen Ecken der gewohnten Räume nehmen menschliche Gestalt an, sich im Wind bauschende Gardinen werden zu Geistern.

Noch extremer erleben Kinder ihre beseelte Umwelt, wenn sie sich außerhalb ihres normalen Erlebniskreises befinden. Stadtkinder erkennen bei Waldausflügen die Gesichter in den Baumstämmen und das Geflüster der Blätter genauso wie Landkinder, empfinden diese aber im Gegensatz zu

Letzteren als bedrohlich. Würde man ihnen in diesem zarten Alter erklären, welche Kraft und Magie gerade ein Baum zu bieten hat, statt jedes natürliche Empfinden in dieser Hinsicht als Blödsinn abzutun, würden sie nicht nur ihre heimlichen Ängste verlieren, sondern auch später einen engeren Kontakt mit der Natur aufrechterhalten, der eigentlich jedem Lebewesen angeboren ist.

Als Jugendlicher verlieren Kinder dieses Wissen und verlagern die ursprünglichen Erkenntnisse ins Unterbewusstsein. Dort schlummert es dann und wird dem Erwachsenen höchstens über Träume wieder zugänglich.

Erwachsene gestehen nur sehr wenigen Wesen ihrer Umwelt eine Persönlichkeit zu, allen voran allerdings dem Auto. Dieses hat für einen normalen Städter mehr Seele als jeder Baum am Straßenrand. Bei schlechter Behandlung rächt es sich, indem es nicht anspringt oder andere Macken entwickelt, weswegen sein Besitzer auch ängstlicher auf die Gesundheit des Wagens achtet als auf seine eigene. Werkstattrechnungen werden widerspruchslos bezahlt, die Arztrechnungen sind dagegen immer überteuert oder gar überflüssig.

Ähnlich persönlich gestaltet sich das Verhältnis eines Musikers zu seinem Instrument. Hat die Geige keinen guten Tag, wird sie kratzig klingen, selbst wenn sich der Musiker noch so viel Mühe gibt. Auch Computern und Haushaltsgeräten gesteht man eine eigene Persönlichkeit zu. Meistens handelt es sich hierbei um materialisierte Plagegeister, die nur im Sinn haben, ihren Besitzer zur Weißglut zu bringen, weshalb solche Geräte auch öfter mal zu Opfern tätlicher Aggression werden. Erzählt man jemandem, der gerade mit Faustschlägen seinen Rechner bearbeitet, dass aller Materie Geist innewohnt, wird er mit zusammengebissenen Zähnen nicken.

Der Gedanke, dass alle Materie im Grunde Geist ist, rückt uns heute wieder näher, seit wir in der Schule zumindest rudimentär etwas über den Aufbau der Atome lernen. Da schwirren winzige Elektronen in relativ großem Abstand um einen Kern, der aus sehr viel größeren Protonen und Neutronen zusammengesetzt ist. Doch zwischen der Kernhülle und dem Kerninneren befindet sich ein riesiger Raum, der nichts als Vakuum sein soll. Betrachtet man nun die Protonen und Neutronen genauer, bestehen auch diese wieder vorzugsweise aus Nichts. Viel Platz nehmen nämlich auch die *Quarks* innerhalb eines Elementarteilchens nicht ein, und die bestehen wiederum aus so gut wie masselosen *Strings*. Was ist dann Materie? Wenn alle Materie aus dem gleichen substanzlosen Material besteht, warum ist dann Stahl hart und spitz und Watte weich und fluffig? Fragt man das den Chemielehrer oder Physikprofessor, bekommt man selten eine befriedigende Antwort. Oder erscheint es logisch, dass die reine mathematische Anzahl der Protonen einen massiven qualitativen Unterschied zwischen einem und dem nächsten Element machen soll?

Das schockierendste Beispiel aus der Alchemie ist hierbei der winzige Unterschied von nur einem Proton im Kern zweier bekannter Metalle. Nur eins drauf auf die 79 Protonen des Goldes und das gelbe kostbare Metall wird zum giftigen flüssigen Quecksilber mit der Masse 80. Wenn das nicht magisch ist?

Einer der wenigen, der auf diese Frage eine Antwort hat, ist der bedeutende holländische Homöopath Jan Scholten, der jedem einzelnen Element des Periodensystems zusätzlich zu den langweiligen physikalisch-chemischen Fakten wie beispielsweise Schmelzpunkt, Masse oder Dichte etc. eine sehr viel interessantere Eigenschaft – nämlich eine psychische –

zugeordnet hat. So steht Gold für Macht, Verantwortung und Beschützer, während Quecksilber Tyrannei, Manipulation und Intrige bedeutet.

Es ist die *Idee*, die die Materie erst zu dem macht, was sie ist oder zu sein scheint. Und damit sind wir wieder beim ersten hermeneutischen Prinzip: Alle Materie besteht nicht aus Vakuum und/oder verdichteten Energiefeldern, sondern aus Geist.

2. Die Natur ist sich selbst ähnlich

Das Prinzip kennen wir heute alle aus der »Jurassic Park«-Geschichte von Michael Crichton. Der schwarz gekleidete Spaßverderber Ian Malcolm warnt den lieben Alten immer wieder vor den Konsequenzen seiner Taten. Als Mathematiker betrachtet er den Dinopark als ein störanfälliges System. Die Fehler im System sind erst nur recht klein und könnten behoben werden, doch das Drama nimmt seinen Lauf, weil die Störungen leider nicht behoben werden. Und ab einem bestimmten Moment, den man als Zuschauer nicht so genau mitbekommt, weil man mit Fingernägelabkauen beschäftigt ist, ist das Chaos nicht mehr aufzuhalten, ist das System buchstäblich nicht mehr zu retten.

Leider ist nur wenigen der Millionen von Kinobesuchern das Originalbuch von Michael Crichton bekannt, in dem jedes Kapitel mit einer kleinen Zeichnung beginnt, die er *Iterationen* nennt. Es handelt sich hierbei um *Fraktale*, die von Kapitel zu Kapitel komplizierter werden, so wie auch die Handlung immer komplizierter wird. Bei der vierten Iteration treten die ersten Instabilitäten auf. Konkret heißt das, dass der T-Rex auf der Straße erscheint, um sich über das Dosenfutter in den Autos herzumachen. Bei der fünften Iteration steht schon der fatale Satz: »Schwerwiegende Folgen werden erkennbar.« Die Kinder werden fast zu Opfern von Flugsauriern. Ab der sechsten Iteration befindet der Mathematiker das System als »nicht mehr wiederherzustellen«. Stellt man solche Fraktale grafisch dar, wiederholen sich die gleichen Muster immer in sich selbst und werden zu sehr schönen Bildern, wie sie jeder Chaostheoretiker und fraktalbegeisterte Mathematiker kennt.

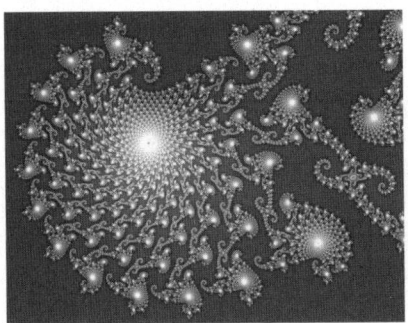

Fraktal

Weniger schön sind sie, wenn man bedenkt, dass sie zur Beschreibung des Klimawandels verwendet werden können, wobei sie uns dann auch den Moment berechnen könnten, ab dem ein Zurück nicht mehr denkbar ist und die Katastrophe unausweichlich wird. Da man in den Nachrichten nur gelegentlich davon hört, muss man davon ausgehen, dass sich die Mathematiker schon mit dem Ergebnis abgefunden haben, zumal auch hier die Parallele zum Film gilt. Das mathematische Chaosbildchen sagt uns nicht, wie die Katastrophe biologisch aussehen wird und was sie für den Einzelnen von uns bedeuten kann.

Immerhin so viel dazu: Während wir uns noch irgendwo zwischen der dritten und vierten Iteration befinden: »Fehler im System werden unübersehbar«, müssen die Holländer schon einmal die Deiche erhöhen, und Tierschutzorganisationen sollten die Umsiedlung der Eisbären in Angriff nehmen.

Das sind also die hässlichen und doch recht aktuellen Seiten des zweiten hermeneutischen Prinzips. Wenden wir uns nun dem zu, was die Alchemisten mit diesem Gesetz anfingen.

Auf dem Prinzip der Entsprechung baut die Signaturenlehre auf. Sie bedeutet nicht nur, dass sich die gleichen Muster immer wieder wiederholen, je weiter man ein Bild etwa einer Schneeflocke vergrößert oder verkleinert, sie bedeutet noch viel mehr. Sie sagt, dass das Universum sich in seinem Aufbau nicht nur wiederholt, vom Sonnensystem bis zum inneren Aufbau eines Atoms, sondern auch, dass das, was charakterlich, also psychisch zusammengehört, von der Natur gezeichnet und zu erkennen ist.

Instinktiv findet sich immer wieder das zusammen, was zusammengehört. Seltener als gemeinhin angenommen wird man vom Gegenteil fasziniert und angezogen.

Nicht nur die Vorliebe für bestimmte Pflanzen und Tiere, sondern auch für Musik, Sport und Spiel ist im Prinzip schon im Geburtshoroskop vorherzusehen und auch zu verstehen. Lässt man Kinder frei wählen, orientieren sie sich meist völlig instinktsicher, ohne jemals das Wort »Geburtsherrscher« gehört zu haben.

Kinder, wenn man sie nicht durch schlechtes Beispiel geprägt hat, mögen von Natur aus alle Tiere und Pflanzen gerne, aber bestimmte Präferenzen sind eindeutig. Venuskinder lieben Kaninchen oder Katzen, Marskinder Hunde, Sonnenkinder haben keine Angst vor Pferden, Saturnkinder erschrecken ihre Eltern mit Fröschen, Eidechsen und Schlangen, die sie mit bloßen Händen aus dem Garten anschleppen. Wer sich ein wenig mit Alchemie auskennt, wird sich nicht wundern, warum Geschwister bei gleicher Erziehung und gleicher Umgebung trotzdem sehr selten ihre Vorlieben in dieser Hinsicht teilen.

3. Das Prinzip der Schwingung

Solange das Universum nicht auf den absoluten Nullpunkt bei –273° K abkühlt, so lange befindet sich alle Materie bis in die kleinsten Elementarteilchen hinab in Schwingung.

Bei Elektronen nennt man das *Spin* oder auch *Eigendrehimpuls*. Das kann rechts oder links herum gehen, egal ist das nicht, denn nur entgegengesetzt drehende Elektronen können sich miteinander paaren. Paarung ist wichtig, auch bei Elektronen, sonst gäbe es nämlich keine chemischen Verbindungen, und ohne die keine Biomoleküle, aus denen sich Pflanzen, Tiere und Menschen zusammensetzen.

Stimmt etwas mit dem Spin nicht, kann das sehr dramatisch für den Besitzer der Elektronen werden. Kernspintomografen machen dann Aufnahmen, mit deren Hilfe der Arzt sehr fiese und oft auch terminale Diagnosen stellt. Spätestens hier sieht jeder ein, dass Schwingung auf dem allerkleinsten Niveau von großer Bedeutung sein kann. Genauso sieht es aber auch mit den ganz großen Schwingungen aus, denen, die die Himmelskörper unseres Sonnensystems ausführen.

Alle Himmelskörper haben eine Eigendrehung und außerdem noch eine Bahnbewegung um die Sonne, die elliptisch verläuft. Masse, Geschwindigkeit der Eigendrehung zusammen mit der Umlaufgeschwindigkeit erzeugen bei jedem Himmelskörper einen anderen charakteristischen Klang.

Die Musik des Universums ist messbar. Man kann sie in Simulationen sogar hörbar machen, wenn man die Schwingungen so lange um Oktaven höher setzt, bis sie im menschlichen Hörbereich ankommen. Der Kölner Komponist und Musikprofessor Johannes Fritsch hat passend zu einer Ausstellung über das Sonnensystem diese Sphärenmusik berechnet und hörbar gemacht.

Hierbei kann man sehr genau den Dopplereffekt bemerken, der auftritt, wenn sich eine Geräuschquelle nähert und dann wieder entfernt. Dieser Effekt ist jedem bekannt, der einmal auf das heranfahrende und dann abfahrende Geräusch eines vorbeisausenden Rettungswagens geachtet hat.

Die asiatische Musik hat viel von diesen Dopplereffekten, weswegen sich keine klaren Tonabstände oder Melodien ausmachen lassen. Diese Art der Musik klingt für unsere Ohren oft unharmonisch, weil unser Harmonieverständnis normalerweise auf exakte Intervalle geschult wird. Wenn man so sagen will, ist das europäische Gehör durch das ptolemäische Weltsystem geprägt, in dem die Himmelskörper sich auf Kreisbahnen bewegen und der erzeugte Ton konstant bleibt.

Alle Alchemisten glauben, dass sie die Musik des Weltalls in jedem Fall spätestens dann, wenn sie sterben und sich im Übergang befinden, hören werden. Wer an Wiedergeburt glaubt, wird es auch logisch finden, dass er diese Musik im Augenblick seiner Geburt hört. Die lauteste Schwingung wird dabei diejenige sein, die der Geburtsherrscher verursacht, mit dem der Mensch ein Leben lang in Resonanzverbindung bleiben wird.

Ärzte, die energetische Medizin praktizieren, benutzen gern Stimmgabeln mit der Frequenz der Himmelskörper, um Blockaden zu lösen. Auch tibetanische Klangschalen erfreuen sich immer größerer Beliebtheit, wobei der Anwender leider allzu oft nur aus dem Bauch heraus handelt und sehr selten darüber Bescheid weiß, welche Schwingung er da in den Körper des hilflosen Patienten bringt und was sie bewirken kann.

Klangtherapie kann aber funktionieren, weil Resonanzphänomene auftreten. Richtig angewandt, kann sie eine wertvolle Basis für alle weiteren Therapien abgeben.

Warum ist gerade die Musik des Sonnensystems, die Sphärenmusik, so universell wichtig für uns?

Fast alles, was uns umgibt, besonders aber die lebenden Wesen, bestehen zum größten Teil aus Wasser. Gerade Wasser bildet angeregt durch Schwingung *Resonanzmuster*.

Masaru Emoto hat das sichtbar gemacht, indem er Wasser beschallte und die entstehenden Kristallmuster fotografierte.

Doch bevor das Wasser die Musik aufnimmt, die von irdischen Bewohnern erzeugt wird, unterliegt es, wie alles auf der Erde, dem Einfluss der Sphärenmusik.

Hierbei können bestimmte Intervalle bestimmten Himmelskörpern zugeordnet werden. Die einfachsten Zahlenverhältnisse ergeben dabei die Intervalle, die unser Ohr als angenehm empfindet. Den gleichen Zahlen begegnen wir dann wieder im Inneren der Metall- und Mineralienkristalle, die sich unter dem Einfluss der Planetenwellen bilden.

Es gibt also eine *Kabbala* des Sonnensystems, der wir immer wieder begegnen, wenn wir die Struktur der Materie untersuchen.

So ist die Sonnenzahl die Eins, aber auch die Acht, da sie der Oktave entspricht und somit den gleichen Ton in zwei Schwingungsebenen meint. Die Acht ist die Zahl der oktagonalen Kristalle, die eine perfekte Doppelpyramide darstellen. So sieht Gold von innen aus, und auch der Diamant.

Will man sich mit Sonnenenergie aufladen, lenkt man sie ganz einfach nach dem *Gesetz der Anziehung* auf sich, indem man das Sonnenmetall und Sonnenkristalle auf dem Körper trägt.

Zur Venus gehört auch die Quinte, also die Zahl Fünf. Wir begegnen ihr nicht nur in der Struktur des Dodekaeders, sondern auch in der Fünfstrahligkeit der meisten Blüten, von Apfelblüten bis zum Gänsefingerkraut. Dodekaeder findet man in kupferhaltigen Mineralien wie zum Beispiel dem Malachit oder Serpentin, wobei Kupfer als Antennenmetall für die Venus gilt.

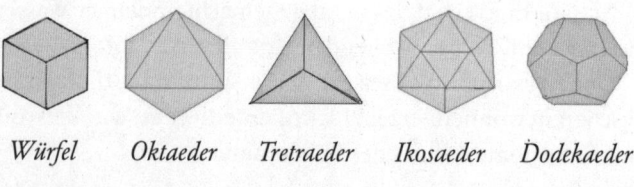

Würfel   Oktaeder   Tretraeder   Ikosaeder   Dodekaeder

Platonische Körper

Saturn als der entlegenste Planet sendet die tiefsten Töne. Ihm wird die unangenehme Septime zugeordnet, die Zahl Sieben. Es ist ein Leitton, der nach Erlösung hin zur Oktave drängt. Wen wundert es, dass der Saturn immer dem Teufel zugeordnet wird. Der Wortstamm legt es schon nahe. Keiner der platonischen Grundkörper kann unter dem Einfluss des Saturns entstehen, dem man sogar den im Mittelalter verbotenen Tritonus zuschreibt.

Die Kristalle werden durch diese übermäßige Quarte oder verminderte Quinte monoklin, rhombisch verzerrt und lassen solche Substanzen wie etwa Schwefel entstehen.

4. Das Prinzip der Polarität

Alles, was lebt, erhält sein Gleichgewicht durch die Spannung, die aufgrund zweier entgegengesetzter Pole entsteht. Plus und Minus bestimmen den Aufbau der Atome und liefern uns die Elektrizität, Schwarz und Weiß die Summe aller Farben oder, schwer genug zu verstehen, ihre völlige Abwesenheit.

Es gibt zahlreiche polarisierte Paare, wie etwa hell/dunkel, hart/weich, oben/unten, außen/innen, heiß/kalt etc.

Für Kinder zählt fast immer nur eine Polarität, die von Gut und Böse.

Gutes Verhalten wird mit Bonbons belohnt, schlechtes wird bestraft. Zumindest war das einmal so. Heute gibt es auch viele Kinder, die das Wort Strafe gar nicht mehr kennen, womit das Wort »böse« komplett seine Bedeutung verliert und alle Anstrengungen in Richtung »Gut« dadurch zunichtegemacht werden. Und doch ist es normal, dass Kinder in Gut-Böse-Kategorien denken.

Früher in den Märchen, heute in den Computerspielen, Fernsehfilmen und anderem Bildschirmmaterial gibt es immer Gute, mit denen man sich identifiziert, und Böse, die bedenkenlos vernichtet werden dürfen. Wenn man vor lauter Ballerei, Materialschlacht und Kunstblutpfützen oft den Eindruck gewinnt, hier nicht mehr so recht unterscheiden zu können, dann rettet uns solch ein Satz von Bruce Willis: »He Mann, ich bin der Gute.« Genau das wollten wir hören, dann dürfen die Bösen auch weiterhin in großer Zahl »terminiert« werden.

Für Jugendliche sind noch ganz andere Polaritäten wichtig: alt/jung zum Beispiel mit all den dazugehörigen Konflikten innerhalb der Familie und auch alt/neu oder direkt in/out, wovon ihr Wohlfühlstatus extrem abhängt.

Menschen denken auch als Erwachsene gerne in Schwarz-Weiß-Kategorien, weil der Dualismus nun einmal unserem Naturempfinden entspricht. Es macht keine Freude, Grauzonen entdecken zu müssen, weil sie verwirren und orientierungslos machen. Darum sind Begriffspaare wie *bekannt* und *fremd* so gefährlich für solche Personen, wenn es sich hierbei um Menschen mit unbekannten Sprachen, Sitten und Gebräuchen handelt.

Oft genug macht man es sich bei den Wertungen von Richtig und Falsch ziemlich einfach und assoziiert zu den Kontrasten noch Zusatzeigenschaften, die nicht zusammengehören.
  Zum Beispiel werden die Eigenschaften erfolgreich/unfähig (als europäische Variante von reich/arm) von gläubigen Puritanern auch noch gedanklich mit Gut und Böse verbunden, im Sinne von »Gott gibt den Guten auch noch Reichtum, während die Armen arm sind, weil sie es so verdienen«. Nur so kann ein moderner Staat rechtfertigen, dass er kein funktionierendes Sozial- oder Gesundheitssystem aufbaut. Alchemistisch gesehen ist die Assoziation unzulässig.

Mit zunehmendem Alter gewinnen dann neue Polaritäten an Bedeutung: nicht nur Gesundheit/Krankheit, sondern vor allem Sinn/Unsinn des erlebten Daseins.

Als letztes Begriffspaar sei hier noch eine Polarität erwähnt, die von Bedeutung ist, aber kaum wahrgenommen wird: bewusst und unbewusst.
  Sehr viel mehr Handlungen in unserem Tagesablauf werden unbewusst verrichtet, als wir gemeinhin annehmen, wie

etwa Nahrungsaufnahme, Duschen, Kämmen, Geschirrspülen, Autofahren, Rasenmähen etc. All diese Tätigkeiten verrichtet unser bestens geschultes Unterbewusstsein, während unser Bewusstsein sich anderen Dingen zuwenden kann, von den Reflexionen über den letzten Ehekrach bis zur Lösung einer komplizierten Gleichung. Das Bewusstsein übernimmt die aktive Rolle erst wieder, wenn etwas Besonderes passiert, einer im Verkehr vor uns plötzlich bremst, ein Messer abrutscht und ins Fleisch schneidet oder das Wasser unter der Dusche plötzlich kochend heiß wird.

Oft genug schaltet sich das Bewusstsein verspätet zu und kann die Situation nicht mehr retten. Das gilt auch für Gespräche, in denen man den anderen unverzeihlich beleidigt hat, weil die Worte unreflektiert hervorgesprudelt sind.

Man hat hierbei den Eindruck, dass in den letzten Jahren das Bewusstsein im täglichen Dasein immer weniger Raum einnimmt. Schüler dämmern im Unterricht vor sich hin, Fragen oder Beschwerden kommen bei den Beamten am Schalter gar nicht an. Fragt man die Menschen in einem Restaurant, welche Musik sie zum Essen gehört haben, wissen die meisten gar nicht, dass dort überhaupt Musik gelaufen ist. Man kann schon froh sein, wenn sie sich daran erinnern, was sie gegessen haben.

Der Grund ist schlichte Reizüberflutung, der wir von morgens bis abends ausgesetzt sind. Die Augen werden durch Flimmerbildschirme überlastet, die Ohren durch Dauerlärm, die Nase durch Abgase oder penetrante Raumsprays und die Geschmacksnerven durch glutamatverseuchtes Billigfutter. Kein Wunder, dass das überlastete Gehirn schlichtweg durchbrennt und auf »Standby-Modus« umstellt. Hier übernimmt das Unterbewusstsein, und das kann tückisch und voller unliebsamer Überraschungen sein.

Polaritäten sind also nicht bloße Vereinfachungen oder Radikalisierungen, sondern schlichtweg ein Bestandteil der Natur. Wir stehen buchstäblich zwischen den Extremen und müssen uns andauernd für eines entscheiden. Vom Härtegrad der Zahnbürste bis zum Tonfall, mit dem wir das Kind zurechtweisen, es sind alles kleine Balanceakte, die unser Bewusstsein erfordern, damit es kein Unglück gibt.

5. Das Prinzip des Rhythmus

Alle Lebewesen unterliegen verschiedenen Rhythmen der Natur, denen sie sich unterwerfen müssen und auf die sie keinen Einfluss haben. Wichtigster Rhythmus ist der Tag- und Nachtwechsel, der auch die absorbierte Sonnenlichtmenge steuert. Es folgen der Mondwechsel und der Jahreszeitenwechsel.

Sonnenlicht ist für Kinder wichtiger als für Erwachsene. Sie haben sich noch nicht durch jahreslanges Training daran gewöhnt, Naturrhythmen zu ignorieren. Ein gesundes Kind schläft bei Dunkelheit und wacht morgens mit dem Tageslicht auf. Es sollte keine Hausaufgaben bei künstlichem Licht machen, weil die Leistungsfähigkeit nicht zu vergleichen ist mit der, die durch Sonnenlicht gestärkt wird.

Warum ist das so?

Der Tag-/Nachtwechsel manifestiert den *Sol-/Luna-Dualismus*. Hiermit ist nicht nur banal hell/dunkel gemeint, sondern vor allem der Gegensatz zwischen bewusst und unbewusst.

Das Bewusstsein gehört zur Sonne wie der optische Sinn. Kinder malen lieber und besser tagsüber, sie konzentrieren sich leichter auf Lernspiele oder Hausaufgaben, kaum fällt das Tageslicht, ändern sich die Präferenzen. Die Nacht ist für die Träume da, sowohl die luziden vor dem Einschlafen als auch die in den REM-Phasen der Nacht. Beste Vorbereitung auf die Traumwelt ist das gute alte Vorlesen und/oder Einschlafmusik. Auch Hörspiele auf Kassetten/CDs sind gut, da der akustische Sinn zum Mond und zur Nacht gehört.

Was man leider als gesundheitsschädlich ansehen muss, sind Computerspiele und Fernsehen, da sie schon wieder den optischen Sinn beanspruchen, der schon tagsüber genug gefordert worden ist. Erwachsene sind gewohnt, den Tag-/Nachtrhythmus auszutricksen, sei es aus Notwendigkeit, sei es, weil sie unter Entspannung Lesen oder auch Fernsehen verstehen.

Sportliche Aktivitäten sollten ebenfalls bei Tageslicht betrieben werden, denn sie erfordern nicht nur Bewegung und Kraft, was zu den Tieren Pferd und Stier gehört, also Sonne und Mars, sondern eben auch Konzentration und Bewusstsein.

Nachts, unter dem Einfluss des Mondes, kann man Gedanken schweifen lassen und der Fantasie freien Lauf lassen. Der Mond steuert nicht nur die Sexualorgane, sondern auch das Gemüt des Menschen, ermöglicht *Reflexion* und Verarbeitung des am Tag Erlebten.

Der Mond selbst unterliegt einem Rhythmus, den wir vom Vollmond zu Neumond über den abnehmenden und zunehmenden Zyklus sehr gut selbst beobachten können. Wer mit Pflanzen und Tieren lebt, weiß, wie bedeutsam dieser Zyklus ist und dass man gut daran tut, mit ihm zu leben.

Wenn der zunehmende Mond aufbaut und speichert, dann ist das der richtige Augenblick, um oberirdisches Gemüse und Blütenpflanzen zu setzen und zu säen, während der abnehmende Mond für Wurzelgemüse besser geeignet ist. Wer Gewicht verlieren will, sollte wissen, dass dies bei Neumond begonnen leichter ist als an Vollmond und dass man jede Nahrung im Körper bei zunehmendem Mond eher in Pfunde umsetzt als bei abnehmendem. Dies sind sehr einfache Regeln, die sich bestimmt lohnen zu beachten, selbst wenn man in der Stadt lebt.

Mondwechsel und Jahreszeiten werden oft erst mit dem Eintritt ins Erwachsenenleben bewusst wahrgenommen. Während Kinder sich kaum klarmachen, dass der Weihnachtsbaum Wintersonnenwende bedeutet, stöhnen die Eltern auf: »Schon wieder ein Jahr um.«
Jahreszeiten werden heute anders erlebt als früher. Nur auf dem Land und in kleinen Dörfern werden diese Rhythmen noch mit Fruchtwechsel und Ernten assoziiert.
Für Städter bedeuten Jahreszeiten im besten Fall Winter- und Sommerschlussverkäufe. Die Deko in den Schaufenstern wechselt zwischen Ostereiern nach Silvester und Weihnachtsmännern direkt nach den Sommerferien.
Das Kirchenjahr steuert noch rudimentär den Zeitpunkt der obligatorischen Familienfeiern und Festschmäuse, wenn man auch den Eindruck gewinnt, dass diese Art Rhythmen von der Bevölkerung nicht sehr geschätzt wird und eher Konsumstress bedeutet.

Noch unbeliebter sind die Rhythmen auf dem Gebiet der Gesundheit. Die meisten Krankheiten verlaufen nämlich rhythmisch. Allergien und Asthma etwa erscheinen im Frühjahr und Herbst stärker als im Sommer und Winter. Arthrose fängt im feuchten Herbst an stärker zu schmerzen und lässt im Frühjahr wieder nach. Die meisten Menschen sind darüber sehr ärgerlich. Homöopathen können sie aber trösten. Nur Krankheiten, die rhythmisch verlaufen, sind noch zu heilen. Chronische Leiden ohne jeden Rhythmus sind zumeist irreversibel.

6. Das Prinzip des Geschlechts

Wenn wir die beiden Himmelskörper Sonne und Mond alchemistisch betrachten, spielt uns die deutsche Sprache leider einen üblen Streich. Die Artikel, die das Geschlecht bestimmen, sind leider genau umgekehrt, als sie sein dürften.

Schon bei den alten Ägyptern, die als die ersten Alchemisten gelten, war die Sonne männlich und der Mond weiblich. Rund ums Mittelmeer ist das auch so geblieben. In nordischen Sprachen ist es jedoch umgekehrt, aber dorthin kam die Alchemie auch erst im Mittelalter, wo sie dann zunächst verteufelt wurde und dann in Vergessenheit geriet.

Die Sonne ist ein Symbol für das männliche Prinzip überhaupt, so wie der Mond das »Weibliche« verkörpert. Zu den beiden Hauptlichtern kommen nun die Sternzeichen hinzu, die auch in männlich und weiblich eingeteilt werden. Es gibt sechs männliche Sternzeichen, die auch *Taghäuser* genannt werden, da sie auf die Seite der Sonne und des Tages gehören, und sechs weibliche Sternzeichen, die aufgrund ihrer Zugehörigkeit zum Mond *Nachthäuser* genannt werden.

Theoretisch hat jeder Mensch aber von beidem in sich. Das gilt nicht nur psychisch im Sinne von »Entdecke die Frau in dir …«, sondern ganz praktisch in Bezug auf die Organe. Eine Grundannahme der Alchemisten ist, wie wir schon gesehen haben, dass die sieben Himmelskörper verschiedene Organe und Sinne regieren.

Zur Sonne gehört das Herz, aber auch die Augen, zum Mond die Geschlechtsorgane und der Verstand. In Entsprechung dieser Aufteilung regiert die Sonne den optischen Sinn und der Mond das Gehör. Man wird schnell einsehen, dass jeder Mensch von all dem Genannten etwas braucht und nichts davon entbehren kann.

Es ist auch nicht geschlechtsspezifisch, welches Organ im Einzelfall dominiert. Es kommt also durchaus nicht selten vor, dass ein Mann von Luna stärker geprägt wird als von Sol, was man im Volksmund schonungslos »als von seinen Hoden regiert« bezeichnet. Umgekehrt gibt es jedoch auch ausgesprochene Sonnenfrauen, deren Herzen aus Gold sein können.

Im Laufe der Jahrhunderte hat es sich allerdings bewährt und für die Psyche der meisten Menschen als gesund herausgestellt, wenn ihre Geschlechtsidentifikation eindeutig verläuft.

Organe und Sinne

Himmelskörper	Organ	Puls	Sinn
Sonne ☉	Herz, Auge	Herz	optischer Sinn
Mond ☽	Geschlechtsorgane, Verstand	linke Schläfe	akustischer Sinn
Merkur ☿	Lunge, Schleimhäute	rechte Schläfe	Geschmackssinn
Venus ♀	Nieren, Haut	linke Halsschlagader	Tastsinn
Mars ♂	Magen-Darm, Galle	rechte Halsschlagader	Geruchssinn
Jupiter ♃	Leber, Sonnengeflecht	linker Fußknöchel	Gleichgewichtssinn
Saturn ♄	Knochen, Haare, Zähne	rechter Fußknöchel	Magie, 6. Sinn

Heute leben wir diesbezüglich in einem Paradoxon. Die Gesetzgebung in Europa ist in vielen Ländern nicht nur zum Schluss gekommen, dass die Geschlechter der Menschen vor dem Gesetz gleich sind, was dringend fällig war, sondern ist gleich übers Ziel hinausgeschossen (etwa in Spanien) und hat proklamiert, die beiden Geschlechter seien gleich! Man fragt sich ernsthaft, wie das zu verstehen ist. Werden den Frauen in Zukunft die Brüste und den Männern ihr geliebtes Anhängsel abfallen, oder wie? Ganz abgesehen von der Tatsache, dass von Gleichberechtigung schon insofern keine Rede sein kann, als in den meisten Berufen ohnehin nur die Frauen eine Chance haben, die sich komplett als Sonne oder Mars verhalten und den Mond entweder verkümmern lassen oder gar nicht erst ausbilden. So etwas rächt sich spätestens beim Kapitel Kinderwunsch, aber Kinder sind in Deutschland ja bekanntlich ohnehin nicht so sehr erwünscht.

Auf der anderen Seite hat es seit der Industrialisierung niemals eine derart extreme farbliche und sachliche Trennung der Geschlechter gegeben wie heute in unserer Spielzeugindustrie.

Betritt man einen Toys'R'Us-Laden, hat man das Gefühl, dort vor lauter Venusrosa für Mädchen farbenblind zu werden, während die Jungen schon im zartesten Alter brutalste, wenn auch irreale Marsspielzeuge bekommen. Das Gleiche setzt sich in der Kleidung fort. Mädchen finden als Alternative zu Rosa gerade noch Weiß, während schon kleine Jungen in Drillichanzüge mit Fleckenoptik gesteckt werden, gerade so, als wolle man sie direkt in den Irakkrieg schicken, als gäbe es nicht genug reale Kindersoldaten auf der Welt, die sich dieses Schicksal nicht ausgesucht haben.

All diese Modeerscheinungen verdanken wir hauptsächlich den USA, wo das mit der Identifikation der Geschlechter ohnehin hervorragend klappt. Dort werden die jungen

Mädchen so früh schwanger wie sonst nur Frauen in Entwicklungsländern, später backen sie Plätzchen für Wohltätigkeitsbasare, mit dreißig unterziehen sie sich der ersten Schönheits-OP zusammen mit der ersten Scheidung, bevor sie dann, wenn alle Falten nicht mehr zu glätten sind, nach Palm Springs verklappt werden. Passend dazu heiratet der Mann früh, um sich zu Hause um nichts mehr kümmern zu müssen, macht Karriere, geht über Leichen, hat ein Verhältnis mit der Sekretärin, die er irgendwann in zweiter Ehe heiraten muss, und wird später völlig ausgebrannt ebenfalls nach Palm Springs verklappt.

Ist es dieses Lebensmodell, das wir da mit der Wirtschaft übernehmen möchten, wenn wir unsere Kinder wie Barbiepuppen ausstaffieren? Passt Rosa überhaupt zu allen Mädchen und Blau zu allen Jungen?

Die Antwort auf diese rhetorische Frage ist natürlich Nein. Alchemistisch gesehen, kann jede Farbe einem Himmelskörper zugeordnet werden. Um die richtige Farbe zur Persönlichkeit zu wählen, benutzt man später seinen Instinkt, der meistens genau mit dem Geburtsherrscher zusammenfällt.

7. Das Prinzip von Ursache und Wirkung

Eigentlich eine Selbstverständlichkeit: ohne Ursache keine Wirkung. Zum Problem wird der Umkehrschluss, von der Wirkung auf die Ursache zu schließen, zumal man sich häufig genug die Sache einfach macht, indem man monokausal denkt, das heißt immer für jede Wirkung nur eine Ursache und umgekehrt annimmt.

Sehr nett hat Dieter Nuhr das Prinzip mit seinem rheinischen Gottesbeweis zusammengefasst: »Von nix kütt nix.«

Für Alchemisten ist es glasklar, wenn sie von Ursache und Wirkung sprechen. Für sie gibt es einen Motor, der das Sonnensystem in Bewegung gebracht hat, der den Elektronen ihren Spin verleiht und die Seele des Menschen unsterblich macht. Hier enthüllt sich genauso wie beim ersten hermeneutischen Prinzip, dass man ohne einen ordnenden Geist nicht auskommt. Kurzum, Atheisten haben es schwer mit der Alchemie.

Kinder, mit denen man das Abend- oder Tischgebet spricht, ganz gleich welcher Religion, finden es leichter, die Welt zu verstehen. Eine Welt mit einem Gott oder Göttern hat auch Platz für alle anderen übernatürlichen Wesen wie Engel und böse Geister, aber auch naturverbundene Wesen wie Elfen, Feen und Zwerge oder Fabelwesen wie Zentauren, Meerjungfrauen und Hippogryphen.

Wie groß die Sehnsucht nach Märchen und Fabelwesen ist, zeigen die letzten großen Filmerfolge, in denen es von Vampiren, Werwölfen, griechischen Göttern vom Olymp und aus dem Hades nur so wimmelt.

Es ist leichter für ein Kind, sich vorzustellen, dass ein erzürnter Sturmgott die Wellen des Meeres auftürmt, als die langweiligen Erklärungen von Tiefdruckgebieten zu akzeptieren. Ob die Version der Erwachsenen stimmt und nichts als der Zufall die Welt lenkt, werden wir erst sehr viel später erfahren, und wenn wir es dann wissen, werden wir es nicht mehr erzählen können.

Bis dahin könnte man also großzügig sein und denen, die an Transzendenz glauben, zumindest eine Daseinsberechtigung parallel zu unserer Alltagswelt zugestehen.

Als Erwachsener entscheidet der Mensch, ob er Atheist sein will, sich einer Religion zugehörig fühlt oder esoterisch panspiritistische Überzeugungen entwickelt. Ganz allgemein ist es für Menschen, die an transzendente Phänomene glauben, leichter, mit der Welt zurechtzukommen. Sie leiden weniger an offensichtlichen Ungerechtigkeiten, weil sie davon überzeugt sind, dass diese einmal ausgeglichen werden. Sie handeln theoretisch moralischer, da sie wissen, dass sie für ihre Taten einmal zur Rechenschaft gezogen werden. Dabei spielt es keine Rolle, ob diese Prüfung der Seele am Eingang ins Paradies stattfindet oder vor dem Übergang in ein weiteres Leben, ob es allein ihr eigenes Gewissen sein wird, das sie richtet, oder eine mehr oder weniger menschenfreundliche Gottheit.

Angehörige einer offiziellen Buchreligion haben es hier besonders leicht, denn ihr Verhalten auf der Erde wird durch Gesetzbücher, Sitten und Rituale hinreichend geregelt. Was und wie sie glauben sollen, wird erklärt und begründet. Wäre der Glaube Angelegenheit des persönlichen Seelenfriedens, ginge es der Welt mit echten Gläubigen bestimmt besser.

Es liegt aber nicht in der Natur des Menschen, andere in Frieden zu lassen. So kommt es dazu, dass ausgerechnet die Religionen, die durch ihre Bücher ihren Gläubigen Halt und Schutz bieten könnten, zur bösen ideologischen Falle werden und im Gegenteil die übelsten Eigenschaften fördern und ihnen Macht verleihen. Inquisition und Fundamentalismus, Ausgrenzung und Elend sind dann der Preis eines viel zu teuer erkauften Seelenfriedens.

De facto sind aber die meisten Menschen heute Atheisten oder handeln zumindest so, als gäbe es nichts und niemanden, vor dem sie sich verantworten müssten, am wenigsten aber einem inneren Gewissen. Daraus ergibt sich eine fürchterliche Eile. Alles muss in diesem einen Leben erreicht werden, wenn danach die große Leere kommt.

Denkt man da nicht darüber nach, welche Verschwendung von Energie und Geist dies wäre? Und was ist, wenn dann später doch das Herz gegen eine Feder gewogen und als zu leicht befunden wird? Dumm gelaufen? Hölle? Wiedergeburt als Mistkäfer?

Berühmte Medien, wie beispielsweise der Schotte Gordon Smith, die mit Verstorbenen in Kontakt treten, berichten jedenfalls von einer besonderen Art Fegefeuer für die Missetäter dieser Erde, nämlich der Selbsterkenntnis.

Die sieben Signaturen

Jedem sind die Horoskope bekannt, die in allen Zeitschriften zu finden sind. Wenn sie nicht komplett erfunden sind, beobachtet jemand den aktuellen Sternenhimmel und erklärt, welche Auswirkungen diese oder jene *Konstellation* auf die Leser haben wird. Hierbei werden alle Menschen in ein System von zwölf *Sternzeichen* eingeordnet. Das Sternzeichen, unter dem man geboren wurde, ist das, was den Charakter des Neugeborenen beeinflusst. Entsprechend gibt es ganze Bücher, die sich mit diesen zwölf Grundcharakteren beschäftigen. Da es offensichtlich nicht nur zwölf Menschentypen gibt, werden dann noch Aszendenten herangezogen, nicht zu vergessen Erbanlagen und Erziehung zur Erklärung der Differenzen.

Dies sind alles Bestandteile der Astrologie, auf die heutige Wissenschaftler höchstens mit mitleidigem Lächeln herabblicken. Seit es eine scharfe Trennung gibt zwischen Astronomie und Astrologie, wird auch unterschieden zwischen Wissenschaften und Parawissenschaften. Eine solche Trennung führt aber zur geistigen und spirituellen Verarmung von beiden.

Zu Zeiten der Alchemisten gehörte noch alles zusammen, gab es keinen Unterschied im Wert der verschiedenen Disziplinen, der Austausch blieb lebendig. Heute muss sich jeder Alchemist von Seiten der Naturwissenschaftler anhören, man habe sich von der beweisbaren Wissenschaft entfernt und ins Lager der Esoterik geschlagen. Und so etwas ist in den Augen eines Physikers oder Chemikers ungefähr so schlimm, als würde ein Koloratursopran, der die Königin der Nacht singen kann, sich bei DSDS anmelden, um lächerliche Schlager zu jaulen. Umgekehrt haben Alchemisten das Problem, sich in der Eso-Szene mit Menschen auseinandersetzen zu müssen, die über den Kristallaufbau eines Minerals nichts wissen wollen, weil sie dessen Wirkung doch wunderbar »channeln« können. Probleme treten in beiden Richtungen gleichermaßen dick auf.

Naturwissenschaftler haben das Problem, dass sie bei allen Naturgesetzen samt deren Ausdruck in Formeln die drei wesentlichen Fragen niemals stellen:

A) *Wozu ist das gut?*
Mit dieser Frage ist nicht gemeint, wem bringt das möglichst schnell viel Geld, sondern das »Gute« im ganz traditionellen und absoluten Sinn.

B) *Wem nützt das?*
Wem außer dem Geldgeber? Bringt diese Erkenntnis die Menschheit voran?

C) *Was bedeutet es?*
Fast nie kann ein Schüler diese Frage beantworten, wenn er eine Formel endlich auswendig gelernt hat.

Wissenschaftler vermitteln oft den Eindruck, die Naturgesetze hätten einen puren Selbstzweck ohne inneren Zusammenhang, und doch ist gerade das Gegenteil der Fall.

Die lernresistenten Esoteriker hingegen, die jede Art von naturwissenschaftlichem Hintergrund überflüssig finden, müssen sich oft genug darüber wundern, warum das alles nicht so funktioniert, wie sie es sich denken, warum die Seminarteilnehmer trotz Heilsteinen, Yoga, Klangschalenbehandlung etc. einfach weder körperlich noch psychisch gesunden wollen.

Die Grundfrage lautet also zunächst: Was haben Himmelskörper und Sterne, die sich Lichtjahre entfernt befinden, mit uns zu tun? Wie können sie überhaupt auf uns wirken?

Hieran können wir erkennen, dass von dem alten Wissen vergangener Kulturen nur noch ein Schimmer bis in unsere Zeit leuchtet, und zwar so schwach, dass Sinn und Zusammenhang beim besten Willen nicht mehr erkennbar werden.

Antworten gibt es nach wie vor, man muss nur gut genug suchen, nämlich dort, wo sie im Mittelalter versteckt und zurückgelassen wurden: in den Texten der Alchemisten und Hermetiker.

Lüften wir den verstaubten Schleier von kryptischen Texten, Symbolverschlüsselungen und brutalen Holzschnitten und richten die grelle Lampe wissenschaftlicher Forschung auf sie, werden wir sehen, was die Astrologie tatsächlich zu bieten hat.

Die gute Nachricht für alle Horoskopfreunde ist: Ja, der Sternenhimmel hat Einfluss auf unseren Charakter und unsere Vorlieben, sogar viel entscheidender, als wir bis jetzt geglaubt haben.

Sein Sternzeichen sollte man kennen, denn dieses Sternbild stand am Himmel, als wir im wahrsten Sinne des Wortes das »Licht« der Welt erblickt haben. Da dies meistens nachts der Fall ist, kann man dieses Licht oft genug gleich in Sternenlicht übersetzen. Doch kräftiger, und durch ihre Nähe zu uns auch bedeutender als die fernen Sterne, leuchten da noch andere Himmelskörper. Es sind die klassischen sieben: Sonne und Mond, Merkur, Mars und Venus, Jupiter und Saturn. Hinzu kommen, wegen ihrer Entfernung weniger bedeutend, aber durchaus auch vorhanden, die großen Gasriesen Neptun und Uranus. Die klassischen sieben Himmelskörper werden auch *Geburtsherrscher* genannt.

Der Name allein besagt schon, dass alle anderen Einflüsse wie Sternenlicht, Kometen oder Asteroiden dem Himmelskörper untergeordnet werden müssen.

Jeder der Himmelskörper hat eine Eigendrehung und dazu noch eine Bahngeschwindigkeit (mit Ausnahme der Sonne). Da die Umlaufbahnen um die Sonne nicht kreisförmig, sondern elliptisch gestaltet sind, gibt es hierbei Zeiten von Erdferne und Zeiten von Erdnähe, die für jeden Himmelskörper anders verlaufen. Große, weit entfernte Planeten wie etwa der Saturn brauchen für einen Sonnenumlauf 29 ½ Jahre.

Es ist daher sehr viel wahrscheinlicher, Mars oder Venus in seinem Sternzeichen zur Zeit der Geburt zu finden als Jupiter oder Saturn.

Wie alles, was sich bewegt, erzeugen die Himmelskörper Wellen, Wellen, die sich durchs Universum fortpflanzen und auch bei uns auf der Erde landen. Dort angekommen, erzeugen sie ein Phänomen, das man Resonanz nennt. Diese Musik des Universums ist für uns nicht hörbar, da es sich um Frequenzen jenseits der Hörgrenze handelt. Doch das bedeutet nicht, dass sie nicht von aller Materie und allen lebenden Wesen absorbiert und unbewusst wahrgenommen werden.

Physiker können jetzt einwenden, dass sich zwischen den Himmelskörpern nur Vakuum befindet. Das ist die alte Theorie, dass der Weltraum bis auf ein paar Felsbrocken eigentlich leer sei. Betrachtet man ihre Erkenntnisse genauer, so kommt ohnehin immer wieder heraus, dass auch die Materie auf unserer Erde nur Illusion ist. Zwischen Proton und Elektron soll sich auch nur Vakuum befinden, und zwischen den Teilchen, aus denen wiederum Protonen und Elektronen bestehen, soll auch wieder nur Vakuum sein. Die ganze

Materie ist im Grunde ohne Substanz und besteht in Wirklichkeit nur aus verdichteter Energie.

Kampfsportler beweisen das, wenn sie mithilfe von mentalem Training und Schnelligkeit harte Ziegel durchschlagen, ohne sich zu verletzen.

Ob das »Vakuum« nicht einen viel besseren Namen verdiente, der zugleich den Grund unserer Existenz erklären könnte, will ich an dieser Stelle nicht diskutieren.

Astrologen könnten jetzt fragen, was mit dem Moment der Zeugung oder der Zeit im Mutterleib ist. Es scheint so, als ob die Fruchtwasserflüssigkeit den Kinderkörper so abschirmt, dass die Planetenwellen gebeugt bzw. abgeschwächt werden. Die tatsächliche Prägung ereignet sich nach Ansicht der Alchemisten erst, wenn das Kind geboren und zum ersten Mal ohne Wasserfilter ins Sonnensystem geschickt wird.

Aber nicht nur Schallwellen sind von Bedeutung. Die elektromagnetischen Wellen, die wir als Licht kennen, sind in ihrem sichtbaren Spektrum die, die uns Farbe in unser Leben bringen.

Anders als unsere Vorfahren sehen wir das Licht der Himmelskörper nicht nur mit dem Fernrohr, sondern wir kennen auch Nahaufnahmen der NASA, die uns mit ihrer einzigartigen Schönheit begeistern. Himmelskörper haben Farben, in denen sie leuchten, was man wissenschaftlich als *Spektraltyp* bezeichnet. Die Farben stehen in engem Verhältnis zum chemischen Aufbau des jeweiligen Himmelskörpers. Eisen zum Beispiel leuchtet orangerot, Titan tiefrot.

Hierbei wird auch klar, in welchem Verhältnis Antennenmetalle zu ihrem Himmelskörper stehen. Trägt ein Mensch Eisen oder Titan, tritt er automatisch in Resonanz mit Marsenergien. Auch die Farbwahl bei der Kleidung ist eine Wahl von Resonanzenergien. Um beim Mars-Beispiel zu bleiben: Jede Frau rüstet sich mit Marsenergien auf, indem sie ein rotes Kleid wählt.

Die Himmelsfarben

Himmelskörper	Spektraltyp	Elemente	Alchemistische Farbe
Sonne ☉	G, gelb	He	Gold
Mond ☽	B, weiß-nebelig	He, N, O	Silber
Merkur ☿	F, weiß, orange	Ca, Mg	Bunt, Orange
Venus ♀	B-A, blau-grün	H	Blau, Rosa
Mars ♂	G-K, rot	Fe	Rot
Jupiter ♃	O-B, violett	N, O	Gelb, Purpur
Saturn ♄	K-M, mattgrau	Cd, Uran	Schwarz, Giftgrün

Diese beiden Resonanzphänomene erzeugen die sieben Signaturen, die wir an Metallen, Kristallen, Pflanzen und Tieren oder sogar menschlichen Organen beobachten können.

Der Begriff *Signatur* bedeutet, dass ein Himmelskörper durch Resonanzschwingung ein irdisches Objekt gezeichnet hat. Wer die Zeichen erkennen kann, weiß, was zusammengehört. Der Zusammenhang zwischen Himmelskörper, musikalischem Intervall, Farbe und Form bis hin zur psychischen Struktur wird somit nicht nur logisch, sondern auch mit bloßem Auge sichtbar.

Es gab Zeiten, zu denen die Kirche ihr Maximum an Intoleranz erreicht hatte und dagegen war, dass jemand den Aufbau des Universums studierte. Sie hatte Sorge, dass Wissen den Glauben verdrängen könnte, und was noch schwerwiegender war: Wenn die Himmelskörper tatsächlich so einen großen Einfluss haben, wo blieb da der freie Wille, wo die Entscheidungskraft zwischen Gut und Böse? Vergessen wir nicht, dass die Hälfte aller Sternzeichen Nachthäuser sind, was man früher verdächtig fand und eher negativ interpretierte. Noch schlimmer aber wog das Gewicht des Unfugplaneten Merkur oder des satanischen Saturns. Da war es doch besser für die Gläubigen, so etwas nicht zu wissen, dann blieben sie vielleicht brave Untertanen der jeweiligen Regimes.

Heute haben wir andere Dogmen, die dagegenstehen. Die Utopie vom freien Willen ist allerdings nach wie vor das stärkste Dogma von allen. Wo kämen wir denn hin, wenn wir nicht so frei wären und nicht alle alles könnten?

Leider lehrt uns das Leben oft auf sehr schmerzliche Weise, dass dieses Dogma eben nicht mehr ist als eine Theorie ohne Grund und Boden. Wir sind nicht alle gleich und wir können auch nicht alle dasselbe. Solange wir an dem alten Dogma hängen, so lange sind wir tatsächlich daran gehindert, unsere eigentlichen Stärken zu nutzen und unsere Schwächen bekämpfen zu können.

Die Astrologie von heute kümmert sich um das, was die Machthaber übrig gelassen haben: Geburtshoroskope, Stundenhoroskope, Wahrsagerei.

Die Geburtshoroskope von heute haben, wie gesagt, nicht mehr viel Ähnlichkeit mit denen zu Zeiten von Paracelsus.

Das liegt unter anderem daran, dass man heute seine Geburtsstunde kennen soll, um den Aszendenten zu bestimmen, der wiederum verantwortlich für die Interpretation der zwölf Häuser ist. Die Häuser sollen im Detail Aufschluss darüber geben, wie es einem Menschen im Laufe seines Lebens ergehen wird. Alle Themen sind darin enthalten, von der

Persönlichkeit über die familiären Bindungen, Liebe, Beruf, Krankheit bis hin zu Religiosität und spirituellen Werten.

Der Aszendent gewinnt mit fortschreitendem Alter mehr Macht über den Charakter, die Häuser kommen Stück für Stück zum Zuge. Hinzu kommen all die vielen Aspekte für Experten: Mondknoten, Konstellationen, Azimute und Dekane. Dies ist Stoff für moderne Astrologen, nicht für Alchemisten.

Im Mittelalter wussten die einfachen Menschen kaum ihr Geburtsdatum, geschweige denn die Uhrzeit. Mütter, die zehn Kinder zur Welt brachten und dann im Kindbett starben, konnten selten darüber Auskunft geben.

Paracelsus selbst fand diese Art von Astrologie tatsächlich unwichtig. Er interessierte sich für den Geburtsherrscher, die Signatur und den aktuellen Himmelsstand, schließlich entschied der darüber, ob eine Krankheit geheilt werden konnte.

»Ihr sollt nicht glauben, eine Krankheit heilen zu können, wenn der dazugehörige Stern gerade am Himmel steht.«

Demnach wird eine Magenschleimhautreizung nicht abklingen, solange Mars sich in Erdnähe befindet. Bedauerlicherweise fehlen aktuelle Studien zu diesem Thema, die mit Sicherheit Revolutionäres zutage fördern würden.

METALLSIGNATUREN

Am leichtesten sind Signaturen bei Metallen und Kristallen zu erkennen. Die mathematischen Verhältnisse von Symmetrieebenen, Kantenlängen und Winkeln, welche die geometrischen Körper bilden, sind sozusagen erstarrte Musik mit gespeicherter Gitterenergie. In dieser Form wirken sie wie Antennen für die Himmelskörper.

Will man sich mit Sonnenenergie aufladen, ist es gut, Gold zu tragen, dazu Diamanten, Bergkristall oder Beryll.

Wer Mondenergie benötigt, wählt Silber, Quarz oder Mondstein.

Ganz allgemein ist es ratsam, sich mit den Metallen und Kristallen zu umgeben, mit denen man selbst in Resonanz treten kann, die also dem Geburtsherrscher entsprechen.

Metalle bestehen nur aus einem einzigen Element. Ihre Kristallgitter weisen also die strengste Struktur im Sinne der platonischen Grundkörper auf und bilden daher die perfektesten Antennen zum Auffangen planetarer Energien.

Himmelskörper und Metalle

Himmelskörper	Metalle
Sonne ☉	Gold
Mond ☽	Silber
Merkur ☿	Quecksilber
	Zink
	Wismut
Venus ♀	Kupfer
	Bronze
	Messing
Mars ♂	Eisen
	Arsen
	Titan
Jupiter ♃	Zinn
	Antimon
Saturn ♄	Blei
	Uran

Wenn man weiß, was welcher Stein bedeutet, kann man aber auch eine bestimmte Energie für einen bestimmten Zweck wählen, wie beispielsweise einen Marsstein, wenn man etwas vorhat, was starke Energie und Durchsetzungskraft erfordert, oder einen Venusstein für ein Date. Einer Frau, die sich mit Eisenpiercing, blutrotem Jaspis oder gar Pyrit schmückt, nähern sich nur die Allermutigsten.

Venusattribute hingegen, kodiert in rosa, blauen oder grünen Steinen wie etwa Rosenquarz, Aquamarin oder Malachit, wirken eher anziehend.

Verheerende Signale sendet man aus, wenn man auf Saturn setzt. Schwarz und Neongrün, Onyx und Olivin, am schlimmsten Leuchtmineralien mit Urananteilen und dazu schwarze Lederklamotten. Das wirkt zwar spooky, und viele Leute lieben es, sich zu gruseln, wie es der erste Gewinner bei »Next Uri Geller« bewiesen hat, doch sollte man sich überlegen, ob man die ausgesandten Signale auch erfüllen kann. Steckt hinter der Gewandung kein magischer Saturncharakter, dann ist der Reinfall spätestens bei der Partnerwahl vorprogrammiert.

Früher hat man Hexen unterstellt, sie würden das Wetter beeinflussen und ihren Feinden die Ernte verhageln lassen. An diesen absurd anmutenden Vorwürfen ist mehr dran, als man zunächst glauben möchte. Nach dem Gesetz der Anziehung gibt es sehr wohl Wetterlagen, die dem Geburtsherrscher entsprechen und durch Resonanzphänomene hervorgerufen werden können.

Wenn die angeschuldigte Hexe eine Mondfrau war, dann war es sehr wahrscheinlich, dass ihre Wut oder Trauer heftige Regenschauer zur Unzeit auslöste, schließlich ist Wasser das Element des Mondes. Mars dagegen liebt Gewitter und ist bei entsprechend starkem Charakter auch durchaus in der Lage, seinen inneren Zorn mit der Wetterlage in Einklang zu bringen.

BLÜTENPFLANZEN

Pflanzen zeigen ihre Signatur nicht nur durch ihre Farbe an, sondern vor allem durch ihr Wesen. Will man sie zuordnen, hilft es zu wissen, wann die Pflanze blüht, wie sie duftet und wer sie bestäubt.

Als einfache Regel kann man für *Sonnenpflanzen* sagen, dass sie fast immer große Blüten mit gelbem Strahlenkranz haben, wie die riesige Sonnenblume. Als Heilpflanze denkt man allerdings eher an die berühmte Arnika. Sonnenpflanzen werden durch Sonneninsekten, hauptsächlich Bienen, bestäubt. Die Blüten öffnen sich zur Mittagszeit und duften dann auch am intensivsten. Dies ist die Zeit, zu der Sonnenpflanzen gesammelt werden sollten, wenn man Heiltränke aus ihnen machen möchte. Sind Sonnenpflanzen in nordischen Breitengraden zumeist freundlich, so sind sie im Süden sehr genügsam, was den Wasserverbrauch betrifft, und auch sehr wehrhaft, etwa mit großen Dornen ausgestattet. Bestes Beispiel ist hierfür die ganze Gruppe der Kakteen, deren strahlenförmige Blüten sie sofort als Sonnenpflanzen kennzeichnen.

Für *Mondpflanzen* trifft dann das Gegenteil zu: Sie blühen nachts auf und duften auch dann am stärksten, wie der Jasmin. Ihre Blüten sind vorzugsweise weiß, da man nachts keine Farben erkennen kann und ihre Bestäuber, die Nachtfalter, nicht auf Farbe reagieren. Mondblüten sind klein und zahlreich, teilweise wie zarte kosmische Antennen wie beispielsweise die Schafgarbe oder die Engelwurz. Mondpflanzen stehen dem Wasser nahe und schmücken sich mit Tautropfen wie Divas mit Diamantencolliers.

Merkurpflanzen zeichnen sich dagegen durch Extravaganzen aus. Sie sind besonders zart, werden durch ihre Nähe zum Element Luft oft windbestäubt, entwickeln aber Ranken, mit denen sie ihre scheinbare Schwäche ausgleichen. Einige scheiden Klebsekrete ab und spezialisieren ihre Blätter zu Fangarmen. Das sind dann die berüchtigten fleischfressenden Pflanzen wie der Sonnentau.

Marspflanzen erkennt man an ihrer Wehrhaftigkeit. Sie haben außer blutroten Blüten fast immer Dornen wie die Rose oder Brennhaare wie die Brennnessel. Auffällig ist hier, dass man unter den Marspflanzen die seltenen Exemplare mit Sexualität findet. In der Pflanzenwelt nennt man das ganz langweilig zweihäusig (zum Beispiel Berberitze oder Zaunrübe). Hier kommt also kein Vertreter aus der Tierwelt zur Hilfe. Da kann man es sich auch sparen, in teure Düfte zu investieren, sodass Marspflanzen nicht selten so streng riechen wie Sportler in der Umkleidekabine. Ansonsten sind auch Insekten mit wenig friedlicher Ausstrahlung wie Wespen oder Ameisen als Bestäuber beliebt.

Venuspflanzen sind da ganz anders drauf. Sie locken mit ihren hübschen rosa- oder blaufarbenen Blüten mit appetitlichem Duft und feinstem Nektar die lieblichsten aller Insekten an: die prächtigen Schmetterlinge, die ihrer eigenen Schönheit entsprechen. Venusblüten gelten als die urtümlichsten unter den Blütenpflanzen, sie sind fünfstrahlig und haben noch zahlreiche Staubgefäße. Das grüne Material der Pflanze, also Stängel, Blätter und Kronblätter, ist bei Venuspflanzen oft kuschelig behaart und fühlt sich an wie Kaninchenfell, wie etwa der wichtigen Heilpflanze Pulsatilla, der Küchenschelle.

Jupiterpflanzen haben oft gelbe Blüten wie die Sonnenblumen, allerdings sind diese nicht strahlig, sondern fünflappig wie beim Schöllkraut, oder es sind Lippenblüten wie bei der Königskerze. Da es sich um große Blüten handelt, kommen hier wie bei den Sonnenpflanzen Bienen und Hummeln als Bestäuber infrage. Wie Mars- und Venuspflanzen blühen auch Jupiterpflanzen tagsüber.

Saturnpflanzen erkennt man an ihrer Nichtfarbe. Am ehesten kann man ihre Blüten als grün bezeichnen, wie beispielsweise bei der Nieswurz und dem Efeu, wenn es sich denn um Blütenpflanzen handelt. Typischer für Saturnpflanzen ist die Zugehörigkeit zu einer Art Pflanzendinosauriergruppe, den Pteridophyten. Hierzu gehören die Schachtelhalme und Farne, also so etwas wie Schuppen- und Siegelbäume.

Heilpflanzen und Bäume

Heilpflanzen wurden von den Alchemisten aufgrund ihrer Signatur erkannt. Oft genug zeigen bestimmte morphologische Eigenarten noch zusätzlich an, wofür man die Pflanze nutzen kann. Hierzu ist es auch wichtig zu wissen, welches Organ mit welcher Signatur geheilt werden kann.

Von den Bäumen kann man sagen, dass sie abgesehen von ihren Eigenschaften als Heilpflanzen vor allem einen psychischen Einfluss auf Menschen haben. In der vorchristlichen Zeit kannte man noch die magischen Verbindungen zu den Bäumen, die dann zu Zeiten des Christentums als Aberglaube und Hexenwerk abgetan wurden. Trotzdem hat sich in allen europäischen Völkern noch viel von dem alten Wissen bewahrt. Wer einen Garten hat, pflanzt dort fast immer irgendwann selbst einen Baum (möglichst passend zur eigenen Signatur), auch wenn er sonst keinen grünen Daumen zu haben glaubt.

Bäume zu fällen galt früher als Sünde und gefährlich, denn so ein Akt konnte den Zorn der Götter herausfordern.

Heute ist Baumfällen für das Überleben der Menschheit gefährlicher denn je, und auf den Zorn der Götter werden wir vielleicht gar nicht mal so lange warten müssen.

Signatur bei Tieren

Auch die Tiere unterliegen dem Einfluss der Himmelskörper und im Gegensatz zu uns Menschen können sie sich ihrer Signatur auch nicht so leicht entziehen.

Paracelsus benutzte in seinen Rezepturen auch tierische Bestandteile, wobei auch hier die Signatur zum Leiden passen musste. Insekten suchen sich Blumen gleicher Signatur, sodass man schon an diesen Paaren erkennen kann, was zusammengehört.

Heute interessiert uns die Signatur besonders im Hinblick auf die Haustiervorlieben, Phobien und Allergien gegen bestimmte Tierarten. Ein Sonnenmensch wird selten ausgerechnet gegen Pferdehaare allergisch sein, dafür aber vielleicht gegen Katzenhaare. Und Schlangen, die von fast allen gefürchtet werden, finden sich bei Saturngeborenen gerne im Wohnzimmer friedlich in einem Terrarium zusammengerollt.

Die Interpretation der Geburtsherrscher

TAGHAUS/NACHTHAUS, WÜRDE/EXIL, ERHÖHUNG/FALL

Nun noch etwas zur Bedeutung der Geburtsherrscher für den Menschen.

Der Einfluss der Himmelskörper ist über das Jahr verteilt nicht immer gleich stark. Jeder Himmelskörper hat ein oder zwei Sternzeichen, in denen er besonders stark wirkt, und andere zwei, die seinem Einfluss entgegenwirken. Die passenden Sternzeichen werden Häuser genannt. Steht ein Planet in seinem eigenen Haus, prägt sich die Signatur am reinsten aus.

Außer Sonne und Mond hat jeder Himmelskörper zwei Häuser, ein Taghaus und ein Nachthaus, wobei das Taghaus dem männlichen Sternzeichen entspricht, während das Nachthaus dem weiblichen Sternzeichen zugeordnet wird. Die Sonne hat nur ein Taghaus, der Mond nur ein Nachthaus.

Stehen Planeten in ihren Häusern, sagt man, sie stehen in ihrer *Würde*. Das Gegenteil ist das *Exil*. In einer solchen Konstellation gewinnen vor allem die Schwächen eines Geburtsherrschers an Bedeutung. Mit Schwächen sind vor allem medizinisch-psychische Aspekte gemeint.

Sonne und Mond haben je ein Haus, die anderen fünf herrschen je in einem männlichen und einem weiblichen Sternzeichen.

Zu jedem der Sternzeichen gehört auch ein Element oder Elementpaar. Sonne ist zum Beispiel im männlichen Zeichen Löwe zu Hause und gehört zum Element Feuer. Hat aber ein Waagegeborener als Geburtsherrscher eine Sonne, steht dieser Himmelskörper im Exil, und der Sonnencharakter wird abgemildert durch das Sternzeichen, das sonst das Haus der Venus ist. Außerdem gehört zu diesem Sonnenkind das Element Luft, was auch einige persönliche Neigungen beeinflusst.

Erhöhung bedeutet Verstärkung bzw. Extremisierung von Charakteristika, was besonders im Hinblick auf das betroffene Organ zu beachten ist. *Fall* bedeutet Tendenz zur Hinwendung zum Gegenteil. Dies kann im Hinblick auf Vorlieben und Abneigungen bedeutend sein. Hier wirkt sich oft das Sternzeichen stärker aus als der Himmelskörper.

Tritt der Geburtsherrscher im Verlauf des Jahres in sein Haus ein, wird es seinen Schützlingen besonders gut gehen, es sei denn, das Individuum harmoniert nicht mit seinem Himmelskörper.

Insgesamt ergeben sich bei sieben Himmelskörpern und zwölf Sternzeichen 84 Menschentypen.

Männlich/Weiblich

Zur leichteren Einordnung und Beurteilung dieser 84 Typen ist es sinnvoll, auch das Geschlecht der Sternzeichen, Elemente und Himmelskörper zu beachten.

Unter den Sternzeichen sind gleich viel weibliche wie männliche Sternzeichen vorhanden. Bei den Elementen gibt es zwei weibliche und zwei männliche, die Himmelskörper haben vier männliche, zwei weibliche und einen Zwitter.

Die ungleiche Verteilung von Männlich und Weiblich

	Männlich/ Taghaus	*Weiblich/ Nachthaus*	*Hermaphrodit*
Sternzeichen	Widder Zwilling Löwe Waage Schütze Wassermann	Stier Krebs Jungfrau Skorpion Steinbock Fische	
Elemente	Feuer Luft	Wasser Erde	Quintessenz
Himmelskörper	Sonne Mars Jupiter Saturn	Mond Venus	Merkur

21.03. – 20.04.	Widder	♈
21.04. – 21.05.	Stier	♉
22.05. – 21.06.	Zwillinge	♊
22.06. – 22.07.	Krebs	♋
23.07. – 22.08.	Löwe	♌
23.08. – 22.09.	Jungfrau	♍
23.09. – 22.10.	Waage	♎
23.10. – 21.11.	Skorpion	♏
22.11. – 21.12.	Schütze	♐
22.12. – 20.01.	Steinbock	♑
21.01. – 19.02.	Wassermann	♒
20.02. – 20.03.	Fische	♓

Zu diesen astrologischen Daten kommt nun das tatsächliche Geschlecht des Neugeborenen. Wie viele männliche oder weibliche Eigenschaften sich in einem Menschen mischen, hängt von diesen Kombinationen ab.

Qualität: Kardinal, Fest, Beweglich

Hinzu kommt die Qualität. Es gibt drei davon: *kardinal, fest* und *beweglich*. Jeweils vier Sternzeichen gehören zu einer Qualität. *Kardinalzeichen* sind die dominantesten, es sind die, die versuchen, ihre Umgebung zu kontrollieren. *Feste Zeichen* ruhen in sich selbst und bringen ein geringeres Interesse für ihre Umwelt auf. *Bewegliche Zeichen* haben ein starkes Interesse für ihre Umwelt, machen sich aber oft zu sehr von anderen abhängig.

Die »Elemente«

Ein weiterer Aspekt sind die vier Elemente. Es gibt je drei Sternzeichen, die Feuerzeichen sind, je drei Wasserzeichen, drei Luftzeichen und drei Erdzeichen. Oft ist die Hinwendung zu einem der vier Elemente schon durch die Geburtskonstellation erklärbar. Menschen, die in Erdzeichen zur Welt kommen, sind oft wasserscheu und bleiben ihr Leben lang misstrauisch gegenüber diesem Element, während es andere gerade dorthin zieht und sie jeden Urlaub nur am Meer, einem See oder Fluss verbringen wollen.

Elementwesen, die man aus Märchen und Sagen kennt, sind Personifizierungen des Charakters der vier Elemente.

Zum *Feuer* gehören die Feuersalamander, Phönixe und Drachen. Ihr Temperament ist für andere gefährlich, gleichzeitig stehen Sonnentiere wie der Salamander für Reinigung und Wandlung, im Falle des Phönix sogar für Neubeginn und Auferstehung. Drachen galten früher als Glücksbringer und Hüter von Schätzen. Die zerstörerische Kraft des Feuers zeigt den Menschen oft genug ihre Hilflosigkeit angesichts der Naturgewalten, gleichzeitig ist Feuer *das* Symbol für den Ausstieg aus der Abhängigkeit von der Natur und den Beginn der Kultur.

Ganz anders die *Wasserwesen*: Sirenen, Nixen und Undinen. Sie gelten als begabte Verführerinnen und erinnern die Menschen daran, dass alles Leben einst aus dem Wasser kam. Die Sehnsucht nach der Rückkehr in den Schoß der Natur und zu ihren mystischen Geheimnissen wird durch die Wasserwesen versinnbildlicht. Gleichzeitig ist durch die Art, wie sie dargestellt werden, auch klar, dass der Mensch von der Wasserwelt ausgeschlossen ist. Ohne Fischschwanz kann ein Ausflug ins Wasser nur von kurzer und sehr oberflächlicher Dauer sein. Die Sehnsucht, wie sie in dem großartigen Tauchabenteuerfilm »Deep Blue« so treffend dargestellt wird, bleibt unerfüllbar.

Zur *Luft* gehören die schwebenden Wesen wie Sylphen und Elfen. Ihr unsichtbares Element ist flüchtig und spirituell. Luftwesen, die den Vorteil von Flügeln haben, sind meist befreit von den Mühsalen der irdischen Existenz. Die Darstellung dieser Wesen mit spitzen Ohren deutet auf einen ausgeprägten Hang zu Unfug und Schabernack hin. Menschen, in denen das Element Luft überwiegt, lassen sich vom Alltag nicht herunterziehen, verlieren aber leicht den Bezug zur Wirklichkeit.

Erdwesen, die zum Element gehören, aus dessen Schoß das Leben sprießt, haben eher verdrießliche Repräsentanten:

Zwerge, Kobolde und Riesen, die Höhlen und Berge behausen. Das klingt zunächst unattraktiv, doch sie sind es, die die Schätze des Erdinneren verwalten und verteilen. Die Welt der Metalle und Kristalle gehört zu ihnen wie die Pflanzen zum Wasser. Zwerge ebenso wie Riesen haben übernatürliche Kräfte, mit denen sie sich durchsetzen können. Menschen machen sich ihnen oft untertan, indem sie versuchen, ihnen ihre Schätze zu entreißen. Meistens geht das nicht gut aus, wie die Nibelungensage schon deutlich gemacht hat, trotzdem ist unsere gesamte Neuzeit anscheinend nur mit dieser Jagd beschäftigt. Da gehen schnell die Kräfte aus. Mangels Unkenntnis des Elements Erde und seiner Bewohner bleibt man oft genug an der Erdoberfläche, noch dazu mit einem Fluch belegt, einsam und mit leeren Händen zurück.

Alle Sagen und Märchen sind sich darin einig, dass man mit *Elementwesen* einen Pakt abschließt, wenn man etwas von ihnen erreichen will. So ein Pakt ist, wie alle Verträge, niemals kostenlos. Wenn die Zahlung verweigert wird, kommt es unweigerlich zur Katastrophe.

Von allen vier Elementen wissen wir heute, dass sie extrem unter Verschmutzung und Ausbeutung zu leiden haben. Wenn wir glauben, dass sich die Elementwesen das tatenlos gefallen lassen, täuschen wir uns. In den Nachrichten erfahren wir täglich, wie sie sich wehren. Feuersalamander wüten in den Mittelmeerwäldern, Meerjungfrauen türmen Tsunamis auf, Sylphen pusten Tornados an die Küste, und die Zwerge rütteln im Erdinneren. Wer sich das einmal bildlich vorstellt, dem wird angst und bange, weil wir gar nicht wissen können, wie viel Kraft die Wesen noch zu entwickeln gedenken.

Vielleicht war die alte Strategie, Götter durch Opfer zu beruhigen, ja doch nicht so falsch!

Die Häuser der Geburtsherrscher

Himmels-körper	Sternzeichen	Geschlecht	Element	Würde	Qualität
Sonne	Löwe	männlich	Feuer	Würde	fest
	Widder	männlich	Feuer	Erhöhung	kardinal
	Waage	männlich	Luft	Fall	kardinal
	Wassermann	männlich	Luft	Exil	fest
Mond	Krebs	weiblich	Wasser	Würde	kardinal
	Stier	weiblich	Erde	Erhöhung	fest
	Skorpion	weiblich	Wasser	Fall	fest
	Steinbock	weiblich	Erde	Exil	kardinal
Merkur	Zwilling	männlich	Luft	Würde	beweglich
	Jungfrau	weiblich	Erde	Würde/Erhöhung	beweglich
	Schütze	männlich	Feuer	Exil	beweglich
	Fische	weiblich	Wasser	Exil/Fall	beweglich
Venus	Stier	weiblich	Erde	Würde	fest
	Waage	männlich	Luft	Würde	kardinal
	Jungfrau	weiblich	Erde	Fall	beweglich
	Skorpion	weiblich	Wasser	Exil	fest
	Widder	männlich	Feuer	Exil	kardinal
	Fische	weiblich	Wasser	Erhöhung	beweglich
Mars	Widder	männlich	Feuer	Würde	kardinal
	Skorpion	weiblich	Wasser	Würde	fest
	Steinbock	weiblich	Erde	Erhöhung	kardinal
	Krebs	weiblich	Wasser	Fall	kardinal
	Waage	männlich	Luft	Exil	kardinal
	Stier	weiblich	Erde	Exil	fest

Himmels-körper	Sternzeichen	Geschlecht	Element	Würde	Qualität
Jupiter	Schütze	männlich	Feuer	Würde	beweglich
	Fische	weiblich	Wasser	Würde	beweglich
	Löwe	männlich	Feuer	Erhöhung	fest
	Krebs	weiblich	Wasser	Fall	kardinal
	Jungfrau	weiblich	Erde	Exil	beweglich
	Zwillinge	männlich	Luft	Exil	beweglich
Saturn	Steinbock	weiblich	Erde	Würde	kardinal
	Wassermann	männlich	Luft	Würde	fest
	Waage	männlich	Luft	Erhöhung	kardinal
	Löwe	männlich	Feuer	Exil	fest
	Widder	männlich	Feuer	Fall	kardinal
	Krebs	weiblich	Wasser	Exil	kardinal

Wenn man diese Tabelle betrachtet, wird ganz schnell klar, warum so viele Menschen sich unwohl fühlen in der Gesellschaft, in der wir leben müssen. So viele Möglichkeiten, so viele unterschiedliche Gewichtungen – und doch funktioniert die ganze Wirtschaft mit ihrer Konsumorientierung nur aufgrund von Klischees, die wiederum von alten Moralvorstellungen und Tabus geprägt worden sind. In der unendlich nervigen und langweiligen Welt der Fernsehreklamen gibt es zum Beispiel immer nur den Sonnenmann und die Lunafrau.

In Actionfilmen gibt es dann wenigstens noch den ach so einfallsreichen Marsmann (einmal als Berufsheld à la Bruce Willis, einmal als Berufsböser, ansonsten austauschbar …) und die Venusfrau (ebenfalls in zwei moralischen, aber sonst identischen Versionen), seit Neuestem bereichert durch die

Kung-Fu-versierte Marsfrau, wobei die Filmindustrie aber meistens nicht den Mumm aufbringt, den dazu passenden Mann vorzustellen. Eine nette Ausnahme bildet da George Clooney. Er ist kein Actionheld, er ist der perfekte Gentleman, einer, den alle Frauen sich als Liebhaber wünschen, ein Venusmann eben. Saturn kommt auch vor, allerdings nur in satanischen Rollen, perfekt verkörpert von Al Pacino oder Alan Rickman.

Aufgrund der unterschiedlichen Bahnen und Entfernungen der Himmelskörper von der Erde gibt es nicht gleich viel Menschentypen von den sieben Signaturen. Am häufigsten sind Mars und Venus etwa zu gleichen Teilen, gefolgt von Merkur, Sonne und Mond, diese Letzteren wieder zu gleichen Teilen. Nur einer von zwanzig ist ein Jupiter- oder, noch seltener, Saturngeborener, weswegen sich mit dessen Charakteristika auch die wenigsten identifizieren können. Dieses Wissen kann sehr wichtig sein, wenn man sich fragt, warum man immer so aus dem Rahmen fällt oder aber genau in die Werbeklischees passt.

Wer zu keinem der genannten Typen gehört, muss sich zwangsläufig frustriert fühlen. Die Reklamewelt verkauft uns dann Produkte, die diese »Mängel« beheben sollen, was nicht funktionieren kann, weil unsere Natur dagegensteht.

Sonnenfrauen sind von den Supermüttern im Fernsehen genervt oder haben das Gefühl, trotz persönlicher Erfüllung im Beruf versagt zu haben. Denn im Fernsehen erfreut sich eine Lunafrau, in unschuldiges Weiß gewandt, genüsslich ihrer Muße im Garten sitzend mit einem Venustier auf dem Schoß und wirbt für das Lunaprodukt Milchschnitte. Der unsportliche Lunamann muss sich neidvoll den Waschbrettbauch eines Marsmannes ansehen, der ebenso heldenhaft wie leichtsinnig sein Leben aufs Spiel setzt, indem er sich für ein Rasierwasser eine Klippe herunterstürzt.

Jupitermenschen hingegen fragen sich, was diese Instantgeschichten sollen, in der nichts aus der realen Welt gezeigt wird, was sie ansprechen könnte.

Besonders deutlich wird das bei Parfümwerbung. Die wird fast ausschließlich für Venusfrauen gemacht (rosa oder blaue Flakons, Frauen in sinnlichen transparenten Gewändern), manchmal, passend zu den Kung-Fu-Heldinnen, auch für Marsfrauen (werden mit leuchtend roten Flakons angepriesen). Für Saturn ist kaum etwas dabei, für Jupiter ebenfalls nicht. Einmal gab es einen Duft in grünem Flakon mit dem passenden Namen »Gift«, da stimmte aber leider die Signatur der verwendeten Pflanzendüfte nicht.

Auch bei Autoreklamen muss man sich über die Fehler wundern, die den Alchemieunkundigen dort unterlaufen. Marsrote Bilder und Marseisensymbole für das Venusauto par excellence, den schönen Audi, der gerade einmal nicht aus Eisen besteht. Sehr oft also falsche Symbole zu falschen Signaturen.

Warum ist die »Jever«-Reklame wohl ein solcher Hit? Weil sich dort 50 Prozent der Menschheit bestätigt fühlen. Alle Männer, auch solche, die nicht marsgeprägt sind, es aber gerne wären, finden dort Marssymbole, die harmonisch zusammengefügt sind: Natur und Einsamkeit vor rotem Sonnenuntergang, für den einsamen Wolf, hier in seiner unrasierten menschlichen Werwolferscheinung, passend zum Marsgetränk Bier. – Diesen Spot hat jemand mit instinktsicherer Intuition gemacht.

IN HARMONIE
MIT DEM GEBURTSHERRSCHER

Ganz unabhängig davon, ob jemand über ein Astronomieprogramm den Geburtsherrscher ermittelt hat oder nicht, von entscheidender Bedeutung ist, zu erfahren, welche der sieben planetaren Energien am stärksten gelebt wird. Zu diesem Zweck folgt nun ein Fragenkatalog, der darüber Aufschluss geben soll.

Lesen Sie die Fragen durch und antworten Sie schnell und aus dem Bauch heraus. Es kann immer nur eine der sieben Aussagen gewählt werden. Kreuzen Sie diese an. Die Auflösung finden Sie auf Seite 331.

Lesen Sie nun, was zu dem ermittelten Geburtsherrscher beschrieben steht (siehe Kapitel »Die Archetypen der Geburtsherrscher« Seite 81), und vergleichen Sie es mit Ihrer eigenen Erfahrung. Sie werden sich wundern, wie viele Lichter Ihnen möglicherweise innerlich aufgehen werden.

Bei dem folgenden Test wird manchmal zwischen Mann und Frau unterschieden, aber nicht immer. Bitte kreuzen Sie nur für sich Zutreffendes an.

TEST

Du gehst allein auf eine Sommerparty, von der du dir ganz vielleicht eine neue Bekanntschaft erhoffst. Die Feier beginnt bei Tageslicht, soll aber bis in die Nacht hineingehen. Ein Dresscode ist nicht vorgeschrieben. Du wählst deinen Auftritt frei nach Neigung.

Punkt 1

Sie:

A ☐ Ich trage gern leuchtendes Rot.
B ☐ Ich bevorzuge leuchtendes Blau, Rosa oder Mint.
C ☐ Ich kombiniere Giftgrün mit Schwarz, manchmal auch Violett.
D ☐ Ich mag strahlende Farben, am liebsten Weiß, aber auch Großkatzenoptik.
E ☐ Ich bevorzuge unauffälligere Pastellfarben.
F ☐ Ich kombiniere gerne mehrere Farben oder Muster, muss ich mich für eine Farbe entscheiden, wird es eher Orange.
G ☐ Ich mag Gelb oder Purpur.

Er:

A ☐ Ich trage gerne Rot, wenigstens als Krawatte.
B ☐ Ich trage ein hellblaues oder hellrosa Hemd.
C ☐ Ich trage fast immer nur Schwarz.
D ☐ Ich mag leuchtende T-Shirts oder Hemdfarben, besonders gern Weiß.
E ☐ Ich trage gern Grau, in jedem Fall unauffällig.
F ☐ Bei mir lachen sie oft über unpassende oder zu auffällige Farben.
G ☐ Ich trage gern Gelb, manchmal als Blickfang auch Pink oder Lila.

Beide:

A ☐ Ich habe gerne Leder.

B ☐ Ich bin sehr empfindlich gegen viele Materialien und kratze mich sofort, wenn es nicht stimmt.

C ☐ Bei zu viel Kunststoffzusätzen im Material fange ich sofort an zu schwitzen.

D ☐ Für mich am liebsten nur Baumwolle.

E ☐ Ich mag Stoffe, die sich kühl anfühlen, auch gern Jeans.

F ☐ Ich liebe Seide auf meiner Haut, am liebsten Material, das nichts wiegt.

G ☐ Ich mag auch gern selbst gestrickte Schafwollpullover.

Punkt 2

Sie:

A ☐ Als Schmuckmetall trage ich nur Gold.

B ☐ Ich mag nur Silber.

C ☐ Mir sind die Metalle egal, Hauptsache, sie umfassen einen tollen Stein.

D ☐ Ich mag gerne eine Kombination aus verschiedenen Metallen oder verschiedenen Steinen.

E ☐ Wenn Gold, dann lieber Weißgold, Titan ist auch okay.

F ☐ Mir gefällt Rotgold besser als Weißgold.

G ☐ Ich vertrage alle Metalle, trage aber auch gerne Schmuck aus Ton, Glas, Emaille etc.

Punkt 3

Für ihn: Du fährst mit deinem Wunschauto zur Party und demonstrierst deine Individualität – notfalls auch politisch inkorrekt –, trotzdem hoffst du auf eine Beifahrerin. Der Wagen ist:

A ☐ ein Mercedes, dunkelblau, Lederpolster und viel Chrom.

B ☐ kein Auto, sondern ein Motorrad mit viel Kubik, möglichst weinrote Lackierung.

C ☐ ein Audi Cabriolet mit leuchtendem Perllack, zum Beispiel in Blau oder Mintgrün.
D ☐ ein BMW Z4 in Brillantgrün oder Schwarz.
E ☐ ein uralter Landrover/Geländewagen, Langversion mit »Daktari«-Optik.
F ☐ ein Familienwagen mit Platz für drei Kinder, großem Kofferraum, in Weiß oder Grau.
G ☐ jede Karre mit vier Rädern, solange sie ankommt; sie ist ohnehin nur ein trauriger Ersatz für ein Pferd.

Punkt 4

Sie: Sieben Schatzkästchen mit Schmuckstücken stehen zur Auswahl, eines darf ich wählen, um mich daraus für die Party zu bedienen.

A ☐ Im ersten Kästchen befinden sich viele wasserklare Steine wie Diamanten und Bergkristall. Außerdem gibt es dort Schmuck aus Tigerauge und Goldfluss.
B ☐ Das zweite Kästchen enthält Perlen, Mondsteine und Milchquarze, aber auch Smaragde.
C ☐ Im dritten Kästchen liegen bunte Opale, Turmaline und Achate, Bernstein, Honigblenden und eine Sammlung verschiedenfarbiger Topase.
D ☐ Kästchen Nummer vier enthält Onyx, Olivin, Amethyst, Fluorit und chinesische Jade, dazu einen schwarzen Diamanten.
E ☐ Kästchen Nummer fünf enthält Saphire, Aquamarine, Rosenquarz, Rhodochrosit, dazu die grünen Steine Malachit und Chrysokoll.
F ☐ Im sechsten Kästchen finden sich königsblauer Lapislazuli und Sodalith, Türkis, Citrin und gelbe Diamanten.
G ☐ Im siebten Kästchen liegen Rubine, Granate, Korallen, Rauchquarze und glänzende Pyrite und Hämatite.

Punkt 5

Er: Uhren sind nahezu das einzige Schmuckstück, das fast alle Männer tragen. Was trifft zu?

A ☐ Ich habe lieber eine Uhr aus Gold als aus Silber.
B ☐ Ich würde auch dann lieber eine silberne Uhr tragen, wenn ich mir die goldene leisten könnte.
C ☐ Ich finde witzige Uhren gut, wie etwa die Swatch®.
D ☐ Ich liebe schwarze Zifferblätter.
E ☐ Ich bevorzuge dunkelblaue Zifferblätter.
F ☐ Ich trage gerne eine Edelmarke.
G ☐ Ich bevorzuge wasserfeste Uhren.

Punkt 6

Für Sie: Der Hausfrau wird ein Strauß Blumen überreicht. Jemand schenkt langstielige rote Rosen, der Klassiker unter den Eroberungsrequisiten, und hat auch den entsprechenden Blick drauf. Was denkst du?

A ☐ Was für ein feuriger Blick! Den Strauß hätte ich auch gerne bekommen.
B ☐ Mein Ding sind Rosen ja nicht, schon gar nicht so vor allen Leuten, lieber etwas ohne Dornen wie Lilien.
C ☐ Dem fehlt echt Fantasie, können es nicht mal weiße oder gelbe Rosen sein? Abgesehen davon ist so eine Szene echt hart für die vielen Singles hier.
D ☐ Die armen abgeschnittenen Blumen mal wieder, ich hätte lieber einen grünen Farn, aber so etwas schenkt einem ja nie einer.
E ☐ Mir hat viel zu lange keiner Blumen geschenkt, das muss sich dringend wieder ändern. Dahinten steht doch noch so ein männliches Exemplar, das dafür infrage kommen könnte ...

F ☐ Bunte Sträuße mit verschiedenen Arten und Farben sind viel schöner, da müsste dann aber auch etwas Originelles im Strauß versteckt sein, das nicht alle sehen, Theaterkarten beispielsweise oder ein Schmuckstück.

G ☐ Rosa Rosen wären schön, aber dazu gehört ja wohl noch ein liebendes Wort oder ein Kuss.

Punkt 7

Für beide: Am Tag der Party ist es recht warm, auf der Gartenterrasse werden Begrüßungscocktails gereicht, und ich habe das Glück, später nicht Auto fahren zu müssen. Nach welchem Glas greife ich?

A ☐ Weißer Martini mit Olive
B ☐ Gin Tonic
C ☐ Sherry
D ☐ Gekühlter Rosé
E ☐ Ein kleines Glas Sekt
F ☐ Sekt mit Orangensaft
G ☐ Rotwein, leicht heruntergekühlt

Punkt 8

Dazu werden allerlei Knabbereien angeboten. Während ich so herumstehe und mich unterhalte und es viel zu lange bis zum Essen dauert, greife ich bevorzugt in folgendes Schälchen:

A ☐ Walnüsse
B ☐ Geröstete Mandeln
C ☐ Pistazien
D ☐ Salzstangen
E ☐ Getrocknete Datteln, Feigen und Rosinen
F ☐ Kokosflocken in weißer Schokolade
G ☐ Haselnüsse

Punkt 9

Wie immer wird zunächst über das Wetter gesprochen. Keineswegs jeder ist nur scharf auf Sonne, zumal es gerade ungewöhnlich heiß ist. Was sagst du dazu:

A ☐ Ich hätte ja doch gerne mal wieder so einen kleinen Regenschauer.
B ☐ Mir gefallen am besten Regenbogen.
C ☐ Ich liebe Gewitter.
D ☐ Ich mag Sturm und Wind.
E ☐ Ich finde die Sonne ganz wunderbar so.
F ☐ Ich habe weichen flockigen Schnee sehr gern.
☐ Von der Ästhetik her finde ich klirrenden Raureif auf allen Bäumen hinreißend.

Punkt 10

Unterdessen streift eine Katze über die Terrasse. Zwei Gäste weichen entsetzt zurück: Eine Frau ist allergisch, und ein Mann kann Katzen nicht ausstehen. Sofort entspinnt sich ein Gespräch über Haustiere. Welches wäre deine Aussage?

A ☐ Für mich kommt nur ein Hund infrage, und zwar ein richtig großer, kein Schoßhund.
B ☐ Ich habe eine Katze.
C ☐ Von mir aus habe ich lieber Zimmerpflanzen, aber wenn es schon Tiere sein müssen, dann lieber ein Aquarium mit Fischen.
D ☐ Ich hätte gerne einen Graupapagei.
E ☐ Ich hätte gerne ein Pferd.
F ☐ Meine Lieblingstiere sind Reptilien, von der Wasserschildkröte bis zum Python.
G ☐ Ich habe gerne Streifenhörnchen, Hamster, Wüstenrennmäuse etc.

Punkt 11

Aber wenn nun doch ein Hund, dann welcher?

A ☐ Schäferhund
B ☐ Bernhardiner
C ☐ Pudel
D ☐ Mops
E ☐ Dackel
F ☐ Riesenschnauzer
G ☐ Spitz

Punkt 12

Und mit welcher Vogelart würdest du dich identifizieren?

A ☐ Rabe
B ☐ Eule
C ☐ Taube
D ☐ Haussperling
E ☐ Falke
F ☐ Nachtigall
G ☐ Kanarienvogel

Punkt 13

Im Garten schwirren auch Insekten herum. Einige sind beliebter als andere. Welches magst du noch am ehesten?

A ☐ Schmetterling
B ☐ Glühwürmchen
C ☐ Hirschkäfer
D ☐ Marienkäfer
E ☐ Wespe
F ☐ Libelle
G ☐ Biene

Punkt 14

Endlich wird das Büffet eröffnet, und alle stürzen sich wie ausgehungert darauf. Dabei werden verschiedene Vorlieben und Abneigungen diskutiert. Welche Sätze steuerst du zu der Unterhaltung bei?

A ☐ Ich brauche jetzt ein Steak, auf dem man übernachten kann.
B ☐ Die Forelle ist jetzt genau das Richtige für mich.
C ☐ Ich stürze mich lieber auf die Gambas, Muscheln und Tintenfische.
D ☐ Erst mal alle Salate durchprobieren, bevor etwas anderes drankommt.
E ☐ Es soll hier Gänseleberpastete und Hirschfilet geben, das muss ich alles probieren.
F ☐ Zum Braten möchte ich aber Rotwein.
G ☐ Für mich unbedingt das scharfe Hühnercurry.

Punkt 15

Auch bei den Gewürzen sind die Präferenzen sehr unterschiedlich. Hier ein paar Lieblingsgewürze:

A ☐ Chili
B ☐ Curry
C ☐ Zimt
D ☐ Vanille
E ☐ Steakpfeffer
F ☐ Meersalz
G ☐ Süßer Paprika

Punkt 16

Zum Nachtisch gibt es allerlei Früchte. Ohne nachzudenken, greifst du zu:

A ☐ Erdbeeren
B ☐ Äpfel, Kirschen
C ☐ Birnen
D ☐ Bananen
E ☐ Orangenschnitzel
F ☐ Frische Ananaswürfel
G ☐ Avocadoscheiben

Punkt 17

Hierbei tauchen natürlich auch Phobien und Unverträglichkeiten auf:

A ☐ Bah, Spinat. Der muss aber nicht sein.
B ☐ Viel zu viel Hasenfraß hier, und vom Chili bekomme ich Magendrücken.
C ☐ Eigentlich bin ich Vegetarier, aber Milchprodukte mag ich sehr.
D ☐ Mir schmeckt alles und ich vertrage alles, was haben die nur?
E ☐ Das war alles viel zu mächtig, und nun brauch ich einen Klaren.
F ☐ Sahnesaucen sind wirklich furchtbar schwer.
G ☐ Mir bekommt nur der schwarze Kaffee hinterher leider gar nicht.

Punkt 18

Nach dem Essen kann man verschiedene Räume aufsuchen, in denen Musik gespielt wird. Zu mancher kann man tanzen, andere lädt nur zum Zuhören ein. Du kannst wählen, was du hören möchtest. Zunächst die Instrumente:

A ☐ Panflöten
B ☐ Klavier

C ☐ Gesang
D ☐ Harfe
E ☐ Streichquartett
F ☐ Gitarre
G ☐ Orgel

Punkt 19

Und nun der Musiktyp. Hierbei muss man sich aber vorstellen können, dieses Genre mehr als zwei Stunden hintereinander zu hören und immer noch zu mögen:

A ☐ Bach
B ☐ Klassik
C ☐ Mittelalterliche Musik
D ☐ Rap, Hip-Hop
E ☐ Opern
F ☐ Keltische Volksmusik
G ☐ Hardrock

Punkt 20

Beim Tanzen geht es um heimliche Sehnsüchte, und hier sind vor allem Tanzarten gemeint, die zu erlernen man sich nie getraut hat, von denen man nur geträumt hat.

A ☐ Walzer
B ☐ Tango
C ☐ Ballett
D ☐ Bauchtanz
E ☐ Flamenco
F ☐ Volkstanz
G ☐ Hip-Hop, Jump

DIE ARCHETYPEN
DER GEBURTSHERRSCHER

Um eventuellen Enttäuschungen vorzubeugen, sei hier kurz eine Warnung vorweggenommen.

Der Geburtsherrscher ist nicht für die Geisteshaltung oder Moral eines Menschen verantwortlich, auch wenn mittelalterliche Alchemisten dazu neigten, dem einen Vorzug vor dem anderen zu geben. So waren den gläubigen Katholiken des Mittelalters Saturnmenschen unheimlich, während sie Jupiter- und Marsmenschen (nur als Männer!) bewunderten. Über so etwas sind wir aber heute hinweg (hoffentlich).

Bis Mitte des letzten Jahrhunderts kombinierte man gerne patriarchalische Sonnenmänner mit sich unterordnenden Lunafrauen, selbst ohne Horoskope zu stellen.

Weibliche Geburtsherrscher wurden geringer geschätzt als männliche.

Heute hat das Abendland, zumindest in Form von Feministinnen, etwas gegen Männer, die unter dem Mars geboren wurden, und alle politisch links Angesiedelten haben anerzogenerweise etwas gegen Jupitermenschen.

Neue Kombinationen wie zum Beispiel Sonnenfrau mit Lunamann oder Marsfrau mit Venusmann machen es möglich, dass neue Familienmodelle funktionieren, dass ein Mann kochen darf und sich um die Kinder kümmert, während die Frau Karriere macht, und beide können sich auf diese Weise verwirklichen.

Andere Paare hingegen leben noch das alte Modell, bei dem die Frau sogar zu Hause bleiben kann, ohne Komplexe entwickeln zu müssen. Es ist die große Chance unserer Zeit, dass die alten Fixierungen aufgebrochen werden und mehr Menschen ihre Natur ausleben können als früher.

Das gilt natürlich nicht für die Mehrheit, für die die Reklamebildchen gemacht werden. Die ist normalerweise stockkonservativ und kann sich nur schwer umstellen.

Die Vorurteile des Mittelalters sind nicht ausgestorben, sie haben sich nur gewandelt. Doch sollte man sich von ihnen nicht täuschen lassen. Jeder der 84 Menschentypen kann wertvoll oder eine Plage für den Rest der Menschheit sein. Zu welcher Seite wir uns entwickeln, steht nicht in den Sternen, sondern ist Teil unseres freien Willens und ein Akt der Entscheidung.

Als Menschen sind wir die einzigen Geschöpfe der Erde, die zwar eine Signatur tragen, aber selbst entscheiden, was wir damit tun. Wir können mit unserer Signatur leben oder auch gegen sie, können die Extreme abmildern oder ausleben. Wenn wir wollen, können wir den Geburtsherrscher sogar wechseln und damit in gewisser Weise aus der Matrix aussteigen. In jedem Fall gehörten zur Zivilisation Bewusstsein und Kontrolle dazu.

In fast allen Horoskopen vergangener Jahrhunderte findet man auch eine Beschreibung der Phänotypen. Diese entspricht dann dem Umfeld, aus dem der Mensch stammt, der das Horoskop erstellt. In arabischen astrologischen Führern findet man daher keine blonden Menschen und in italienischen der Renaissancezeit keine schwarzhäutigen. Die Alchemie ist aber eine universale Wissenschaft, die alle Völker, Haar- und Hautfarben einschließt. Es ist also müßig zu behaupten, die typische Mondfrau sähe aus wie Luna Lovegood in »Harry Potter«, weil das nur für Europa zutrifft. In Afrika hat die typische Mondfrau Kraushaar und ausladende Hüften. Trotzdem haben beide sehr viel mehr gemeinsam, als sie jemals glauben würden, und diese Gemeinsamkeiten sind es, die die Signatur ausmachen.

Wenn regionale Merkmale auftreten, dann haben nicht die Himmelskörper ihre Hand im Spiel, sondern das tatsächliche Umfeld. Klima, Sonnenlichtmenge, Duft und Beschaffenheit der Erde, Duft und Art der Pflanzen und Tiere schaffen ein Gesamtsystem, das seine Menschen prägt. Lebt einer sehr lange im Ausland, wird er über das Unterbewusstsein diese Prägung wie durch Osmose annehmen, selbst wenn er die Sprache nicht erlernt und mit seinem Äußeren auffällt. Spätestens eine Generation weiter bleibt zwar das »exotische Aussehen«, aber Klangfarbe, Sprachduktus, Gestik und Mimik werden die des Geburtslandes sein und ihn zu dem machen, was der Reisepass besagt. So kommt es zu dunkelhäutigen Deutschen und weißblonden Spaniern.

Was auch nicht durch den Geburtsherrscher bestimmt wird, das ist der Intelligenzgrad. Solche Irrtümer gehören in die Zeit des Patriarchats. Die Anzahl der Gehirnzellen und ihr Gebrauch sind tatsächlich eine Kombination aus Genen und Erziehung und letztlich eine Frage der Entscheidung, die Angebote zur Anwendung zu nutzen oder sie durch mangelnde Verwendung verkümmern zu lassen.

Die folgenden Beschreibungen sind Archetypen. Es ist sehr unwahrscheinlich, dass alles, was dort steht, hundertprozentig auf einen konkreten Fall zutrifft.

Hinzu kommt die Komplikation der Extreme. Jemand kann mit Signaturelementen in kompletter Harmonie leben oder (wenn auch seltener) gerade da Probleme haben. Ein Beispiel sind die Metalle.

Sonnenmenschen werden fast immer Gold brauchen und Silber nicht vertragen, in seltenen Fällen aber findet man eine heftige Abwehrreaktion auf Gold. Dieser Mensch muss sich fragen, warum er gegen seine Natur lebt und wo das Trauma sitzt. Als praktische Heilung beziehungsweise Aussöhnung mit sich selbst funktioniert tatsächlich eine homöopathische Desensibilisierung mit Aurum D30.

Sonne

Sonne ist der klassische männliche Geburtsherrscher. Unter der Sonne geborene Männer, hatten es traditionell leichter im Leben als andere, und für die meisten Staaten der Erde trifft das auch noch heute zu. In Europa allerdings sieht es inzwischen komplizierter aus.

Sonne ist dominant und einzelgängerisch. In seinem Kosmos sind modernes Teamwork oder gar Unterordnung unter eine Chefin eigentlich nicht vorgesehen.

Dasselbe gilt für die weibliche Variante. Sie kann es heutzutage zwar beruflich weiter bringen, als es ihr in der Vergangenheit möglich war, dafür aber ist es sehr wahrscheinlich, dass sie Single bleibt, weil kein Partner, schon gar nicht ein Mann, diese Art von Dominanz und Egozentrik aushält.

Sonnen sind temperamentvoll, beruhigen sich nach ihren Ausbrüchen aber recht schnell und finden wieder zu innerer Ruhe und Gelassenheit.

Die Juden, die mit ihrer siebenarmigen *Menora* die sieben Himmelskörper meinen, stellen die Sonne in die Mitte, womit sie gleichzeitig den Ständer des Leuchters bildet.

Menora

Diese Beschreibung ist natürlich der Extremfall bei Sonne im eigenen Haus oder in der Erhöhung. Alle anderen können noch abgemildert werden durch den Einfluss eines zarteren Sternbildes.

Die Haltung eines Sonnenmenschen ist aufrecht und stolz. Weibliche Sonnen betonen ihr Temperament oft durch Kleidung mit Leopardenflecken oder Tigerstreifen; was bei einigen lächerlich wirkt, steht ihnen besonders gut.

Sehr selten können Sonnenmenschen gut als Paar tanzen. Wenn sie sich bewegen, dann sind sie das Zentrum der Aufmerksamkeit, aber ihr Organ ist das Auge, nicht das Ohr. Falsche Töne auch im Umgang mit anderen Menschen hören sie nicht, und daher werden sie leicht zum Opfer ihres schärfsten Organs, denn sie urteilen gerne nach dem, was sie sehen. Entsprechend malen sie gut oder haben Malerei gern. Grafische Darstellungen erfassen sie in allen Einzelheiten samt dem, was dahintersteckt.

Sie mögen leuchtende Farben oder aber strahlendes Weiß. Schwarz steht ihnen nicht. Männer, die aufgrund der tristen Mode unserer Zeit dazu verdammt sind, nur gedeckte Farben beziehungsweise Unfarben zu tragen, sollten sich ebenfalls vor Schwarz hüten. Dunkelblau geht besser. Sonnenmenschen leiden unter dunklen Schattenfarben.

Dasselbe gilt für die Autofarben. Es scheint vollkommen schleierhaft, warum zurzeit alle Fahrzeuge passend zum Regen in Depressionssilber und Angstgrau verkauft werden. Das ist fast so, als wolle man die Käufer von vornherein mit einem Fluch belegen. Viele helfen dem noch nach, indem sie sich auch noch in den entsprechenden Unfarben kleiden. Sonne aber braucht Farben, je leuchtender, desto besser. Sonnenhaut nimmt leicht Sonnenbräune an und muss keineswegs dauernd eingecremt werden.

Allen Sonnenmenschen gemeinsam ist die Vorliebe zu Gold. Gold als Schmuck schützt das Sonnenorgan Herz und lässt es länger und kräftiger schlagen. Je älter der Mensch wird, desto mehr Gold braucht er. Und zwar möglichst direkt am Körper. Besonders Uhren dürfen bei Sonnenmenschen nur aus Gold sein, sonst kommt eine falsche Schwingung in den Körper, die durch den Rhythmus der Uhr noch verstärkt wird. Zahngold mag teuer sein, ist aber in diesen Fällen empfehlenswerter als Porzellanfüllung.

Akupunktur bleibt fast immer wirkungslos, wenn Nadeln aus Titan oder, schlimmer noch, aus Silber verwendet werden. Es verfärbt sich auf der Haut gern schwarz, weswegen selbst junge Mädchen dieser Signatur es nicht tragen sollten.

Goldrand an Kristallgläsern trägt dazu bei, den Alkohol besser zu vertragen und die Stimmung zu heben, selbst wenn das Glas nur Wasser enthält.

Die Kristalle und Mineralien der Sonne sind Diamant, Bergkristall, Beryll, Tigerauge, Goldfluss. Sie sind entweder wasserklar durchscheinend oder goldglänzend.

Dem Diamanten kommt hierbei eine Sonderstellung zu, da er außer Klarheit der Gedanken auch den Machtanspruch der Sonne verkörpert. Mit Diamanten geschmückt fühlt sich eine Sonnenfrau unwiderstehlich. Bei extremen Sonnenmenschen wird allerdings das übermäßige Selbstbewusstsein bis zur Neigung zu Tyrannis verstärkt. Als Einziger der genannten Steine besitzt der Diamant auch magische Eigenschaften wie *Irisierung* und *Thermolumineszenz*.

Irisierung bedeutet, dass bei gutem Schliff die Lichtstrahlen gebrochen und alle Farben des Sonnenlichtes freigesetzt werden: ein Energiefächer ohnegleichen.

Thermolumineszenz bedeutet, dass der Diamant durch die Körperwärme Energie aufnimmt und in Form von sehr kurzwelligem Blaulicht wieder abgibt. Unter einer Schwarzlichtlampe kann man das blaue Geisterlicht bewundern, das selbst bei winzigen Steinchen von unglaublicher Intensität ist. Der Diamant ist also nicht umsonst so kostbar.

Zirkon ist nur ein sehr minderwertiger Ersatz ohne Sonnensignatur und ohne die zuvor erwähnten Eigenschaften. Auch seine Kristallstruktur hat keine Sonnensignatur.

Gold und Sonnenkristalle haben eine oktagonale Struktur. Die Zahl, die heilige Zahl der Sonne ist die Acht, die liegend auch gleich das Symbol für Unendlichkeit ist. Acht ist in der Musik die Zahl der Oktave. Das vollkommenste Intervall, wenn man den alten Griechen glauben darf, denn sie bildet den Ringschluss zum ersten Ton der Tonleiter. Die mystische Zahl Acht repräsentiert somit auch die Eins als Einheit mit sich selbst. Auch die Zehn gilt als Sonnenzahl.

Wer Diamanten nicht leiden oder sich nicht leisten kann, sollte lieber auf einen der anderen zuvor genannten Halbedelsteine zurückgreifen. Sie sind vor allem geeignet, die sonnentypischen Adleraugen zu erhalten, sowohl im wörtlichen als auch im übertragenen Sinne. In der Alchemie berühren sich die Extreme. Wenn die beiden Organe der Sonne Herz und Auge sind, bedeutet dies, dass sie entweder die Stärken oder die Achillesfersen im Laufe des Lebens sein werden.

Bei sehr sensiblen Individuen wird eine Brille oft dadurch nötig, dass sie dringend eine gläserne Barriere zwischen sich und dem Elend brauchen, das sie nicht sehen möchten. Ursache ist hier nicht die beim Arzt zu messende Kurz- oder Weitsichtigkeit, sondern eben diese Sensibilität, häufig in Verbindung mit dem Geburtsherrscher. In diesem Fall ist das Dauertragen von Beryll angezeigt, der schließlich dem Wort »Brille« seinen Namen verliehen hat, da man ihn zuerst zu Augengläsern schliff, bevor man das Glas aus Siliziumoxyd entdeckte.

Sonnenpflanzen

Sonnenbäume sind Eschen, Palmen und Zitruspflanzen. Letztere liefern unter anderem auch Vitamin C, das für Sonnenmenschen von fundamentaler Wichtigkeit ist. Gerade für die, die sich aus Platzgründen oder aufgrund der typischen Lebensumstände, zu der eine Stadt nun einmal verurteilt, kein Tier halten können, ist eine Sonnenzimmerpflanze in Form eines Zitronenbäumchens oder wenigstens eines Kaktus dringend zu empfehlen.

Für das Herz lohnt sich auch, einen Weißdorn in der Nähe zu haben, bis man ihn dann später als Saft braucht.

Blumen mit Sonnensignatur erkennt man an ihrer leuchtend gelben Farbe und dem Strahlenkranz ihrer Blüten, weshalb man sie häufig in der Familie der Korbblütler findet.

Wesensarten der Sonnensignatur

Sonnenmenschen sind eigentlich von heiterem, aufgeschlossenem Gemüt, voller Bewusstsein für die Realitäten des Daseins und einig mit sich und dem Kosmos.

Doch zu viel Trübsinn, sei es durch ewig graues Wetter oder durch andere, mehr persönliche Umstände verursacht, kann dazu führen, dass das angeborene heitere Naturell, jenes sprichwörtlich »sonnige Gemüt«, plötzlich in innere Düsternis umschlägt. Hier helfen Sonnenkräuter als natürliche Antidepressiva. Ein Tee aus Johanniskraut mit viel Zitrone, was bei anderen Menschen oft gar nichts bewirkt, ist für Sonnenmenschen genau das Richtige, während Jasmintee blödsinnig wäre.

Maracujasaft, Pampelmusen- oder Orangensaft ist gut.

Bei Herzschmerzen, tatsächlichen oder emotionalen, hilft Cactus grandiflora.

Zu den sonnenregierten Organen gehört auch das Zentralnervensystem einschließlich des Gehirns. Zur Nervenberuhigung nutzen hier aber nur Kräuter mit gleicher Signatur wie die zuvor erwähnten und die von Paracelsus als Arcanum beschriebene Melisse. Auch Gold in homöopathischer Dosierung kann davor schützen, seine nervlichen Kräfte aufzureiben, und ist in der Homöopathie als Mittel gegen Arteriosklerose und Durchblutungsstörung des Gehirns sehr beliebt.

Da der Sonne das Element Feuer zugeordnet ist, brauchen Sonnenmenschen nicht nur sehr viel Licht, sondern auch Bestätigung des inneren Feuers, also scharfe Gewürze wie Pfeffer und Curry. Dies wird besonders in höherem Alter wichtig, wenn die zunehmende Erkaltung des Stoffwechsels die Verdauung träger werden lässt. Paracelsus sagte dazu: »Der Magen erkaltet mit dem Alter.«

Lieblingsgetränk wird fast immer Rotwein sein, da dieses Arcanum die größte Menge Sonnenenergie speichert. Nicht ganz so gesund, da er schon destillierten Alkohol enthält, aber ebenfalls sonnenhaltig, ist der Branntwein/Cognac, wobei es sogar eine besondere Variante mit gebrannten Orangenschalen gibt: den spanischen *Ponche*.

Auch sehr sonnenhaltig ist brauner Rum mit Zimtstange, Zitronenschale und Kaffeebohne zubereitet.

Whisky und alle klaren Alkoholika sind schon aufgrund ihrer sonnenarmen Herkunft ungeeignet.

Ein Sonnenmensch neigt selten zum Vegetarierdasein, höchstens aus kulturellen Zusammenhängen heraus, und weiß Genussmittel wie die zuvor genannten Alkoholika oder Schokolade zu schätzen. Rauchwaren sind nicht geeignet, da hier ein sonnenfremdes Organ, die Nase, angesprochen wird.

Die Gefahr der übermäßigen Hinwendung zu alkoholischen Sonnengetränken ist besonders an kurzen, lichtarmen Wintertagen nicht zu unterschätzen. In solchen Fällen sollte man lieber zu belebenden Teesorten greifen und sich ein Aromabad mit Zitrusessenzen gönnen. Doch auch hier sei Vorsicht geboten. Kaffee und Tee enthalten Alkaloide, Gifte, die außer Saturnmenschen allen anderen auf Dauer schaden, und dem Sonnenmenschen als dem natürlichen Gegenspieler von Saturn ganz besonders. Wasser und Fruchtsäfte müssen also das überlastete Immunsystem der Sonnengeborenen regelmäßig reinigen und entschlacken.

Hinzu kommt: Keine Wohnung mit zu kleinen Fenstern mieten, keine dunkle Kleidung tragen oder ein graues Auto fahren. Man glaubt nicht, wie viele Menschen sich täglich selbst sabotieren, indem sie die kleinsten Gesetze der Natur ignorieren.

Tiere und Fabelwesen

Das wichtigste aller Sonnentiere ist das Pferd. Es steht für die Freiheit der Bewegung, sei sie tatsächlicher oder gedanklicher Art. Sonnenmenschen kommen gut mit Pferden zurecht, auch ohne Reitstunden. Wer keine Möglichkeit hat, solche Tiere, zugegebenermaßen etwas unhandlich in der Haltung, um sich zu haben, kann es einfach mit einer Statuette auf dem Nachttisch versuchen. Selbst Pferdebilder können den mental stabilisierenden Zweck erfüllen.

Ein ungleich kleineres, aber ebenso unhandliches Tier der Sonne ist die Biene. Der Vorteil hierbei ist, dass ihr Produkt, der Honig, ein Arcanum, also eine Universalmedizin, ist, das natürlich gerade auf Sonnenmenschen eine extrem gesunde Wirkung hat.

Abgesehen von den realen Tieren, denen man im normalen Leben eher selten begegnet, existiert noch eine zweite Tierwelt, die unbewusst, aber sehr persistent im Inneren der Menschen ein verborgenes, zumeist selbst vor dem eigenen Bewusstsein sorgsam verstecktes Dasein fristet. Es ist die Welt der Fabeltiere, die auf einem mystischen Urgrund des Seins ruht und an ein Dasein vor dem Rauswurf aus dem Paradies, als die Verbindung zwischen Mensch und Natur noch harmonisch war, erinnert. Jeder Mensch schleppt mindestens ein Fabeltier mit sich herum, dessen Vorhandensein nur in Bruchteilen von Sekunden ins Bewusstsein aufsteigt, wenn eine Szene im Märchen oder einem Fantasiefilm Resonanzschwingungen erzeugt. Der Erfolg des ganzen doch ziemlich vorhersehbaren und einfallslosen Genres beruht vielleicht einzig allein auf diesem Resonanzphänomen.

Im Fall des Sonnenmenschen ist es natürlich der *Zentaur*, halb Mensch, halb Pferd, der seine Freiheit und Überlegenheit einfach ausleben darf.

Er kann vor Problemen davongaloppieren und wie ein Jäger der Steinzeit politisch unkorrekt seine Beute erlegen, weswegen er immer mit Pfeil und Bogen abgebildet wird. Wie die Pferde ohne menschlichen Torso hat er einen Harem, was sich sonst nur die Araber gönnen, und muss dafür niemandem Rechenschaft ablegen. Außerdem ist er seherisch begabt, ohne jede schwarzmagischen Anteile, kurzum, ein sonniges Wesen ohne die Last der gesellschaftlich aufgepackten Verantwortung.

Nur selten wird dieses Tier sichtbar, meist bekommen es nur die Partner zu sehen, wenn auch oft nur den davonwehenden Schweif ...

Aus der indianischen Mythologie kennen wir den Begriff *Krafttier*. Es erscheint oft in Träumen und macht den Menschen auf schlummernde Kräfte aufmerksam. Wer *luzide Träume* hat, also in der Lage ist, diese bis zu einem gewissen Grad zu steuern, kann mit Krafttieren einiges anfangen, von *schamanischen Reisen* bis hin zum *Shapeshifting*. Unter schamanischen Reisen werden auch Reisen ins Unbewusste oder aber ins kollektive Bewusstsein eines Volkes verstanden. Die Ägypter waren mit der Verbindung zu der Psyche der Tiere sehr vertraut, indianische Völker sind es heute noch. Mit Shapeshifting ist gemeint, sich tatsächlich in einen Tierleib hineinzufühlen, seine Sinne und seine Bewegungsform zu erfassen. Welches Tier oder welche Tierarten es sind, hängt keineswegs nur von der Stammesgeschichte ab, sondern steht sehr oft in Wechselwirkung mit dem Geburtsherrscher.

ENGEL UND EWIGE WESEN

Wer Engel gern hat und seinen Schutzengel kennen möchte, dem sei gesagt, dass zur Sonne niemand Geringerer als Erzengel Michael gehört. Entgegen der sonstigen eher sanften Natur von Engeln ist dieser streitbar und wehrhaft, weswegen man ihn mit dem Schwert darstellt, woraus sich schon klar ergibt, dass man ihn besser nicht erzürnt. Als Schutzengel ist er sicher supertauglich, als strafender Geselle eher zum Fürchten. Wer ihn anruft, sollte reinen Gewissens sein.

Außerdem darf man nicht vergessen, dass diese Lichtwesen bei der heutigen Engelbegeisterung ziemlich häufig belästigt werden, wobei oft ihre eigentliche Funktion nicht beachtet wird. Ein Schutzengel ist nicht dazu da, einen vor einer Fünf in Mathematik oder später dann vor dem falschen Lebenspartner zu bewahren. Er passt auf, dass man nicht zu früh (nach seiner Ansicht!) das Zeitliche segnet und, wenn es so weit ist, den richtigen Weg zum Himmel einschlägt. Für Christen ist das einleuchtend, da gibt es Himmel und Hölle und dazwischen die Wartezeit, auch Fegefeuer genannt, die unter Umständen durch mehrfache Wiedergeburten gestaltet werden kann.

Wer sich eher auf die heidnische Seite schlagen möchte, weil ihm Engel zu pazifistisch und blutleer sind, kann sich an die Walküren wenden: Für Sonne wäre da natürlich Rossweiße zuständig, die Walküre, die auf einem Schimmel über die Wolken reitet und die Helden für Walhall erwählt.

Der Sonnenmensch

Besitz bedeutet Sonnenmenschen nicht so viel wie anderen, da sie sich nicht so mühen müssen, um daran zu kommen. Da ihr Metall das Gold ist, ziehen sie normalerweise genügend Geld an, ohne sich Sorgen machen zu müssen. Ihre Beweglichkeit kann zu häufigen Ortswechseln führen, sodass innere Gebundenheit an Haus oder Land eher hinderlich wäre. Sonnenmenschen brauchen daher eher ein gut gefülltes Bankkonto als sperrige Immobilien.

Schwierig ist das unstete Sonnenleben für einen Partner, der lieber Wurzeln schlagen würde. Saturn und Venus im eigenen Haus sind zum Beispiel dem Element Erde zugeordnet. Das wäre eine extrem ungünstige Verbindung.

Traditionell gehört zur Sonne der Mond. Man darf nur nicht vergessen, dass dieses Idyll Sonnenmann mit Mondfrau meinte, wobei die Mondfrau ihre Bedürfnisse selbstverständlich denen des feurigen Mannes unterzuordnen hatte. Sie hatte die Aufgabe, ihn zu begleiten, wohin auch immer das Schicksal oder sein unruhiger Geist ihn hinversetzte, und dabei seine Wünsche zu erfüllen, während er ihr im Gegenzug Sicherheit und Schutz zur Aufzucht der Kinder bieten konnte. Man ahnt es schon, umgekehrt wurde die Situation von der Gesellschaft nicht gut toleriert. Eine unabhängige Sonnenfrau wurde höchstens ein Blaustrumpf (altmodische Bezeichnung für Single mit eigenem Einkommen), bevor sie einen Mondmann fand, der zugab, sich gerne an eine starke Frau anlehnen zu wollen. Heute, wo alles möglich ist, sind beide Kombinationen denkbar, wenn auch nicht ganz so ideal, wie es auf den ersten Blick scheint.

Alchemisten, die man früher in ihrer Eigenschaft als Horoskopersteller zwecks fürstlicher Eheschließungen konsultierte, konzentrierten sich hauptsächlich auf die naturgegebenen und geschichtlich bewährten Kombinationen. Sie beachteten, dass weibliche mit männlichen Himmelskörpern kombiniert wurden und dass die Elementpaare Feuer/Wasser oder Luft/Erde zusammenkamen.

Unter diesem Aspekt passt zu Sonne außer Mond natürlich auch Venus im Skorpion oder den Fischen oder sogar Jupiter, wenn er in den Fischen steht.

Die Partnerschaften funktionierten, weil sich männliche und weibliche Eigenschaften als Kontrast gegenüberstanden und ergänzten. Die Kinder bekamen von Geburt an ein eindeutiges Rollenbild geliefert.

Die großen Gegensätze konnten aber auch dazu führen, dass man sich nicht allzu viel zu sagen hatte, was in einer Welt, in der Männer- und Frauentätigkeiten räumlich und gedanklich getrennt waren, kein Problem darstellte. Da holte man sich die nötige Portion Verständnis bei Familienmitgliedern oder Freunden gleichen Geschlechts.

Heutzutage geht es nicht mehr darum, eine funktionierende Aufzuchtstätte für Kinder zu garantieren. De facto haben selbst die Regierungen den Schutz von Ehe und Familie weitgehend aufgegeben, während Kinder von klein auf lernen, dass es keine Sicherheit für sie gibt, dass das heimische Nest jederzeit neu gestaltet werden oder schlichtweg auseinanderfliegen kann. Hinzu kommt, dass die Großfamilien verschwunden sind und der Partner die schier unlösbare Aufgabe hat, diverse Familienmitglieder und Freundschaften in einer Person vereinen zu sollen.

Bei der Wahl eines solchen »Übermenschen« entscheiden hierbei im dümmsten und häufigsten Fall Äußerlichkeiten und blinde Verliebtheit, im besten Fall Aspekte wie gemeinsame Interessen und innere Harmonie.
Diese Harmonie kann aber auf der Tatsache beruhen, dass mehr Ähnlichkeiten als Gegensätze bestehen. Vielleicht mögen beide die gleiche Musik, im Falle der Sonne eher harmonische Töne als harte Rhythmen oder atonale Klänge. Vielleicht sind beide erfolgreich im Beruf und legen mehr Wert auf Karriere als auf Kinder. Vielleicht träumen beide vom Auswandern in ein Sonnenland wie Italien oder Spanien, weil ihnen die Luxmenge im Norden zum Wohlfühlen nicht mehr ausreicht ...
In diesem Fall haben sich zwei Sonnenmenschen gefunden, die hart miteinander kämpfen werden, weil keiner dem anderen die Vorherrschaft zugestehen wird, die sich aber innerlich sehr gut verstehen, weil sie sich ähneln.

Ein guter Partner für Sonnenmenschen ist auch der Merkur, der je nachdem mehr der Sonne oder mehr dem Mond zuneigt, aber nicht ganz so extrem ist.
Sonnenmenschen wirken im wahrsten Sinne des Wortes attraktiv. Hierbei ist aber sehr wahrscheinlich, dass sie auch solche Menschen anziehen, die nicht zu ihnen passen oder ihnen nicht guttun. Da sie sich nicht aktiv um andere bemü-

hen müssen, fehlt ihnen oft der Blick für den richtigen Partner, weswegen es oft vom klugen Urteilsvermögen des anderen abhängt, ob die Paarbildung funktionieren wird.

In jedem Fall aber gilt: Jede Kombination ist möglich. Es hilft aber ungemein, zu wissen, welche Geburtsherrscher zusammenkommen, weil man dann sehr viel leichter vermeiden kann, den anderen durch Unverständnis zu verletzen. Eine Sonnenfrau, die schon nicht versteht, warum ihre Geschlechtsgenossinnen sich für einen Mann demütigen, wird erst recht ungeduldig, wenn ihr Partner es nicht schafft, endlich bei seinem Chef die Gehaltserhöhung einzufordern.

Unterordnung ist nichts für die Sonne, weswegen dringend von Arbeitsplätzen abgeraten wird, die das erfordern. Auch Beamtentätigkeiten, bei denen man über lange Zeit hinweg die Zukunft überschauen kann, sind nichts für die Sonne. Sie will Abwechslung und Entscheidungsfreiheit. Selbst Teamwork klappt nicht wirklich gut, da die Sache blitzschnell eine hierarchische Form zu bekommen droht, wobei die Sonne bestimmt, wo es langgeht. Also besser ist es, sich gleich selbstständig zu machen und sein eigener Chef zu sein, egal wie klein das Unternehmen ist. Oder man sucht sich in großen Firmen Bereiche, in denen die Vorgaben minimal sind und Leistung und Kreativität honoriert werden. Gehorsam, Geduld oder Nachsicht gehören nämlich nicht zu den Sonnentugenden.

Ihre Stärke ist das Bewusstsein, die Dinge rational, mit dem Licht des Tages zu beurteilen.

Im positiven Fall sind Sonnenmenschen geborene Führernaturen, eigensinnig und selbstbewusst, stolz, großzügig, konsequent; im negativen Sinn sind sie ichbezogene Tyrannen, eitel, geltungssüchtig und verschwenderisch, die mit ihrem angeborenen Charme andere mühelos blenden können. Zu welcher Seite man sich entwickelt, entscheidet das Bewusstsein oder die Abwesenheit davon.

Besonders gelungene Exemplare der Sonne sind in der Lage, bei geschlossenen Augen eine außerordentliche Wahrnehmung zu entwickeln, eine, die ganzheitlich das Leben um sich herum erfasst und verstehen kann. Daher symbolisiert die Sonne wie schon zu Zeiten der Ägypter die Einheit mit dem Kosmos.

Sonnensignatur

Zahl	1, 8, 10
Intervall	Oktave
Farbe	Weiß, leuchtende Grundfarben
Metall	Gold
Mineral	Diamant, Bergkristall, Beryll, Tigerauge, Goldfluss
Kraut	Johanniskraut, Arnika, Habichtskraut
Baum	Esche, Palme
Tier	Pferd, Löwe
Fabeltier	Zentaur
Organ	Herz, Auge, ZNS
Puls	Herz
Sinn	optischer Sinn
Instrument	Cello, Bratsche, Oboe
Wetter	Sonnenschein
Engel	Michael
Walküre	Rossweiße
Prominente Sonnenmenschen	Angela Merkel, Napoleon Bonaparte, Harald Schmidt, Caroline von Monaco, Steffi Graf, Boris Becker

Mond ☾

Als Kontrast zum Tag mit seinem Sonnenlicht und Bewusstsein gibt es die Nacht mit ihrem Mondlicht und der Kraft des Unbewussten.

Als Gefährtin des Sonnenmanns waren Mondfrauen früher sehr beliebt. Sie galten als Inbegriff der Weiblichkeit und Fruchtbarkeit. Hofastrologen suchten für die Prinzen immer nach Mondfrauen, um den Fortbestand der noblen Linie zu garantieren. Und die Länder des Halbmondes hatten sie am liebsten gleich in der Mehrzahl in einem Harem.

Besonders Mondfrauen im eigenen Haus oder in der Erhöhung hatten alle Chancen, gerne geheiratet zu werden.

Aber welche Perspektiven haben Mondmenschen heute?

Wenn die Haltung der Sonnenmenschen stolz ist, so ist die der Mondmenschen bescheiden, aber elastisch. Sie fallen nicht gerne auf, weder durch auffallende Gestik noch durch nervtötendes Geplapper. Gerade Mondmänner sind eher besonders schweigsam.

Auch haben sie keinerlei Hang zu leuchtenden Farben. Nachts sind ja alle Katzen grau, und so trägt auch ein Mondgeborener gerne diese Nichtfarbe, und wenn schon nicht nur Grau und Weiß, dann höchstens zarte Pastelltöne. Was bei anderen die Persönlichkeit schwächt, unterstreicht bei ihnen die zarte Natur, bei Frauen deren extreme Weiblichkeit.

Mondhaut ist seidig, aber blass und braucht in südlichen Ländern einen starken Sonnenschutzfaktor.

Das Metall des Mondes ist Silber. Mondfrauen tragen auch dann noch Silber, wenn die Teenagerzeit längst vorbei ist, Gold lehnen sie instinktiv ab.

Früher war es leichter, sich mit Silber zu umgeben. Es zierte viele Haushalte in Form von Besteck, Vasen, Tellern, Service, Messerbänkchen und Serviettenringen. Die Kostbarkeit des Metalls war bekannt, sodass diese Gegenstände in besonderen Glasvitrinen aufbewahrt wurden, wo jeder sie bewundern konnte. In regelmäßigen Abständen wurde das Silber dann geputzt, was natürlich einen gewissen Aufwand bedeutete, wobei häufiger Gebrauch das Putzen enorm reduziert. Adel und Großbürgertum lebten mit diesen Dingen und verwendeten sie. Das Bürgertum in seinem Eifer, die alte Oberschicht nachzuahmen, ohne es ganz zu schaffen, begnügte sich mit dem Anblick des modernen anlaufgeschützten Silbers hinter Glas.

Nachdem man heute mit Traditionen gebrochen hat, deren Sinn nicht mehr verstanden wird, sind diese Dinge auf dem Trödelmarkt oder bei eBay gelandet, und die Mondgeborenen haben das Nachsehen, und nicht nur sie, sondern alle Frauen, wie man gleich sehen wird.

Antennenmetall Silber

Silber ist alchemistisch gesehen fast so kostbar wie Gold und gilt in der Paracelsusmedizin genauso wie dieses als Arcanum.

Wir begegnen diesem Metall auch in der Musik. Es ist das Metall der Querflöte und der Saiten der Harfe, beides Mondinstrumente.

Auch die Saiten der Streichinstrumente sind mit Silber umwickelt, wenn auch viele – gerade männliche – Geiger gerne die E-Saite als Goldsaite aufziehen, so wie es auch männliche Flötisten gibt, die das Mondinstrument kompensieren, indem sie ein goldenes Mundstück wählen. Saiteninstrumente sind ohnehin eher Sonneninstrumente, da sie aus dem Holz von Sonnenbäumen, die im Mittelmeerraum gewachsen sind, gebaut werden.

Kein Instrument erzeugt so deutlich Mondklänge wie die Querflöte und die Harfe. Es sind beides keine lärmenden Instrumente, und sie erfreuen vor allem Menschen mit gutem Gehör.

Mondmenschen, auch solche, die selbst nicht musizieren, mögen Musik, wenn auch nicht gern so laut, denn sie hören besser als andere. Wenn der Sonne der optische Sinn zugeordnet ist, so gehört zum Mond die Akustik. Dies kommt besonders nachts zum Tragen, wenn die Farben erlöschen und der optische Sinn zur Ruhe kommt.

Die Sinne des Mondes

Wie bei der Sonne sind dem Mond zwei Organe zugeordnet: die Geschlechtsorgane und der Verstand. Das lateinische Wort «Mens» lässt diese Doppelfunktion sogar in einem einzigen Begriff verschmelzen.

Dass Fruchtbarkeit mit dem Mond zusammenhängt, wird nicht einmal ein extremer Antiesoteriker anzweifeln. Der Mond regelt nicht nur die menschliche Fruchtbarkeit, sondern die aller Lebewesen unseres Planeten, von den Algen im Meer bis hin zu den Zyklen der Haustiere. Der Puls schlägt am deutlichsten an der linken Schläfe, denn die linke Gehirnhälfte ist die Seite der Intuition und Reflexion, womit wir wieder beim Mondorgan Mens sind.

Nachts kann das am Tag Erlebte verarbeitet werden, kann das Gehirn von schlechten Eindrücken befreit werden, während die guten in den Langzeitspeicher übergehen. Ohne Reflexion, sei es durch das Bewusstsein des Tages oder das

Unterbewusstsein im Schlaf, kann kein Verstand aufgebaut werden, kann keine Intelligenz gedeihen. Ein kluger Mensch wird also dafür Sorge tragen müssen, dass Sonne und Mond ausgewogen sind, dass ein gesunder Tag-/Nachtrhythmus erhalten bleibt, dass genügend Stunden Schlaf zusammenkommen und kostbare Mondstunden nicht ausschließlich vor dem Fernseher oder Computer verschwendet werden.

Wie immer in der Alchemie besteht nun die Möglichkeit, dass Mondgeborene extrem fruchtbar sind oder aber mit ihren Geschlechtsorganen eine Menge Probleme haben. Typisch sind Veranlagung zu Brust- oder Unterleibskrebs bei Frauen bzw. Prostataproblemen bis hin zum Karzinom bei Männern. Ob so eine Veranlagung entwickelt wird, hängt sehr mit dem psychischen Gleichgewicht des Individuums zusammen. Mondmenschen sind nämlich sehr leicht zu verletzen und haben in unserer herzlosen Welt alle Karten in der Hand, extrem unglücklich zu werden.

Sie sind liebebedürftig und anhänglich. Genau das Gegenteil von unabhängig, selbstständig und hartgesotten, wie die Gesellschaft es heute verlangt.

In der Liebe sind sie treu und völlig ungeeignet für Gelegenheitsverhältnisse. Sie wünschen sich Kinder, und zwar im Plural, und legen als Frauen nicht den geringsten Wert darauf, direkt danach wieder in den Beruf integriert zu werden. Mondmänner sind die seltenen Exemplare, die kein Problem damit haben, als Hausmann zu fungieren.

Die Arbeitswelt verlangt aber heute von den Frauen nicht etwa den Rückfall in die Steinzeit, sondern noch viel weiter zurück, in die Welt der Reptilien, wo man die Eier legt und nach dem Schlüpfen der Jungen dieselben sich selbst bzw. anderen überlässt. Männer, die so mutig sind, ihre häuslichen Neigungen auszuleben, werden als Softies belächelt und gesellschaftlich geächtet.

Unglück, das mit Liebe oder Elternschaft zusammenhängt, kann dann als Auslöser für die genannten Mondkrankheiten wirken.

In all diesen Fällen ist Silber geeignet, das Wohlbefinden und Selbstbewusstsein zu verstärken. Sekt aus einem Silberpokal zu trinken ist für jede Frau, die ihre Fruchtbarkeit stärken will, gesund, aber für Mondgeborene geradezu ein Wundermittel, denn in diesem Fall ist auch das Getränk ein Mondmittel. Die fröhlichen Perlenschnüre beleben den Kreislauf und fördern die Lust an der Liebe. Wer das nicht glaubt, frage die Franzosen, die das Getränk schließlich erfunden haben.

Piercing aus Silber, sonst tödlich für männliche Haut und männliches Selbstverständnis, kann bei Mondgeborenen das Wohlgefühl ebenfalls stärken.

Mondmineralien

Silber bildet keine mathematischen Kristalle, sondern Muster, die am ehesten an Federn erinnern, das Symbol der germanischen Liebesgöttin Freia, oder kleine Bäumchen, Symbol für das Leben schlechthin.

Es gibt bestimmte Mineralien mit Mondsignatur, die die Aufgaben des Mondes verstärken. Dies sind Mondstein, Milchquarz, Smaragd und das bioorganische Material Perle. Mondkristalle sind milchig trüb, weißlich glänzend oder perlmuttfarben, mit einer Ausnahme: dem Edelstein Smaragd, denn dieser erstrahlt in freundlichem Grün.

Anders als die Perle wirkt er nicht nur als Antidepressivum und Schutzmittel vor Mondkrankheiten, sondern als magischer Stein zur Erlangung der Ziele, die einem Mondmenschen am wichtigsten sind, Grazie und Unwiderstehlichkeit, um einen Partner zu gewinnen. Das Fluoreszenzlicht ist nicht so stark wie das des Diamanten und weniger aggressiv, es ist von mildem Gelb.

Der Smaragd besteht aus hexagonalen, also sechseckigen, Prismen, womit er seine Nähe zum Wasser (6-Stern) kundtut, das ebenfalls hexagonale Kristalle bildet, gemeinhin Schnee genannt.

Die Zahl des Mondes ist die Zwei, die das Gegenteil von Einsamkeit bedeutet. In der Musik entspricht die Zwei der großen oder kleinen Sekunde, aus der sich die perlenden Läufe in einem Stück zusammensetzen. Die Mondsignatur ist im Idealfall immer spiegelsymmetrisch.

Auch Frauen, die andere Geburtsherrscher haben, kommen meistens irgendwann in die Situation, Kinder haben zu wollen oder Probleme mit ihren Geschlechtsorganen zu haben. In diesem Fall sind die Mondelixiere aus Perle und Silber auch für sie das Richtige. Angesichts der steigenden Anzahl derer, die sich biologisch spät, aber immerhin Kinder wünschen und dann feststellen, dass es vor lauter Stress nicht klappt, können die Mondkristalle und das Mondmetall Silber gar nicht schnell genug in den Hausgebrauch der Menschen zurückfinden.

Mondpflanzen

Mondbäume sind die Tanne, Weide und Birne. Während die Tanne die mystische und freudvolle Seite der Mondmenschen repräsentiert, schließlich ist sie als Weihnachtsbaum unverzichtbar, steht die Weide für die Traurigkeit der Unverstandenen. Alle Weiden stehen in der Nähe von Wasser, dem Element des Mondes. Die Zweige der Trauerweide hängen da hinein wie ein Tränenschleier, was selbst den ergreift, der mit dem Mond sonst nichts zu tun hat. Gleichzeitig bietet die Weide gerade das Gegenmittel gegen Schmerzen auch ganz prosaischer Art, denn aus ihrer Rinde wurde früher die Salizylsäure gewonnen, bevor man die Aufgabe der Herstellung genmanipulierten Pilzen übertrug.

Wer einen unerfüllten Kinderwunsch oder den Verlust eines solchen zu beklagen hat und sich mit gebrochenem Herzen einer Weide nähert, kann sicher sein, unter den schützenden Zweigen Trost und Verständnis zu finden. Es ist allerdings auch wahrscheinlich, dass sich aus Resonanzgründen die Schleusen des Himmels öffnen und heftige Regenschauer niedergehen werden.

Wer eine lachende Kinderschar um sich hat, dieses Glück bannen und seinem Familiensinn Ausdruck verleihen will, tut gut daran, eine Tanne zu pflanzen und zu hegen. So kann man auch den barbarischen Akt vermeiden, der es bedeutet, einen Weihnachtsbaum entnadelt und ausgedient auf die Straße zu werfen. Entgegen aller rationalen Überlegungen bleiben solche Taten nämlich nicht immer folgenlos. Wenn man bedenkt, dass gerade der Weihnachtsbaum eine tiefe symbolische Kraft hat, dann verwundert es nicht, dass man mit dem Wegwerfen desselben auch alles von sich gibt, was damit zusammenhängt. Wen wundert es dann, dass so viele Familien alles andere als entspannt und vergnügt einmal im Jahr unter besagtem Baum zusammenfinden, um einer Form zu genügen, die so hohl ist wie der arme Baum trocken!

Die psychische Kraft der Bäume wird ohnehin unterschätzt, die der Tanne ebenso wie die der Mondgeborenen geradezu sträflich ignoriert.

Die Birne ist eine typische Mondfrucht. Tee und Milch sind typische Getränke. Gerade die Milch, die sonst für die Erwachsenen schwer verdaulich ist, bekommt Mondmenschen gut. Sie ist unter anderem auch dann besonders wichtig, wenn wenig oder gar kein Fleisch gegessen und die Neigung zum Vegetariertum ausgelebt wird. Hierbei sollte man aber beachten, dass man der dazugehörigen Anämie mit Fisch besser begegnen kann als mit künstlichen Eisenprodukten.

Mondkräuter haben ebenfalls viel gemeinsam mit den Menschen gleicher Signatur. Sie gedeihen und blühen am besten bei Mondlicht. Daher die Farblosigkeit bei Tag. Die Pflanzen haben kleine, zahlreiche, meist weiße Blüten, die sich erst im Mondlicht öffnen. Dann aber duften sie und glänzen silbern, während die Tautropfen sie wie glitzernde Perlenschnüre verzieren. Bestäubt werden sie von unscheinbaren Nachtfaltern, die ebenso wie sie als Nachttiere keine Farben brauchen.

Viele Nelkengewächse, Lippenblütler und Doldengewächse, Brunnenkresse, Waldmeister, Frauenmantel und das Salomonsiegel gehören zu den Mondpflanzen. Einige haben Heilkräfte, besonders die mit Milchsaft in ihren Stängeln. Die schirmartigen Doldengewächse fangen mit ihren zahlreichen Miniblüten kosmische Energien ein, der Frauenmantel speichert den magischen Tau, das Salomonsiegel gilt gar als Anzeiger für Elfentanzplätze. Mondgeborene leben gerne in Harmonie und Rhythmus der Pflanzen, weshalb gerade Mondmänner, die früher hervorragend in der Landwirtschaft und im Weinbau gediehen, es heute besonders schwer haben, wenn sie in Städten leben müssen. Unter ihren Händen gedeihen Gärtnereien und Weinberge immer besser als bei anderen.

Mondfauna

Mondtiere sind die scheuen Rehe und die Fische. In Gestalt des Hirsches wird klar, dass Mondtiere nicht nur Fluchttiere sind, sondern auch mystische Kraft besitzen. Die Fische hingegen sind die Beherrscher des Wassers, ständig in Bewegung und ähnlich wie die Rehe am liebsten in der Gruppe lebend.

Mondmenschen tragen ein besonders schönes Fabeltier in sich. Es ist das zarte weiße Einhorn, das sich ständig auf der Flucht vor dem feuerspeienden Stier befindet. In allen Mythen steht es für Jungfräulichkeit und Reinheit. Seine Unschuld verleiht ihm Zauberkräfte, vor allem der heilenden Art. Lässt man mal die märchenhaften Eigenschaften beiseite, erkennt man sehr schnell, was es wirklich verkörpert: Angst.

Das Einhorn flieht vor dem Stier wie der Mond vor dem Mars. Es weiß, dass es die Begegnung nicht unbeschadet überstehen und zusammen mit seiner Unschuld auch die Zauberkräfte verlieren wird.

Mondfrauen, die Einhörner in sich tragen, sind die beliebtesten Opfer für Missbrauch und Misshandlung physischer wie psychischer Art. Es sind die, die immer wieder an den

Falschen geraten, die mit Kindern sitzen gelassen werden oder in der Notaufnahme eines Krankenhauses erklären, sie seien die Treppe hinuntergefallen. Da der Mond für die Fruchtbarkeit aller Frauen erforderlich ist, sind auch alle Frauen potenzielle Opfer der beschriebenen Art.

Da unsere Welt alles andere als friedlich ist, haben Einhörner nur zwei Möglichkeiten: Sie suchen sich ganz bewusst einen Mondmann, der nicht versucht, seine Natur zu leugnen, und friedlich neben ihnen weidet (da hier die Faszination des Gegenteils fehlt, kommt es allerdings selten zufällig zu solch einer Kombination), oder aber sie lernen, von ihrem gedrehten Horn Gebrauch zu machen. Das ist nämlich nicht nur zur Zierde da. Man kann seinen Gegner damit aufspießen. Dafür muss man aber die Angst in sich besiegen und den Stier direkt von vorne und ohne Vorwarnung ins Visier nehmen. Damit rechnet er nämlich nicht.

Und, was die scheuen Wesen auch immer wieder vergessen: Einhörner sind unsterblich!

Engel und ewige Wesen

Wo wir gerade bei Unsterblichkeit sind: Der Engel des Mondes ist Gabriel, derselbe, der Maria die Geburt Jesu ankündigte und Mohammed in einer Höhle den Koran diktierte und somit eine Religion des Halbmondes begründete. Was auch immer man heute gegen die Extremseiten des Islam haben kann, seiner Natur nach ist Gabriel der Engel der Schönheit und Harmonie, was die hinreißend weibliche Architektur und Kunst der arabischen Welt erst ermöglichte. Die Endlosmuster, die ihre Werke zieren, sind einfach unsterblich, dass selbst die Sonnenwelt des Abendlandes sie niemals ganz zerstören wird.

Die Walküre des Mondes heißt Mist, was Nebel bedeutet. Den kennen wir schon aus Avalon, hinter dem sich die Welt der Feen befindet. Mist beschützt die Zauberwelt des Mondes und seine Bewohner. Mondmenschen, die durch die Gewalt der Sonnenwelt zu Tode gekommen sind, werden von der gütigen Mist nach Walhall begleitet, was uns daran erinnert, dass es für uns alle Hoffnung gibt.

Der Mondmensch

Mondmänner haben es auch nicht gerade leicht. Wenn sie Extremsport nicht lieben, Rockmusik oder Motorräder zu laut finden, kurzum dem alten Heldenideal nicht entsprechen, gelten sie bei den Kameraden schnell als Weichei.

Im Mittelalter waren sie von allen Frauen geliebte Minnesänger und dann im 19. Jahrhundert Dichter, die als sensible Schwärmer in jedem Salon willkommen waren. Allerdings konnte man sie nicht heiraten, weil sie nicht die nötige Aggression ausstrahlten, die immer Voraussetzung war, um eine Familie ernähren zu können.

Hier haben wir nun das erste Jahrhundert, in dem dies von Vorteil sein kann. Dichtung kann mitunter sogar Geld bringen, und viele Frauen brauchen keinen Ernährer mehr, weil sie selbst Geld verdienen.

Zu Mondmännern können also sehr gut selbstbewusste Sonnen- oder Jupiterfrauen passen, vorausgesetzt, die besagten Frauen benehmen sich nicht wie feuerspeiende Stiere.

Aus diesem Grund geht ein Mondmann mit einer Marsfrau auch das größte Risiko ein, denn hier ist es am wahrscheinlichsten, dass es zu Misshandlung im umgekehrten Sinne kommt. Bedauerlicherweise hat die Gesetzgebung zurzeit nichts zu bieten, um den Mann in dieser Richtung zu schützen!

Wer lieber Ähnlichkeit, wenn schon nicht Gleichheit möchte, dem sei ein Merkurgeborener empfohlen. Als Mittler zwischen Sonne und Mond können sie die idealen Partner abgeben.

Wer eine magische Verbindung sucht, schaue aus nach einem Saturngeborenen. Mond und Saturn zusammen sind die Herrscher der Nacht und der *Anderswelt*. Allerdings muss hier der Saturnmensch mit seinem kalten, rationalen Verstand mit einem Wesen zurechtkommen, das allein seinen Gefühlen vertraut.

Mondmenschen sind keine Einzelgänger und fühlen sich wohl in einer Gruppe, auch wenn sie Gefahr laufen, dass die anderen, insbesondere aber der dominante Partner, sie selten zu Wort kommen lassen. Da sie sich so gut anpassen können, merken sie oft nicht, dass sie immer tun, was andere von ihnen erwarten, und viel zu selten, was sie selbst gerne wollen, wobei das Wort »wollen« schon an sich ein Fremdwort für sie ist.

Als Ehepartner sind sie treu und neigen zur Selbstaufgabe, was mit zunehmendem Alter durch Wassereinlagerung auch der Figur schaden kann. Da sie nicht eitel sind und auf Äußerlichkeiten weniger Wert legen, haben sie es bei der Partnerwahl schwerer, auf sich aufmerksam zu machen. Es sei denn, das Treffen findet nachts statt, dann nämlich sind sie die Schönsten.

Auch als Eltern neigen sie zur Selbstaufgabe, was die Kleinkinder mehr schätzen als die heranwachsenden Jugendlichen. Die merken erst später, was mütterliche Gefühle wert sind, wenn sie auf Individuen treffen, die so etwas nicht kennengelernt haben.

Beruflich sind Mondmenschen gut im Team und gut als Untergebene, denen man genau erklärt, was sie zu tun haben. Sie sind in jedem Gefüge einer großen Firma oder Bank in allen Positionen bis auf die des Chefs gut aufgehoben. Beamtenstellungen sind besonders passend, da sie ein Gefühl von Sicherheit vermitteln, das die Industrie ihnen niemals bieten kann. Für karitative Berufe sind sie geeigneter als andere und ebenso für solche, die Arbeiten in freier Natur erfordern. Geld bedeutet ihnen nur insofern etwas, als es das Überleben der Familie garantiert. Darüber hinaus ist es ihnen nicht so wichtig.

Mond kann aber auch bedeuten, sich einfach treiben zu lassen, keine Verantwortung übernehmen zu wollen und die niederen Tätigkeiten wie Geldverdienen oder Haushalt anderen aufzubürden. Es kann auch bedeuten, einen trägen Verstand zu haben, sich nicht mit Wissen zu belasten und lieber dem verblödenden Unsinn im Fernsehen zu lauschen.

Die Dominanz des Wassers kann auch heißen, dass zwar die Fruchtbarkeit hoch ist, die Liebesfähigkeit aber eher begrenzt ist. Dem Partner wird dann nach ein paar Geburten die kalte Schulter gezeigt nach dem im Mittelmeer sehr verbreiteten Motto »Ich habe meine Funktion erfüllt«. Damit begnügt sich aber heute fast niemand. In einer Welt, in der Sex so überbewertet wird, darf sich niemand mehr auf seinen Lorbeeren ausruhen. Da müssen alle Anstrengungen unternommen werden, um den Partner zu halten, und da kann die kalte Natur der Fische ein Hindernis sein.

Auch hier entscheidet jeder selbst, welche Seiten des Mondes entwickelt werden und welche einer aktiven Gegensteuerung bedürfen.

Mondsignatur

Zahl	2
Intervall	große und kleine Sekunde
Farbe	Grau, Pastellfarben
Metall	Silber
Mineral	Smaragd, Mondstein, Milchquarz, Perle
Kraut	Frauenmantel, Schafgarbe, Baldrian, Jasmin
Baum	Tanne, Weide, Birne
Tier	Reh, Fische
Fabeltier	Einhorn
Organ	Gemüt, Geschlechtsorgane
Puls	linke Schläfe
Sinn	akustischer Sinn
Instrument	Querflöte, Harfe
Wetter	Regen
Engel	Gabriel
Walküre	Mist
Prominente Lunamenschen	Will Smith, Verona Poth, Kim Basinger

Merkur ☿

Das Kind der Sonne und des Mondes ist der Merkur, und wie das oft so ist mit Kindern, haben sie zwar Eigenschaften beider Eltern geerbt, sind aber für sich genommen wieder vollkommen eigenständige Persönlichkeiten.

Merkur ist weder so selbstbewusst wie die Sonne noch so zart wie der Mond. Als Ergebnis der alchemistischen Verbindung von Sonne und Mond ist ihre Zahl die Drei. Wenn etwas sie charakterisiert, dann ist es ihre Beweglichkeit besonders in geistiger Hinsicht und ihre lebenslange Jugendlichkeit. Was auf der einen Seite ein Vorteil ist, weil sie auch dann noch jung wirken, wenn den Gleichaltrigen die Haare ausgehen, bereitet zu Beginn des Lebens ungeheure Nachteile, da keiner sie ernst nimmt oder respektiert.

Merkurmenschen zeichnen sich durch besondere Spannkraft in der Bewegung aus, sie sind sprichwörtlich quicklebendig, wie das zugehörige Metall Quecksilber schon vermuten lässt.

Merkurmänner behalten ihren Haarschopf sehr lange, Merkurfrauen ergrauen langsamer als andere. Die Haut entwickelt weniger Falten, bleibt lange jung und geschmeidig. Dafür ist sie aber auch besonders empfindlich gegen nahezu alles: schlechte Stoffe, Giftstoffe in Lebensmitteln, gehärtetes Wasser, zu viel Sonne, Cremes mit chemischen Konservierungsmitteln etc.

Merkur wird immer mit dem geflügelten Helm (oder Sandalen) dargestellt. Er ist der Götterbote, der zwischen Erde und Himmel vermittelt. Sein ureigenes Medium ist also die Kommunikation, und das ist es, was bei ihm an erster Stelle steht. Merkurmenschen reden also leidenschaftlich gern, was besonders schweigsamen Marsmenschen oder schüchternen Mondmenschen nicht selten übel aufstößt. Sie können aber auch nonverbal kommunizieren, ihre Gestik ist hinreichend ausgeprägt. Träge Menschen überrollen sie mit ihrem wachen und regen Geist. Sprache ist ihr Element, weswegen sie sehr leicht Fremdsprachen lernen können, ohne sich lange mit Grammatik oder Regeln aufhalten zu müssen.

Da sie aber oft erst reden und dann denken, kommt es auch vor, dass sie sich verplappern und sich selbst um Kopf und Kragen reden. Im besten Fall sind sie brillante Redner, im schlimmsten Fall neigen sie zu Klatsch und Tratsch bis hin zu übler Nachrede.

Antennenmetall Quecksilber

Das Merkurmetall ist, wie schon zuvor erwähnt, Quecksilber, was sich nun als Schmuck überhaupt nicht eignet. Es ist aber trotzdem wichtig zu wissen, dass es bei fast allen Infektionskrankheiten, die ein Merkurmensch so entwickelt, von Halsentzündung bis zu Otitis, das richtige homöopathische Mittel, zum Beispiel Mercurius solubilis (und seine Varianten), darstellt.

Das Organ des Merkurs sind die Lunge und alle Schleimhäute. Dies steht im Zusammenhang mit dem Element Luft und dem Geist, beide bedeuten Austausch in physikalischer wie auch in psychologischer Hinsicht. Da ist es auch nicht verwunderlich, dass Merkur als scharfer Denker gilt.

Es gibt keine bestimmte Merkurfarbe, wenn überhaupt eine, dann ist es Orange. Am liebsten tragen Merkurfrauen bunte Kleidungsstücke oder Schuhe, bei denen mehr als drei Farben auf einmal vorkommen. Punkte, Streifen und schottisches Karo, bunt bedruckte T-Shirts, farbenfrohe Tücher, dem Merkur gefällt der gesamte Regenbogen. Wie man sich vorstellen kann, haben Merkurmänner es da sehr schwer, modisch nicht aufzufallen. In der Schule sind es die Jungs, die mit knallorangefarbener Hose oder kanariengelbem Hemd ausgelacht werden. Als Erwachsene bleibt ihnen dann meist nur noch die Krawatte im Stil »amerikanisches Mickymaus-Design«. Besorgte Ehefrauen übernehmen sehr schnell freiwillig die unzeitgemäße Aufgabe, die Klamotten zurechtzulegen, damit der Liebste nicht am Arbeitsplatz zum Gespött der Kollegen wird.

Abgesehen davon bringt ein Merkurmann seine Frau schon darum zur Verzweiflung, weil seine angeborene Lässigkeit von ihr schonungslos als Schlampigkeit entlarvt wird. Immer gibt es irgendwo einen Flecken auf Hemd oder T-Shirt, immer sind die Anzughosen verknittert, die Hosentaschen verbeult.

Als Frau wird sie von der Schwiegermutter wegen Nachlässigkeit im Haushalt gerügt, denn weder räumt sie alles immer total auf noch sieht sie alle Spinnweben.

Schmuck und Mineralien des Merkurs

Die Liebe zum energiereichen Regenbogen lässt sich gut ausleben bei der Wahl des Schmucks: Opale, Topase, Turmaline, Achate, außerdem der lebendige Bernstein.

Alle diese Steine sind extravagant, bunt und voller Überraschungen. Mathematisch oder musikalisch gedacht, bedeutet es, dass sich in Merkurkristallen verschobene Winkel befinden, die zu Asymmetrie führen. Außerdem finden wir viele Dreiecke, denn die Zahl des Merkurs ist die Drei. Im Turmalin beispielsweise wird dies sichtbar, als Intervall entspricht dies der Terz, ohne die es keine Akkorde gibt. Sie bilden sozusagen den Grundstein der abendländischen Musik.

Am deutlichsten erkennt man die Extravaganzen des Merkurs durch seine Affinität zum Saturnkristall par excellence, den aber keiner als Schmuck tragen würde: dem Schwefel.

Seine Geometrie ist monoklin mit verzerrten Winkeln, musikalisch gesehen, entspricht das einem unreinen Intervall, der übermäßigen Quarte oder verminderten Quinte, auch Tritonus genannt. Die Begeisterung für dieses bizarre Element spiegelt den widersprüchlichen Charakter des Merkurs, oft unangepasst, teilweise disharmonisch, sich über die Konventionen lustig machend.

Schwefel in homöopathischer Form ist zugleich mit dem Quecksilber das Allheilmittel für alle Merkurkrankheiten, vor allem die der Haut oder Schleimhäute. Da das Organ des Merkurs die Lunge ist, werden chronische Bronchitis, Allergien und Asthma am besten mit Sulfur in einer niedrigen Potenz behandelt. Lunge bedeutet Sauerstoffaustausch mit der Umgebung, Aufnehmen und Abgeben von Energien. Wenn der Energiefluss nicht mehr stimmt, und niemand ist hierfür anfälliger als Merkur, kommt es zu Bronchitis, Allergie und Asthma. Merkurmenschen, die sich bedroht oder ungeliebt fühlen, entwickeln diese Krankheiten, ohne dass man im Blut Anzeichen für eine Allergie oder die Bronchien wirklich verengt findet. Es reicht, dass den Menschen aus emotionalen Gründen »die Luft zum Atmen« fehlt.

Da Merkurmenschen selbst zu Instabilität neigen, brauchen sie Stabilität von außen, durch geordnete Familienverhältnisse vor allen Dingen, etwas, was es heute immer seltener gibt und was wohl die Zahl der Asthmaspraykonsumenten stetig in die Höhe treibt.

Die Zahl Drei ist eine Erhöhung der Zahl Zwei, so heilig wie die Dreifaltigkeit, unlogisch, unbiologisch und transzendent. Merkurmenschen neigen zu hoher Spiritualität, stehen selten mit beiden Beinen auf der Erde, darum ist ihr Element auch die Luft. Dass sie trotzdem zu rationalem Denken in der Lage sind, beweist die Tatsache, dass der stärkste Puls der Merkurgeborenen an der rechten Schläfe zu suchen ist.

Ihre Abhängigkeit vom Urteil durch andere führt dazu, dass sie schlechter als alle anderen Nein sagen können und oft ausgenutzt werden. Manche neigen sogar zu extremem Märtyrertum, was sich sehr schädlich auf die Gesundheit auswirken kann. Gleichzeitig haben sie viel Sinn für Spaß und Unfug.

Ihr Geschmackssinn ist höher entwickelt als bei anderen, was daran liegt, dass die Zunge eben nicht nur zur Kommunikation durch Sprache dient, sondern auch zum Schmecken von Speisen und Getränken. Nahrung ist ihnen nicht nur ein Bedürfnis zur Sättigung, sondern ein Feuerwerk ihres hoch entwickelten Geschmackssinns.

Merkurmenschen kochen gerne und können sich als Sommeliers oder Mixer in Cocktailbars verdingen. Sie haben Antennen für Gewürze und schmecken sofort künstliche Aromen heraus, von denen sich andere so leicht täuschen lassen. Merkur liebt Gewürze, von denen er alle Nuancen schmeckt, selbst wenn diese wie zum Beispiel Kreuzkümmel für andere eher langweilig sind. Für Schwefelverbindungen haben sie besonders sensible Antennen, denn so gut Schwefel ihnen in homöopathischen Dosen bekommt, so empfindlich reagieren sie auf die ponderalen Mengen. Schwefel befindet sich gebunden als *Senfölglycosid* in den ganz scharfen Gemüsen und Gewürzen, wie etwa Paprika, Rettich, Radieschen, Senfkörner, Chili und Peperoni.

Weinkellereien hassen Merkur-Sommeliers, denn diese reagieren auf übermäßigen Schwefelzusatz mit Asthmaanfällen, womit der schlechte Jahrgang, den man mit Sulfitmissbrauch zu retten suchte, seiner Minderwertigkeit entlarvt werden kann.

Die Pflanzenwelt des Merkurs

Zum Merkur gehört auch eine sonderbare Lebensform der Natur: die Pilze.

Pilze sind besondere Wesen, festgewachsen wie die Pflanzen, aber nicht zur Fotosynthese fähig, wodurch ihr Stoffwechsel wieder eher dem der Tiere gleicht. Extrem flexibel, leben sie so ziemlich überall auf der Welt, auch in nicht mehr natürlicher Umgebung, wie es zum Beispiel der Wandbelag eines feuchten Hauses darstellt.

Pilze enthalten Vitamine und Mineralien wie kaum eine Pflanze und dazu noch in direkt für den tierischen, also menschlichen Stoffwechsel verwendbarer Form. Der Haken bei der Sache: Sie können auch extrem giftig sein! Ein Missgriff im Sammelkorb und eine ganze Familie kann ausgelöscht werden. Nirgendwo liegen die Extreme enger zusammen als bei diesen Lebensformen. Dazu kommt, dass Pilze sehr hübsch aussehen können. Es gibt sie von schleimig bis leuchtend bunt, so, wie die dazu passenden Menschen auch sind. Berühmtester Pilz ist der gepunktete rote Fliegenpilz, der seinen Namen der Tatsache verdankt, dass er, in Maßen genossen, eine rauschartige Wirkung zeigt, die dem Konsumenten das Gefühl vermittelt, zu fliegen. Für spirituelle Reisen der Zauberer also bestens geeignet, immer vorausgesetzt, man kennt die verträglichen Dosen.

Merkurmenschen lieben den Rausch, sei es durch Pilze, Alkohol oder Tabakrauch, wobei sie anders als andere immer auf höchste Qualität achten und daher weniger in Gefahr geraten, abhängig zu werden. Wer nur teure Weine trinkt oder kubanische Zigarren raucht, braucht sich um seine Leber und seine Lunge wenig Sorgen zu machen.

Merkurkräuter sind schwer zu erkennen, da sie oft sehr unscheinbar sind. Dem Element Luft zugeordnet, sind sie von zarter Natur mit zahlreichen unscheinbaren Blüten wie zum Beispiel Thymian. Windbestäubung ist sehr verbreitet.

Manche Merkurkräuter zeichnen sich aber durch besondere Eigenschaften aus. Entweder haben sie Ranken oder sie sind fleischfressend mit den dazu passenden Fangorganen oder aber Halb- oder Vollparasiten. Viele potente Heilpflanzen befinden sich in dieser Gruppe.

Drosera, der Sonnentau, ist das beste Mittel gegen Husten von Merkurkranken. Persicaria, das Flohkraut, wirkt wundheilend. Der Halbparasit Mistel ist das berühmteste natürliche Krebsmittel überhaupt. In jüngerer Zeit hat man auch den Vollparasiten Hopfenseide zur Behandlung von Immunkrankheiten in den Mittelpunkt der Forschung gerückt.

Die wichtigste Merkurpflanze ist der Haselstrauch, denn aus seinen Zweigen schnitzte man früher die Zauberstäbe und fertigt man immer noch die Arbeitsgeräte der Rutengänger. Die Ruten sind flexibel und reagieren sensibel auf Wasseradern, Erdstrahlen und alle Arten von Magie, wobei der Hasel nur im Verbund mit der Persönlichkeit des Radiästheten wirken kann.

Merkurbäume sind solche mit hohem Anteil an ätherischen Ölen wie zum Beispiel die Pinie, Kiefer oder Lärche oder solche, die zur Kommunikation dienen. Diese Funktion haben in zahlreichen Dörfern vor allem im Mittelmeerraum die Ulmen gehabt. Unter ihrem Schatten versammelte man sich zum Austausch von Neuigkeiten. Unglücklicherweise ist dieser Brauch durch andere Medien der Kommunikation fast ausgestorben, und erstaunlicherweise sterben mit diesem Brauch auch die Ulmen. Angeblich ist ein kleiner Schädling für dieses Sterben verantwortlich, es kann aber auch sein, dass der empfindliche Baum angesichts des Verlustes seiner Funktion einfach aufgibt und lieber ausstirbt.

Die Pinie ist hingegen ein Tröster für die Aufopfernden unter den Merkurgeborenen. Ihre ätherischen Öle, die besonders am Mittelmeer in dichten Wolken über den Bäumen stehen, liefern zwar einen wunderbaren Duft, bedeuten aber gleichzeitig höchste Gefahr für den Baum selbst. Schon bei recht geringen Temperaturen fängt der Baum Feuer und verbrennt in einer großen Explosion. Pinienwaldbrände sind kaum zu löschen, da die Bäume sich auch in größerer Entfernung zum Feuer selbst entzünden.

Die Berührung mit einem Pinienstamm vermittelt dem Merkurgeborenen Solidarität und Trost. Die Pappel ist hingegen ein Äquivalent für die Geschwätzigkeit des Merkurs. Von allen Bäumen raschelt sie am lautesten, setzen sich ihre dünnstieligen Blätter schon beim leisesten Windhauch in Bewegung. Unter solch einem Baum lassen sich alle Sprachen leichter lernen.

Kommunikations- und Tierwelt des Merkurs

Merkurmenschen als Garanten der Kommunikation sind die größten Gegner unserer Massenmedien, denn sie haben längst erkannt, dass es sich hierbei um Pseudokommunikation handelt. In Wirklichkeit sorgen Funk und Fernsehen nicht nur für Desinformation und Manipulation, sondern auch für Isolation und Vereinsamung, denn wer früher das Gespräch mit der Familie oder seinen Nachbarn gesucht hat, hängt heute lieber träge vor dem Fernseher oder Computer, bei Kindern kann es auch der Gameboy sein, der jedes aktive Spielen verdrängt hat. Kommunikation zwischen Menschen wird durch die Medien jedenfalls zunichtegemacht, und nichts hassen Merkurmenschen mehr als das.

Merkurmenschen können auch sehr gut zwischen den Spezies vermitteln. Sie kommen gut mit allen Arten von Tieren aus und entwickeln auch zu ihren Zimmerpflanzen ein positives Verhältnis. Entsprechend gut gedeihen alle Arten, die von ihnen abhängen.

Noch verblüffender ist oft das Verhältnis zur scheinbar unbelebten Materie. Während dem einen Dinge kaputtgehen, kann ein Merkurmensch durch seine bloße Präsenz und ein paar gezielte Handgriffe elektronische Geräte, vom Toaster bis zum Automotor, wieder zum Laufen bringen. In dieser Hinsicht scheinen Merkurmenschen den Beweis für das erste hermeneutische Prinzip liefern zu wollen, dass nämlich alle Materie beseelt ist und auch als solche verstanden werden kann. Wer noch nie mit seinem Auto gehadert und dasselbe nach übler Beschimpfung wieder anspringen gesehen hat, darf die Autorin der Lüge bezichtigen.

Merkurtiere sind klein und flink. Je nachdem, ob man mehr der germanischen Mythologie oder dem Christentum zuneigt, ist es das Eichhörnchen oder die Taube.
 Das Hörnchen *Rattatörk* läuft am Stamm der *Weltesche* hinauf und hinunter und vermittelt zwischen Götterwelt und *Midgard*. Die Taube als heiliger Geist tut im Grunde nichts anderes, darum eignen sich Merkurmenschen nicht nur als Journalisten oder Lehrer, sondern auch für die wirklichen Mittlerrollen der sichtbaren Welt und der Anders-

welt, als Ärzte mit echter Heilberufung zum Beispiel oder Priester oder Zauberer.

Weniger erfreulich ist das Bild des Hamsters im Laufrad. Er erinnert Merkurmenschen daran, dass ihr Dasein recht mühsam ist, dass man sehr lange Strecken für einen geringen Ertrag zurücklegen muss, dass man sehr viel sammeln muss, um den Winter zu überstehen.

Engel und andere Wesensarten des Merkurs

Merkurmenschen haben auch einen besonders originellen Schutzengel. Es ist Raphael, der einzige Engel, der in der Bibel vorkommt, der sich tatsächlich aktiv in Menschengeschichten eingemischt hat. Da spielt er sogar die erstaunliche Rolle eines Ehestifters.

Einen Schutzengel für Liebesdinge zu haben ist auch für keinen anderen so wichtig wie für Merkurmenschen, denn egal wie brillant ihr Verstand auch sein mag, in ihrer frivolen Natur sind sie wilder auf ursprünglichen Sex als alle anderen zusammengenommen.

Darum ist ihr Fabeltier auch nicht wirklich ein Tier, sondern ein lüsterner Satyr, einer, der mit spitzen Ohren im Wald lauert und mit seiner Panflöte mögliche Opfer anlockt. Seine Verführungskräfte beruhen nicht auf Alphamännchenausstrahlung oder Lolita-Charme, es sind nicht männliche Muskeln oder Superweibattribute.

Der Charme eines Merkurmenschen ist magisch und lässt sich durch Äußerlichkeiten nicht erklären. Daher eignen sich Merkurfrauen zum Beispiel weder als Models noch als Filmstars, ihr Zauber kann nur direkt wirken und nicht auf der platten Leinwand. Dafür gewinnen sie sehr, im Gegensatz zu den berühmten Starken oder Schönen, wenn sie den Mund aufmachen.

Ihre Walküre ist Herfjötur, die mit einer Fessel abgebildet wird, denn das ist es, was sie mit denen tun, die ihnen begegnen, sie »fesseln«.

Arbeit mögen sie nur dann, wenn diese ihrer verspielten Natur entgegenkommt und sie nicht allzu sehr vom Wesentlichen ablenkt. Ist es eine kreative Tätigkeit, können sie sich stark engagieren, andernfalls genügt ihnen ein minimaler Aufwand, um überleben zu können, und sie widmen lieber mehr Zeit den Sinnenfreuden, das heißt Wein, Weib und Gesang.

Selbst ewig jung, können sie großartig mit Kindern umgehen, da sie deren Fantasiewelt verstehen. Sie sind nicht streng und auch nicht desinteressiert, sie spielen gern mit ihnen und wissen, wie man sie für sinnvolle Hobbys begeistern kann, dafür schwächeln sie, wenn es darum geht, Erziehungsarbeit im Sinne von Geboten und Verboten zu leisten, die ein junger Mensch auch braucht.

Obwohl Merkurmenschen sehr beweglich sind, sind sie keine guten Sportler. Es fehlt ihnen am Willen, den Gegner zu vernichten. Sie haben Freude am Spiel an sich, was die geborenen Sportler unter Mars überhaupt nicht verstehen können. Bei einem ausschließlich auf Konkurrenz und Gewinn ausgerichteten Sportkonzept kann Merkurmenschen der Spaß am Sport schnell verdorben werden, und sie lassen es für alle Zeiten sein.

Ein deprimierter Merkur kann seine fröhliche Natur in sein Gegenteil kehren und zur Selbstaufgabe und Märtyrertum neigen. Hier gibt es zwei wertvolle Kräuter, die die Signatur des Merkurs tragen und in homöopathischer Dosis dem verletzten Selbstbewusstsein abhelfen können: Bellis perennis, das unscheinbare Gänseblümchen, und der alberne, aber hochgiftige Taumel-Lolch, Lolium termulentum.

Merkurmenschen sind sehr anpassungsfähig, daher gefallen ihnen auch Menschen aller Arten und Geburtsherrscher. Mit Mars geraten sie aber schnell aneinander, da ihnen die Strenge und Disziplin der Krieger auf die Nerven geht. Auch das überzogene Selbstbewusstsein der Sonne kann zu Konflikten führen. Mond und Venus sind gute Gefährten, Jupiter ist eine Herausforderung, aber der beste Partner mit Abstand ist ein Saturngeborener. Merkur ist als Einziger in der Lage, das kaltblütige, verstandesbetonte Reptil aufzutauen und seine verborgene Liebessehnsucht zu erwecken. Im Gegenzug bekommt der Merkur die Sicherheit, die so unwandelbar und magisch nur ein feuerspeiender giftgrüner Drachen verleihen kann.

Merkurmenschen mögen nicht gerne allein sein, sie brauchen Anerkennung und Freundschaft wie die Luft zum Atmen, je mehr, desto besser. Große Familien sind willkommen, große Freundeskreise, die sie großzügig bewirten können, ebenfalls. Dazu kommen Tiere und Pflanzen, die wie Familienmitglieder behandelt werden. Da Merkurmenschen nicht egoistisch oder eifersüchtig sind, erreichen sie diese Ziele auch viel besser als andere. Sind sie beruflich erfolgreich und finanziell gut gestellt, lassen sie andere daran teilhaben, was heutzutage als Schwäche ausgelegt oder auch gleich ausgenutzt wird. Warum sie trotz fehlender Marseigenschaften überhaupt erfolgreich und glücklich werden, können Geizige und Ehrgeizige oft nicht verstehen.

Das liegt daran, dass gerade der Merkur, wenn er fröhlich und dankbar durchs Leben läuft, wie kein anderer Glück anzieht, ganz gleich wie dieses auch aussehen mag.

Merkurmenschen kommen dank ihrer Ambivalenz gut mit allen anderen Menschen aus, die sich fast alle gerne über sie erheben. In Wirklichkeit aber ist es umgekehrt. In der Antike galt der Merkur als der wichtigste Geburtsherrscher, da durch die besten Exemplare seiner Spezies Erkenntnis, Bewusstsein und Zivilisation unter die Menschen kommen.

Merkursignatur

Zahl	3, 9
Intervall	große und kleine Terz
Farbe	Orange, Buntheit
Metall	Quecksilber, Zink, Wismut
Mineral	Opal, Turmalin, Topas, Bernstein
Kraut	Flohkraut, Sonnentau, Lungenkraut, Fliegenpilz
Baum	Hasel, Pinie, Pappel, Ulme
Tier	Eichhörnchen, Taube, Ente
Fabeltier	Satyr, Elf
Organ	Lunge, Schleimhäute
Puls	rechte Schläfe
Sinn	Geschmackssinn
Instrument	Panflöte
Wetter	Regenbogen
Engel	Raphael
Walküre	Herfjötur
Prominente Merkurmenschen	Günter Jauch, Nigel Kennedy, Freddy Mercury, Placido Domingo, Silvester Stallone, Albert von Monaco

Venus ♀

Die Menschen mit der stärksten Anziehungskraft sind ganz ohne Zweifel die unter der Venus Geborenen, denn ganz gleich aus welchem Land sie stammen oder welcher Rasse sie angehören, es sind die schönsten Exemplare ihrer Gattung.

Ihre Züge sind harmonisch, ihre Bewegungen geschmeidig und biegsam, ihre Augen von strahlender Ausdruckskraft. Was auch immer sie am Leib tragen, bei ihnen sieht es modisch und gut aus. Sie sind musikalisch und hervorragende Tänzer, was besonders bei Männern auffällt. Es sind die Menschen, die Seufzen und Begehren auf den ersten Blick erwecken, die nie Probleme haben, einen Verehrer zu finden, dafür aber sehr große Schwierigkeiten, den richtigen Partner für länger unter all den Bewerbern zu erkennen.

Da Gleiches sich zu Gleichem gesellt, sind sie nicht nur schön, sondern umgeben sich auch mit Schönheit und Harmonie, wo immer dies möglich ist. Daher ist die Liebe zu Musik und Tanz für sie fundamental, selbst wenn sie sich beruflich später anderen Dingen widmen.

Sie reden gerne, allerdings nicht wie die Merkurmenschen aus Gründen der Kommunikation, sondern vielmehr, um ihre schöne Stimme als Musik zur Geltung zu bringen.

Da die Natur sie mit so vielen äußeren Vorzügen ausgestattet hat, meinen sie oft, sich nicht besonders anstrengen zu müssen. Sie neigen daher zu Faulheit, sei es in sportlicher Hinsicht oder in Bezug auf schulische Leistungen. Lädt man ihnen ihrer Meinung nach zu viel auf, bekommen sie Stressfieber oder entziehen sich durch Verweigerung den Anforderungen des Daseins.

Kupfer, das Antennenmetall der Venus

Das Metall der Venus ist das extravagante Kupfer. Es ist weich, biegsam und sehr leitfähig. Leider ist es auch giftig, sowohl als Metall allein als auch in seinen verschiedenen Salzverbindungen, die man früher auch als Vitriole kannte und fürchtete.

Kupfer wurde in den alten Mittelmeerkulturen gerne als Schmuck verwendet, gilt aber als minderwertig, weil es sofort Verbindungen eingeht und grün anläuft. Daher sind auch Kupfermünzen nicht sehr wertvoll. Kupfer kommt auch in den Legierungen der Bronze vor. Da hat es dann seine rötliche Farbe zwar verloren, dafür aber an Festigkeit und Härte gewonnen. Man findet es auch als edelste Form der Küchengeräte, Teekessel oder Backformen. Hier symbolisiert das Kupfer einen prachtvollen Haushalt, in dem es an nichts fehlt.

Schmuck mit Venussignatur gibt es eine Menge, allen voran der imperiale Saphir. Dieser Stein ist fast so hart wie der Diamant, aber von tiefblauer Farbe.
 Die meisten dieser Steine sind so dunkel, dass sie fast schwarz wirken. Die schönsten sind die helleren Sternsaphire, die durch kleine Rutileinschleusungen einen Stern in sich tragen. Der Legende nach werden die Saphire erst undurchsichtig, wenn die Trägerin sich der Untreue schuldig macht. So kann der Stein auch ein unbeliebtes Geschenk sein, denn Venusfrauen sind gerne untreu. Doch der Saphir verleiht Überlegenheit und ein wenig von der Macht der Götter, wie seine himmelblaue Farbe und die eingeschlossenen Sterne schon anzeigen, was den kleinen Nachteil schon wieder ausgleichen dürfte.

Andere Steine der Venus sind der Rosenquarz, der die lieblichen Seiten der Venus betont und Schutz vor den zahlreichen Neidern und Feinden verleiht –, der kupferhaltige Malachit spendet innere Harmonie und Charakterstärke.

Venus braucht diesen Schutz mehr als andere, denn ihr Selbstbewusstsein entspricht erstaunlicherweise keineswegs immer dem äußeren Anschein. Sie können sehr sensibel sein und schnell in Tränen ausbrechen. Auch haben sie keinerlei Toleranz gegenüber Schmerz oder Verletzung, was besonders für Männer sehr peinlich sein kann. Als Kinder sind sie es typischerweise, die beim Arzt alles zusammenbrüllen, bevor sie jemand auch nur angefasst hat. Als Erwachsene neigen sie zu Hypochondrie, was bei Frauen nervt und bei Männern Spott hervorruft.

Pflanzen und Kräuter der Venussignatur

Die Farben der Venus sind Tiefblau und Rosa, manchmal auch Mintgrün. Die zahlreichen, nur wenig giftigen Venusheilkräuter haben immer blaue oder rosafarbene Blüten und einen angenehmen Duft. Da das gefährdete Organ der Venus Blase und Nieren sind, wirkt besonders Pulsatilla, die Küchenschelle, den lästigen Blasenentzündungen entgegen. Für Nieren wirkt noch besser ein Tee aus Birkenblättern, da die Birke der wichtigste Venusbaum überhaupt ist. In nördlichen Ländern ist sie immer der erste Baum, der grüne Blätter bekommt und das Ende des dunklen Winters ankündigt.

Die meisten Blütenpflanzen haben Venussignatur, erkennbar an dem Pentagramm in ihren Blüten; außerdem ist ihnen allen das chemische Element Magnesium als Zentralatom des Chlorophylls gemeinsam. Doch finden sich in der Pflanzenwelt alle sieben Signaturen vertreten.

Kräutersignaturen

Himmelskörper	Pflanze	Blütenfarbe	Bestäuber
Sonne ☉	Alant, Hypericum	Gelb mit Kranz	Bienen, Hummeln
Mond ☽	Salomonsiegel	Weiß oder Grün	Nachtfalter
Merkur ☿	Mistel, Sonnentau	Bunt	Wind, Ranken, Klebsekrete
Venus ♀	Wegwarte, Seifenkraut	Blau, Rosa	Schmetterlinge
Mars ♂	Berberitze, Brennnessel	Rot, Braun	zweihäusig
Jupiter ♃	Schöllkraut	Gelb	Bienen, Hummeln
Saturn ♄	Christrose, Schlangenwurz	Weiß, Grün	Schnecken, Fliegen, Spinnen

DIE MACHT DER VENUS, WESEN UND SYMBOLE

Zur Venus gehören der Frühling, Licht und Liebe. Die Liebesgöttin der Germanen, Freia, wählte die Birke zu ihrem Baum. Außerdem besitzt sie ein Gewand aus Federn, mit dem sie durch die Lüfte streift. Die Feder als Symbol für Luft und die Leichtigkeit des Seins ist ein sehr nützliches Geschenk an ihre Schützlinge, ebenso wie die Frucht eines anderen Venusbaums, der Apfel aus Freias Garten, der ewige Jugend verspricht.

Um den Apfel hat es immer wieder Kontroversen gegeben. Kelten und Germanen hatten viel für ihn übrig. Abgesehen von den goldenen Früchten der Freia war schon immer bekannt, dass er ein ideales Präventivmittel gegen Krankheiten aller Art sein kann. In zahlreichen Hausmitteln werden die Pektine als Umschläge gegen Diabetesgeschwüre und andere Hautplagen verwendet. Vergoren werden daraus der fröhliche Cidre und das hochprozentige Winterbekämpfungsmittel Calvados.

Juden und Christen lassen jedoch kein gutes Haar an ihm (lästerliche Zungen sagen, durch einen Übersetzungsfehler aus dem Lateinischen, wo *malus* sowohl Apfel als auch böse bedeutet), denn da soll die Venusfrucht plötzlich Symbol der Sünde sein, ein ungutes Wort, wird durch diese Geschichte doch nicht nur der Apfel verteufelt, sondern die ganze Sinnlichkeit der Venus an sich und mit ihr die Schönheit.

Harmonie war out, Jammern wurde in, und das seit nunmehr 2000 Jahren. Das Ergebnis waren schwarze und braune Kutten, hochgeschlossene Gewänder, unfrohe Sekten, verklemmte Moral und Heuchelei. Heute, wo man angeblich fertig ist mit dem ganzen religiösen Sündenwahn, bleibt zumindest noch die unendliche Hässlichkeit unserer öffentlichen Gebäude und Alltagskleidung. Denn die Schönheit der Venus wurde abgelöst durch das, was heute zählt: das Praktische des Mars.

Liebe ist für die Venus der wichtigste Grund ihres Daseins, wobei die Liebe zum anderen Geschlecht mindestens so wichtig ist wie die Liebe zur Familie. Kann sich eine alleingelassene Mondfrau noch mit einem Kind trösten, so ist eine Venus-Singlemutter oder ein Venus-Ex erst wieder glücklich, wenn ein neuer Partner gefunden wurde. Venusmenschen werden es wieder und wieder versuchen, ganz gleich wie viele Enttäuschungen sie dabei erleben müssen oder anderen bereiten.

Das liegt auch daran, dass eines ihrer wichtigsten Organe die Haut und der Tastsinn sind. Sie brauchen Körperkontakt, Kuscheln und Schmiegen. Ein Partner, der nachts zum Schlafen abrückt, hat keine Chance, Venus rückt hinterher. Wer das als Klammern empfindet, suche sich besser jemand mit kälterer Natur, denn die Venus hat Temperament und strahlt Wärme bis Weißglut aus, ganz wie der gleichnamige Planet.

Trotzdem mag sie gerne Schnee, allerdings nur, weil die Flocken sich so schön weich anfühlen. Kratzige Stoffe werden nicht toleriert. Mit selbst gestrickten Schafwollpullovern kann man ihnen keine Freude bereiten. Kaschmir, Samt und Seide fühlen sich gut genug an und entsprechen auch dem Sinn für Pracht und Prunk.

Venustiere

Wer Venusmenschen wegen ihrer geringen Neigung zur Aggression für harmlos hält, der schaue sich nur einmal die Venustiere an. Da gibt es zum einen die ganz kuscheligen lieben Fellknäuel wie die Hasen, aber auch die anderen Felltiere wie die Katzen, die zwar ungeheuer zart schnurren können, aber auch brutale Jäger mit scharfen Krallen sind. Hier scheiden sich die Geister der Venus, die in ihrer Würde geboren wurden, zum Beispiel Waage, und solche, die im Exil stehen, zum Beispiel Widder. Letztere können so brutal wie ein blauäugiger Siamkater sein. Die Göttin Freia verwandelt sich zeitweise in einen Hasen, ihr Streitwagen wird aber von Katzen gezogen.

Ein anderes Venustier gehört zum Element Wasser, und zwar der Delphin, dessen Intelligenz nur noch von seiner Liebenswürdigkeit übertroffen wird. Manche Venusgeborenen haben eine tiefe Bindung zum Element Wasser. Und diese sind es dann auch, die in ihrem Inneren das Fabelwesen Meerjungfrau einschließen – als Ausdruck unerfüllter Sehnsucht.

Venus ist von Natur aus liebenswürdig, sie greift keinen von sich aus an, ist aber in vielen Fällen durchaus zur Verteidigung in der Lage. Reizt man sie zu sehr, kann sie ganz unerwartet in fürchterliche, rasende Wut verfallen.

Venusmenschen

Venusmenschen hatten es zur Blütezeit der Kultur des Halbmondes sehr gut, denn ihr Schönheitssinn hatte zahlreiche Möglichkeiten, sich in Kunst und Kultur auszutoben. Als Emire oder Odalisken konnten sie sich hauptberuflich um die Liebe kümmern und noch dazu ihrer Faulheit frönen und sich mit süßem Naschwerk verwöhnen, ohne dass jemand »Kristallzucker« oder »Cholesterin« schrie. Zum Ärger der anderen schadete das ihrer Figur auch nicht. Sie können üppig werden, aber nicht fett.

Selbst wenn angeblich magersüchtige Gerippe dem heutigen Schönheitsideal entsprechen sollen, drehen sich die Männer doch lieber nach kurvigen Venusfrauen à la Catherine Zeta-Jones um. Sinnenfreude macht sich nun einmal auch beim Essen bemerkbar, und Menschen, die im Essen nur herumpicken, strahlen alles andere als Sinnlichkeit aus.

Venusmenschen hingegen essen alles, trinken alles und vertragen alles. Ihre Vorliebe für Meeresfrüchte und Tintenfische erklärt sich nicht durch die seltenen Proteine und gesunden Meersalze, auch nicht durch die teure Extravaganz, sondern durch den besonderen Blutfarbstoff. Das *Hämocyanin* ist kupferhaltig statt eisenhaltig, was bei anderen sehr schnell Allergien auslösen kann. Der Venusorganismus hingegen scheint große Mengen davon als Thiamin oder Katalysator für andere wichtige Enzyme zu brauchen. Eisen dagegen haben sie nicht gern. Blutige Steaks oder Spinat stehen eher nicht auf dem Speiseplan.

Die Zahl der Venus in Musik und Pflanzenwelt

Ihre Zahl ist die Fünf, zum Beispiel die Quinte, in der alle Streichinstrumente gestimmt sind. Die Geige ist somit ein typisches Venusinstrument. Auch Horn und Posaune sind Venusinstrumente, wenn auch mehr für Venus im Exil oder Fall. Die bronzenen Instrumente enthalten viel Kupfer, das für einen unnachahmlichen Schmelz des Klanges sorgt, wenn diese Instrumente richtig gespielt werden.

Viele Venuskräuter und -bäume erkennt man daran, dass ihre Blüten fünf Kron- und fünf Kelchblätter zeigen. Das Pentagramm, einst Zeichen für die Herrschaft des Weiblichen, später dann als Hexen- und *Satansmal* verunglimpft, zeigt, wie sehr die christliche Welt immer wieder versucht hat, die Macht der Venus zu brechen oder zu verteufeln. Selbst der zuständige Erzengel Uriel bedeutet ein Paradoxon. Sein Name lautet entsprechend seiner Funktion »der Lichtbringer«, auf Latein »Lucifer«. Warum dies dann zu einem der vielen Namen des Teufels wurde, entbehrt jeder Logik, es sei denn, man führt sich vor Augen, dass die Priesterschaft kein Mittel scheute, das Patriarchat auf Jahrhunderte hin zu zementieren.

Die Wesenswelt der Venus

Licht ist tatsächlich eine Notwendigkeit für Venusmenschen. Viele von ihnen fürchten sich in der Dunkelheit. Ihr Schutzengel ist dann dafür zuständig, Licht ins Dunkle zu bringen, sei es tatsächlich oder auch nur mental, wobei dann das innere Licht einem äußeren vorgezogen wird.

Die passende Walküre heißt Skuld, die mit einer Spindel* abgebildet wird. Dieses Gerät erfüllt hierbei gleich zwei Funktionen. Es ist Symbol für wichtige häusliche Aufgaben und gleichzeitig für Wehrhaftigkeit, schließlich kann man sich damit leidlich gegen mögliche männliche Übergriffe verteidigen. Außerdem bedeutet Skuld auch »die Rasende«, womit das feurige Temperament und die Eifersucht der Venus gemeint sind, erkennbar am Puls der linken Halsvene.

Als Partner sind Venusmenschen schon durch ihr Äußeres nach wie vor beliebt, auch wenn das keineswegs so einfach ist, wie es scheint. Schöne Menschen haben es nicht zwangsläufig leichter; sie müssen sich immer wieder fragen, ob sie um ihrer selbst willen begehrt werden. Für die Partner beginnt das Problem dann, wenn die Phase vorbei ist, in der einen alle um die Eroberung beneiden. Dann nämlich muss sich herausstellen, ob man die weniger tollen Eigenschaften aushält, wie etwa Bequemlichkeit oder Eitelkeit.

Zur Venusfrau gehörte traditionell immer ein Marsmann. Der sieht es normalerweise als seine Aufgabe, die Venus zu

---

* Mit Spindel ist nicht ein Bauteil aus dem Spinnrad gemeint, sondern eine noch ältere und mühsamere Konstruktion. Die Fallspindel hat an einem Ende einen Metalldorn, derselbe, an dem sich auch Dornröschen verletzte, um in tiefen und langen Schlaf zu fallen. Man kann für sie nur hoffen, dass der Schlaf lange genug anhielt, um zur Erfindung des Spinnrads zu führen, denn die alte Spindel war entsetzlich unhandlich. Der Faden wird aufgewickelt und dann durch das Gewicht der fallenden Spindel gedreht und somit erst reißfest.

beschützen, ihr Gold und Edelsteine zu Füßen zu legen (heutzutage wahlweise auch ein Glitzerhandy, Chanel-Kostüm oder ein kleines Cabrio), erwartet aber auch dafür, zu Hause ein freundliches Heim mit Essen auf dem Tisch und herzlicher Begrüßung vorzufinden.

Man erkennt schon gleich, dass dieses Bild nicht leicht zu erfüllen ist, zumal auch die Venusfrauen heute arbeiten müssen und ihrer eigentlichen Funktion kaum noch nachkommen können. Und so toll ist das mit gutem Essen und Liebe auch nicht, wenn der Mann völlig erschöpft und viel zu spät nach Hause wankt, wobei das Geld bei aller Arbeit vielleicht trotzdem nicht für den Luxus reicht, den er ihr gerne bieten möchte.

Unter Druck können Mars und Venus auch sehr leicht zu Gegnern werden, die sich gegenseitig ihr Versagen vorwerfen. Unsere Welt lässt kaum noch Raum für Menschen, die nicht das Bruttosozialprodukt fördern, sondern lieber menschliche Werte. Venusfrauen wird genau wie allen anderen beigebracht, frei und unabhängig zu sein, sich ja nichts bieten zu lassen und eher allein zu leben, als irgendjemandem nachzugeben, und bei Marsmännern muss man sehr gut verzeihen können. Das Ergebnis sind viele unglückliche Venusfrauen, weil sie gar nicht wissen, dass ihre Natur der Liebe den Vorzug vor der Karriere geben würde.

Hinzu kommt bei der Venus eine gewisse Neigung zur Untreue. Klappt es mit dem einen Partner nicht mehr so recht, sucht sie sich also eher einen neuen, als an der aktuellen Partnerschaft zu arbeiten. Insofern haben die modernen Gegebenheiten es den Venusmenschen zwar ermöglicht, jeder Form von Unterdrückung zu entgehen, was aber dazu führt, dass Beziehungen bei der kleinsten Kleinigkeit aufgegeben werden (es könnte ja noch was Besseres geben ...). Diese

Zeche zahlen heute die Kinder, die in unstabilen Verhältnissen aufwachsen müssen.

Venus gilt als Synonym der Verführung. Dies kann aber auch in einem sehr positiven Sinn gemeint sein. Venus verführt Mars- oder Saturnmenschen zur Milderung ihres Charakters. Da sie Ärger, Gegnerschaft oder Unglück nicht ertragen kann, verführt sie den anderen dazu, seine Energien für das Gute und für die Liebe einzusetzen.

Der grausame Ritter benutzt nun seine Kraft zur Verteidigung höherer Ideale, um seiner Dame zu gefallen. Die brutale Marsgeschäftsfrau besinnt sich darauf, dass es auf der Welt noch etwas anderes gibt, was sie bisher vernachlässigt hat ... Streitende Kinder erinnern sich daran, dass man besser gemeinsam spielen kann, als gegeneinander zu hetzen. Die Venus gilt in dieser Funktion als Wohltäterin.

Venusmänner haben es schwerer, denn sie werden zwar bewundert, brauchen aber unbedingt eine starke Frau an ihrer Seite, die das fehlende Durchsetzungsvermögen kompensiert. Venusmänner wählen gerne einen künstlerischen Beruf, etwa Kreatives, oder wenigstens eine selbstständige Tätigkeit, denn wenn sie sich in eine berufliche Hackordnung einfügen müssen, werden sie schnell ausgenutzt oder übergangen. Außerdem nervt es andere Männer, wenn alle Frauen solch einem Kollegen nachrennen, während sie nicht beachtet werden. Auch Sport ist nicht so recht ihre Sache, da ihnen der Ehrgeiz, zu gewinnen, fehlt und sie eigentlich lieber zuschauen.

Als Partner sind sie ideal für Sonnen-, Mars- und Jupiterfrauen, weil sie sich durch deren beruflichen Ehrgeiz nicht bedroht fühlen, sondern ihre starke Ausstrahlung als anziehend empfinden. Mit Venusmännern kommt es nie zu Konkurrenzkämpfen, sodass sie im Alltagsleben einen sehr angenehmen Umgang pflegen.

Sind zwei Venusmenschen zusammen, muss zwangsläufig einer von ihnen die Marsfunktion übernehmen, um nicht zu verhungern, was sehr schnell über die Kräfte und zu Lasten der Gesundheit desjenigen geht, der die Marsrolle spielt. Auch Saturn ist keine gute Wahl. So jemand ist ihnen zutiefst unheimlich. Der klassische Marsgeborene hat schon einiges für sich, Sonne und Jupiter gehen auch gut, notfalls auch Merkur, wenn er genug Beschützerinstinkt hat.

☆ ☆ ☆

Ganz allgemein wird es Zeit, dass sich die große Zahl der Venusgeborenen gegen die Vorherrschaft der Sonne und des Mars wehrt. Etwas ist nicht dadurch gut, dass es praktisch ist. Den Werten Schönheit und Harmonie wird viel zu wenig Bedeutung beigemessen, und dabei wird vergessen, dass diese beiden Eigenschaften auch gesund machen.

Die Medien bieten uns stattdessen ein vollkommen pervertiertes und künstliches Konzept von Schönheit, das mit Harmonie im Widerspruch steht und daher absolut krank macht. Magersucht ist weder schön noch gesund, gefärbtes Haar ist splissig und fransig, Militärlook und schwarze Kleidung absorbieren negative Wellen, nabelfreie, busenfreie Minifetzen degradieren den Träger zum Sexobjekt, Piercing und Tattoos sind unverstanden und gefährliche Spiele mit *Schwarzmagie*.

All dies schwächt die angeborene Macht der Venus, sie sollte sich voller Selbstbewusstsein ihrer natürlichen Schönheit freuen, diese mit wertvollem Zubehör dekorieren und die Kurven stolz spazieren führen. Sie wird die Hungerhaken in jedem Fall überleben und dabei fruchtbarer und glücklicher sein.

Die Venusmenschen erinnern alle anderen daran, dass Harmonie und Schönheit die Gesetze der Natur widerspiegeln und uns den inneren und äußeren Aufbau des Sonnensystems näherbringen. Wenn die Natur Gottes Werk ist, dann liegen die Puristen und Asketen dieser Welt entsetzlich daneben, wenn sie die Schönheit in unserem Dasein leugnen, abwehren oder verschandeln.

Venussignatur

Zahl	5
Intervall	Quinte
Farbe	Blau, Rosa, Mint
Metall	Kupfer
Mineral	Saphir, Rosenquarz, Malachit, Chrysokoll
Kraut	Küchenschelle, Zaunwinde, Katzenminze
Baum	Birke, Apfel, Kirsche, Mandel, Pflaume
Tier	Hase, Katze, Delphin
Fabeltier	Meerjungfrau
Organ	Niere, Blase
Puls	linke Halsvene
Sinn	Tastsinn
Instrument	Geige, Posaune, Horn, Gitarre
Wetter	Schnee
Engel	Uriel
Walküre	Skuld
Prominente Venusmenschen	Claudia Schiffer, Naomi Campbell, Heidi Klum, Rafa Nadal, Michael Schumacher

Mars ♂

Von allen Geburtsherrschern hat er die schlechteste Presse. Vom Kriegsgott will eigentlich keiner etwas wissen, das ist Sache der Waffenindustrie und verlogener Politiker. Trotzdem steht der rote Planet nun einmal am Himmel, ziemlich nah der Erde, was bedeutet, dass unter seiner Herrschaft nach wie vor annähernd genauso viele Menschen geboren werden wie unter der Venus.

Marsmenschen sind meistens größer, sehniger und stärker als die anderen Vertreter ihres Volksstammes. Dazu haben sie schnelle Reflexe, einen dynamischen Gang und einen guten Geruchssinn, sie sind eher wortkarg und benutzen das Telefon nur zur Übertragung von Nachrichten im Zweiwortstil im Sinne: »Hallo, Bernd. Um 8 Uhr im ›Schlüssel‹.«

Als das Leben noch Kampf gegen die Natur bedeutete, wurden diese Eigenschaften zum Überleben mehr als alles andere gebraucht. Als die Menschheit dann begann, übereinander herzufallen und sich gegenseitig umzubringen, waren Marsmänner die besseren Krieger und hatten daher zwar vielleicht nicht unbedingt die besten Karten, ein geruhsames Alter zu erreichen, dafür aber mit Sicherheit die besten Chancen, ihre Gene weiterzuvererben, notfalls mit Gewalt.

Helden und Schurken unserer Sagen und Märchen tragen gleichermaßen Marssignatur. Jahrhundertelang benötigte im Prinzip jeder Mann Marseigenschaften, um sich durchsetzen zu können oder wenigstens lange genug zu überleben, bis die nächste Generation gezeugt war. Hierzu gehört nicht nur blindwütige Aggression, sondern auch Disziplin und Ordnung, wie sie die anderen oft vermissen lassen. Außerdem musste ein Krieger tatsächlichen den Willen ausstrahlen, bis zum Äußersten zu gehen. Die Feinde spürten so etwas sofort und wichen vor einem Marsmann (in seinem Haus oder Erhöhung) schon zurück, bevor der überhaupt sein Schwert gezogen hatte. Der gute Geruchssinn zeigte dem Marsmann hierbei die Angst des Gegners an, was ihm zu noch mehr Überlegenheit verhalf.

Marsfrauen hatten es in alten Zeiten erheblich schwerer, wenn sie nicht gerade die wenigen Kriegerinnenrollen von Mulan bis Jeanne d'Arc besetzen konnten. Die meisten werden sich wohl damit begnügt haben, zu Hause mit eiserner Hand zu herrschen und ihren Männern aus Frust das Leben schwer zu machen, es sei denn, das Haus war eine Burg oder ein Gut mit genügend praktischen Aufgaben.

Immer dort, wo ein Haus perfekt aufgeräumt ist, alle wichtigen Papiere in Ordnern abgeheftet sind, regelmäßige Mahlzeiten gereicht werden und man vom Fußboden essen kann, kann man annehmen, dass hier wenigstens ein Marspartner zu finden ist, was die Lebensqualität der ganzen Familie zumeist ungemein steigert.

Für Abenteuerberufe, die Disziplin, Mut und Durchsetzungsvermögen erfordern, eignen sich Marsfrauen besonders. Man findet sie als Journalistinnen oder Missionarinnen in Kriegsgebieten, an Lianen hängend im Urwald, dabei mit einer Hand die Kamera haltend und mit schriller Stimme die Eingeborenen scheuchend. Leider sind solche Aufgabengebiete selten, und abgesehen von der Bundeswehr gibt es eigentlich zu wenig Verwendung für die relativ große Zahl geborener Krieger. Was tun die nun alle stattdessen?

Zunächst einmal muss man den Leuten danken, die so vernünftig waren, den Sport zu erfinden. Hier nämlich werden alle Kriegereigenschaften wieder gebraucht, mit der modernen Variante, dass zwar Verletzungen vorkommen, aber relativ selten der Tod eintritt, auch wenn Marsfeinde eher der Devise »Sport ist Mord« anhängen. Adrenalinüberschuss wird abgebaut, Endorphine durchströmen angenehm rieselnd den Körper, jeder noch so öde Job, jeder Frust kann durch intensives Schwitzen auf zivilisierte Weise kompensiert werden.

Hier haben dann auch die Marsfrauen eine Chance, ihre Natur auszuleben, ohne unangenehm aufzufallen. Wenn Venus zu faul und Mond zu zart für Sport sind, so können Sonne und Marsfrauen sich hier richtig austoben, ohne dass jemand physisch oder psychisch zu Schaden kommt.

Dank der zahlreichen Angebote gibt es auch für jeden das Richtige. Die einen mögen gern Mannschaftssport und fühlen sich im Team so gut wie früher in einer Kompanie, andere, die in ihrem Vorleben als einsame Krieger durch die Welten zogen und heute am liebsten Cowboy oder Wegelagerer wären, können Fechten, Boxen oder Kampfsportarten erlernen. Es ist für jeden etwas dabei.

Wem Sport nicht so liegt, dem bleiben die Herausforderungen in Haus und Garten, wo er mit lärmenden Bohrmaschinen oder Kettensägen überschüssige Energien sinnvoll abbauen und sie lautlosere Rechen, Heckenscheren und Pflanzschaufeln schwingen kann.

Baumärkte sind heute so beliebt wie im Mittelalter die verbotenen Jagdgebiete. Da wie dort gilt es anderen etwas abzujagen, schneller und effizienter zu sein als der Nachbar, um anschließend eine Tätigkeit ausführen zu können, die Kraft, Geschick und ein wenig Verstand erfordert. Nur so erklären sich die für die meisten Frauen unsinnig wirkenden Schnäppchenreklamen, auf die doch bitte kein intelligenter Mensch hereinfallen sollte. Dem Mann aber verschafft es

Befriedigung, noch den letzten Laubsauger aus dem Regal zu erwischen, während der Nächste hinter ihm das Nachsehen hat. Auch kann er sicher sein, beim Heimwerken allein sein zu dürfen, nicht reden zu müssen und stattdessen die Nachbarn mit Krach, der auch noch einem guten Zweck dient, ärgern zu können.

Auch im normalen Leben sind Marseigenschaften nicht die schlechtesten, um vorwärtszukommen. Pünktlichkeit ermöglicht es ihnen, morgens zu menschenverachtenden Zeiten aus dem Bett und unter die Dusche zu springen, wie das im ganzen Norden verlangt wird, obwohl mindestens die Hälfte der Bevölkerung einen anderen Biorhythmus hätte.

Ordnungssinn hilft dabei, auch mit lästigem Papierkram der Behörden besser zurechtzukommen als andere. Disziplin ist nützlich im Umgang mit ungeliebten Kollegen und bei der Erfüllung auch weniger interessanter Aufgaben.

Da sogenannte preußische Tugenden heute eher als verdächtig gelten, ist die Arbeitsmoral seit Kriegsende immer weiter gesunken und hat inzwischen ein allgemein chaotisches Niveau des lustlosen Absitzens von Zeit erreicht. Das geht schon in der Schule los und zieht sich über die Ausbildung bis hin zur beruflichen Tätigkeit, was sich im modernen Vokabular schnell entlarvt. Da hat man keine Arbeit mehr, sondern einen Job, der auch genauso gut inkompetent ausgeführt werden kann, wenn das bei gleicher Bezahlung Aufwand spart. Man vermutet hier zwar einen großen Venusüberschuss, aber es kann sich auch um einen frustrierten Mars handeln, der durch mangelnde Förderung und negative Rückmeldungen gelernt hat, dass sich Einsatz nicht lohnt.

Geht es aber darum, in einer Hierarchie aufzusteigen, erinnern sich viele Marsgeborene ihrer Kriegereigenschaften und verneigen sich nur vor dem Ranghöheren, während sie die Mitbewerber um einen guten Posten hemmungslos und erfolgreich verdrängen. In eigenverantwortlichen Positionen können sie sich gut durchsetzen und erreichen ihr Ziel dank ihres hohen Energieniveaus. Sie verschwenden wenig Zeit für Träumereien und geben dem beruflichen Erfolg den Vorzug vor der Liebe.

Dies ist besonders für Marsfrauen sehr bitter. Müssen sie wegen Kinderaufzucht ihr Berufsziel aufgeben, leben sie gegen ihre Natur. Müssen sie zum Beispiel wegen eines beruflichen Ortswechsels oder anderer Unvereinbarkeiten die Liebe aufgeben, merken sie spätestens in der Menopause, dass die weiblichen Elemente in ihnen zu kurz gekommen sind. Hinzu kommt, dass ausgerechnet Marsfrauen sich keineswegs den passenden Venus- oder Mondmann suchen, der ihnen eine Kombination aus Beruf und Familie ermöglichen würde. Hier werden sie viel zu oft Opfer ihrer eigenen Klischees. Der Mann soll so sein wie sie, möglichst eine Heldennatur. Damit ist eine Mars-Mars-Kombination vorgegeben, die nicht leicht zu Harmonie und Frieden führt.

Das Antennenmetall des Mars

Das Metall des Mars ist, wie zu erwarten stand, das Eisen, wichtigster Bestandteil aller Stichwaffen und Handwerksgeräte sowie des Autos. Durch den Wechsel vom Pferd zum Auto hat der Mars einen Vorteil gegenüber der Sonne gewonnen. Er ist derjenige, der sich gerne und aggressiv im Straßenverkehr behauptet, dem der Marskäfig Auftrieb verleiht. Selbst eher unbedeutende Würstchen fühlen sich im Auto plötzlich wie Dschingis Khan und lassen zumindest verbal einer Wut freien Lauf, die ihm seine engsten Verwandten sonst nicht zugetraut hätten. Gut, dass die meisten Autos heute wegen Klimaanlage geschlossene Fenster haben und die meisten Cabrios von Venus- und Mondfrauen gefahren werden, sonst käme es des Öfteren zu Straßenschlachten.

Die kristalline Struktur des Eisens und der meisten Marskristalle besteht aus *Quadraten* und somit der Zahl *Vier*. In der Musik entspricht dies der Quarte. Wir finden diese sehr häufig in den gregorianischen Gesängen der Klöster.

Mönchsorden sind zwar dem Kriegshandwerk entgegengesetzt, bilden aber trotzdem eine typische ökologische Nische für Marsgeborene. Im Mittelalter war der Eintritt in einen Orden oft die obligatorische Laufbahn der adeligen Zweitgeborenen. Die waren nicht zwangsläufig friedlicher als ihre Brüder und Schwestern. Im Kloster konnten sie allerdings dieselben Qualitäten von Disziplin und Ordnung ausleben wie auf dem Schlachtfeld, mit ungleich nützlicheren Resultaten.

Eine gewisse Schokoladenmarke wirbt seit Jahren mit dem Slogan »*quadratisch*, praktisch, gut« und gewinnt damit zumindest bei den Marsgeborenen treue Kunden. Und da der Name der Schokolade auch noch das Wort »Sport« in sich trägt, ist die Zielgruppe ohnehin perfekt erreicht.

BLUTROTE KRISTALLE

Marskristalle sind meistens so blutrot, wie das Kriegerhandwerk nahelegt, daher ist auch Rot ihre Kraft- und Lieblingsfarbe. Es sind Rubin, Granat, Blutjaspis und Karneol. Die anderen Marskristalle ähneln dem Eisen, glänzen wie Rüstungen und haben quadratische Formen wie etwa der Pyrit und der Hämatit. Allen Kristallen gemeinsam ist das Element Feuer, was den Mars genauso stark prägt wie die Sonne.

Dem Rubin werden magische Eigenschaften zugesprochen, von denen die wichtigste die Abwehr von Feinden ist. Böser Zauber oder, etwas moderner ausgedrückt, Neid und Missgunst werden vom Rubin auf den Absender negativer Gefühle zurückreflektiert. Nicht umsonst sind die Edelsteine kostbarer als die Halbedelsteine oder gewöhnlichen Mineralien. Für Marsfrauen können aber auch die Halbedelsteine wichtig sein, denn sie stillen Blutungen und Monatsflüsse. Stärkstes Mittel gegen Menstruationsbeschwerden dieser Art sind die roten Korallen, die man auch als homöopathisches Mittel zu sich nehmen kann.

Die Nahrungswelt des Mars

Marskräuter sind nicht nur solche mit knallroten Blüten wie das Ackergauchheil oder der Klatschmohn, sondern vor allem solche mit Dornen oder Brennhaaren. Das liegt daran, dass das Organ des Mars der Magen zusammen mit Galle und Verdauungssystem ist, was zu stechenden Schmerzen führen kann. Gemäß der Signaturenlehre werden stechende Schmerzen mit stechenden Pflanzen behandelt, also Berberitze gegen Magengeschwür und Brennnessel gegen Stechen in der Blase. Auch Rosen sind typische wehrhafte Marsgewächse. Paracelsus empfiehlt immer wieder Rosenessig als Mittel gegen die typischen Marsbeschwerden, denn mit den Speisen tut sich der Mars ohnehin schwer.

Marsgeborene lieben Fleisch, am liebsten richtig blutig. Das Steak wurde eigens für sie erfunden. Entsprechend leiden sie selten an Anämie, dafür aber an Magendrücken, denn Fleisch liegt schwer im Magen, wenn zu viel, zu hastig und mit zu wenig Ausgleich zu sich genommen. Unter Ausgleich werden hier nicht die Kohlenhydrate verstanden, wie etwa

Brot, Teigwaren oder Kartoffeln, die sehr gerne gegessen werden, sondern die Vitamine, die aus Gemüse und Obst gewonnen werden. Grünfutter zu sich zu nehmen, das Mars verächtlich als »Hasenfraß«(!) bezeichnet, muss man ihnen mühsam beibringen. Da hilft nur die berühmte Disziplin, die ein Marskind akzeptiert, dem man sagt, dass gegessen wird, was auf den Teller kommt. Schon die Ernährung von klein auf bestimmt, wie gut es dem Marsgeborenen später gesundheitlich gehen wird.

Regelmäßige Mahlzeiten sind für alle Menschen wichtig. Sicherlich wäre es für das Gesundheitssystem wesentlich entlastender, die Mittagspause zu verlängern oder die Kantinenzahl zu erhöhen, statt immer nur auf Alkohol und Tabak herumzureiten. Tatsächlich sind die Kosten infolge fehlender und falscher Ernährung sehr viel höher als infolge der sogenannten Genussmittel. Nur wäre die Pharmaindustrie ohne die Magen-, Diabetes- und Blutdruckmittel fast arbeitslos, sodass an diesen nordeuropäischen Missständen nicht gerüttelt wird. Die Rechnung zahlen vor allem Marsgeborene mit ihrer Gesundheit, denn sie sind die Ersten, die diese Krankheiten entwickeln. Auch hat ihnen niemand erklärt, dass das Mondgetränk Milch für sie potenziell tödlich ist und chronisches Darmleiden auslösen kann.

Bluthochdruck ist ebenfalls eine sehr typische Marskrankheit, da Marsgeborene nun einmal zu Zornesanfällen neigen. Hierbei schlägt der Puls an der rechten Halsvene deutlich sichtbar. Gesund für sie, wenn auch politisch heute nicht mehr korrekt als Empfehlung auszusprechen, ist das gute alte Bier, ganz besonders dann, wenn es aus einem echten Brauhaus kommt. Das Getreide spült die Nieren, liefert den begehrten Zucker und ist absolut magenschonend, außer man überschreitet verträgliche Mengen. Auch der Tabak, in seiner Form als gerolltes Blatt, war eine freundliche Erfindung für Marsgeborene, die ihre überreizten Arterien beruhigen, die Muskulatur entspannen und den überhöhten Blutdruck senken wollten. Das war jedenfalls seine Funktion in Zigarren und Pfeifen, bis die Industrie es verdarb und den Tabak so lange zerkrümelte und mit Giftmüll versah, bis ein krebserregendes Produkt daraus geworden war, das zwar immer noch die Nerven beruhigt, aber abhängig macht wie eine Droge und extrem gesundheitsschädlich ist.

Die Pflanzen- und Tierwelt des Mars

Der Baum des Mars ist die Eiche mit ihren einzigartigen gebuchteten Blättern. Einzigartig ist auch seine Art zu wachsen, denn die Eiche liebt keine Gesellschaft. Eine Eiche steht allein da, stolz und aufrecht, der einsame Held unter den Bäumen und ist natürlich Lieblingsbaum des Donnergottes Thor. Eichenrinde heilt Wunden, die Eicheln lassen sich zu Kaffee mahlen. Werden sie von Schweinen gefressen, liefern diese den besten Schinken der Welt.

Eichen zu fällen bedeutete für die alten Germanen das größte Sakrileg. Karl der Große, oder treffender bezeichnet als Schlächter von Sachsen und Donareichen, wurde dafür leider nicht zu Lebzeiten bestraft, Phillip II. von Spanien dagegen schon, denn seine Armada, die ganz Kastilien seiner Eichenwälder beraubte, versank in Thors wütendem Sturm.

Wie eine Eiche es schafft, Platz für sich allein zu behaupten und keinen anderen Baum direkt neben sich wachsen zu lassen, ist ein biologisches Rätsel, alchemistisch gesehen ist die Sache hingegen klar. Die psychische Ausstrahlung einer Eiche ist gegenüber anderen Pflanzen dominant. Da Gleich und Gleich sich gern gesellt, haben Krieger die Eiche gern und begegnen ihr mit Respekt.

Die anderen Marsbäume sind an ihren Dornen und leuchtenden Beeren zu erkennen, es sind unter anderem Sanddorn, Schlehe und Wacholder. Die Beeren des Wacholders sind nicht nur in Saucen gut zur Förderung der Verdauung, sondern werden auch zur Herstellung von Gin verwendet, was dazu führt, dass Marsgeborene dieses klare Getränk besonders in Form von Gin Tonic sehr schätzen. Bei starken Alkoholika als Digestifs bevorzugen sie überhaupt die klaren, die durch keinen aufdringlichen Geruch die sensible Nase nebst Verdauung stören, wie etwa Wodka oder Grappa.

Marstiere sind der Wolf und in seiner abgemilderten Form der Hund. Mit dem Wolf identifiziert sich der verhinderte Krieger auch gerne als »einsamer Wolf«.

Der ausgedehnte Spaziergang mit so einem Wolfsnachfahren entschädigt für viele artferne Lebensweisen, die man als Marsmensch so hinnehmen muss. Ein Hund teilt viele offensichtliche, aber auch versteckte Eigenschaften seines Herrchens bzw. Frauchens. Er ist diszipliniert und treu, kann aber im Gegensatz zu seinem Herrn diejenigen anknurren, die ihm gefährlich erscheinen. Ein gesunder, liebevoll aufgezogener Hund (also nicht unbedingt abgerichtet) ist instinktsicher. Auf sein Urteil kann sich sein Besitzer verlassen. Knurrt er jemanden an, sollte man die Person nicht in die engere Partnerwahl einbeziehen. Fällt er jemanden an, dann handelt es sich um einen gefährlichen Einbrecher.

Man darf bei all der negativen Presse, die vor allem große Hunde bekommen, nie vergessen, dass dies die Regel ist, und nur die Ausnahmen, zum Beispiel wenn Kinder gebissen werden, von der Presse breitgetreten werden.

Der Hund hilft also den Marsgeborenen, Stress abzubauen, denn er teilt ihr Unbehagen in der Kultur bei gleichzeitiger maximaler Anpassung an naturferne Lebensräume.

Der Stier hingegen repräsentiert die Urkraft der Natur, mit der der Marsmensch ringt und die er sich zu unterwerfen wünscht. Im Stierkampf wird dieser Kampf ritualisiert dargestellt und überdauerte die Jahrhunderte. Seine Faszination hat aller Polemik zum Trotz niemals nachgelassen, nicht zuletzt deswegen, weil der Ausgang des Kampfes keineswegs immer gewiss ist. Ein guter Torero träumt immer noch davon, als Held in der Arena zu sterben, und manchmal bekommt er sogar die Gelegenheit dazu.

Die perverse Seite einiger Marsgeborenen kommt im Simile der Spinnen zum Ausdruck. Die Dopplung ihrer Beinzahl von vier auf acht hat eine starke Erhöhung des Tempos zur Folge, was man im Volksmund auch Hyperaktivität nennt. Nicht umsonst werden hyperaktive, übernervöse und aggressive Kinder in der Homöopathie gerne mit Tarantula in Hochpotenz behandelt.

Bei Spinnenmenschen gibt es ein extremes Sado-Maso-Verhältnis. Einer unterdrückt und misshandelt den anderen, dieser findet Erfüllung in der Selbstaufgabe. Mars kann dabei sowohl Spinnenwitwe als auch Spinnenmännchen sein. Hat er die Rolle der Witwe erwählt, wird er konsequenterweise die Selbstbestrafung suchen, indem er sich für seine Ziele opfert. Im Falle der Spinne sind es die Spinnenjungen, wobei sich die Mutter innerlich verflüssigt, um den Jungen als Nahrung zu dienen (Angelina Jolie als »Salt« ist ein recht typisches Spinnenweibchen der gefährlichsten Art).

Tiere werden ganz allgemein dem Mars zugeordnet, weil das Zentralatom des Hämoglobins nun einmal Eisen ist, trotzdem lassen sich auch hier alle sieben Signaturen wiederfinden.

Tiersignaturen

Himmelskörper	Tier	Insekt	Fabeltier
Sonne ☉	Pferd	Biene	Pegasus
	Löwe	Zikade	Zentaur
Mond ☽	Hirsch	Libelle	Einhorn
	Fisch	Motte, Grille	
Merkur ☿	Eichhörnchen	Marienkäfer	Satyr
	Taube	Maikäfer	
Venus ♀	Katze	Schmetterling	Sirene
	Hase	Florfliege	
Mars ♂	Wolf	Ameise	Werwolf
	Stier	Wespe	Zerberus
Jupiter ♃	Adler	Hirschkäfer	Hippogryph
		Mistkäfer	
		Hummel	
Saturn ♄	Schlange	Totengräber	Drache
	Fledermaus	Fliege	Vampir
		Leuchtkäfer	

Weniger erfreulich sind die Fabeltiere, die ein Marsgeborener in sich tragen kann. Die alte Sage vom Werwolf meinte bestimmt Marsmenschen, die dem Druck der Kultur nicht standhielten und wenigstens nachts all ihre ursprünglichen, wilden Eigenschaften herausließen.

Ein Werwolf verwandelt sich nachts und bei Vollmond, während die anderen Menschen sich vor allem unter Alkoholeinfluss negativ verändern.

Marsgeborene werden unter Alkohol aber selten aggressiv, weil Aggression ein Charaktermerkmal von ihnen ist und Alkohol ja bekanntlich charakterverändernd wirkt. Entsprechend werden sie bei zu viel geistigen Getränken eher müde und harmlos, während Mond, Venus und Merkur sich zum Fürchten wandeln.

Der Werwolf wurde immer gefürchtet, weil er als Perversion angesehen wurde. Heute denkt man an Triebtäter, die nachts in Parks lauern. Es wäre aber ein Irrtum, zu glauben, dass dies mit dem Geburtsherrscher Mars zusammenhängt. Ein Werwolf kehrt zurück in die Natur zu seinesgleichen, wozu er tagsüber keine Chance hat, und wird nur für denjenigen zur Gefahr, der sich ihm in den Weg stellt. Bisstragödien mit zivilisierten Menschen sind Unfälle, nicht die Regel wie bei Graf Dracula.

Viel unsympathischer als der unglückliche Werwolf ist der Zerberus. Diese Art Höllenhund mit drei Köpfen bewacht die Unterwelt. Er kann gut bellen, beißt aber selten, weil er dann nicht weiß, welches Maul er nehmen soll. Hausmeister, Logenschließer und Gefängnisaufseher sind typische Berufe für einen Zerberus. Hier kann er sein bisschen Macht auf Kosten Wehrloser voll genießen. Er kann das sprichwörtliche Maul gefahrlos aufreißen und andere nerven, bis ihm endlich mal ein anderer Marsmann in den Keller zurückjagt und die Leine kürzer zieht.

Der beschriebene Marscharakter kann sich allerdings sehr modifizieren, wenn der Geburtsherrscher sich im Fall oder Exil befindet, zum Beispiel im Haus des Mondes (Krebs). In solchen Fällen sind die Marseigenschaften nicht so offensichtlich. Der Mensch wirkt vielleicht sanft und friedlich und keiner weiß, wieso er sich trotzdem durchsetzt. Man erkennt den Geburtsherrscher dann eher am Ordnungssinn oder an seiner Vorliebe für ein Marsinstrument.

Marsinstrumente sind das Klavier – der Ausdruck »in die Tasten hauen« sagt es schon – oder gleich das Schlagzeug.

Er hört auch gern laute, wilde Musik, sei es Jazz oder Rockmusik. Unter den Klassikern zieht es ihn ebenfalls zu den lärmigeren Vertretern, etwa Schostakowitsch oder Rachmaninow.

Die Beschützer des Mars

Der Schutzengel des Mars ist Camael, der Engel der Verletzten. Als Beschützer der Marsmänner und -frauen weiß er, dass das kriegerische Temperament immer zu äußeren und inneren Wunden führen muss. Man nennt ihn auch »den Gestrengen«, der die Höhe des Selbstwertgefühls bemisst. Viele Marsgeborene sind daher unzufrieden mit diesem Engel und fühlen sich von ihm misshandelt, wenn das Selbstbewusstsein nicht dem Kriegerniveau entspricht.

Besser zu Mars passt die Walküre Waltraud. In diesem Namen stecken das Erwählen des Helden und Traud, die Kraft. Sie trägt meist ein Schwert, einen Sachs oder sonst eine schwere Eisenwaffe. Bei Marsfrauen war früher als Amulett und Sinnbild der Waltraud auch die zweischneidige Doppelaxt sehr beliebt, weil nicht ganz so schwer, aber ebenfalls garantiert tödlich. Mars liebt den Donnergott Thor. Während andere sich bei Gewitter fürchten, lebt er erst so richtig auf. Die Natur befindet sich dann im Einklang mit seinem zornigen Gemüt.

Kameradschaft des Mars

Zum Mars passt, wie gesagt, am besten Venus oder Mond. Sie sind die ideale Ergänzung, auch wenn sehr oft absolutes Unverständnis auftaucht. Mars mit Sonne, Jupiter oder seinesgleichen ergibt gute Kameradschaft, aber auch Konfrontation, zumal auch der Mars nicht zur Treue neigt, nur die

Motivation ist eine andere. Der Marsmensch, speziell in seiner männlichen Form, erfüllt das alte Programm der Verbreitung seiner Gene, während die Venus aus Sinnlichkeit, also zumeist bei Mangel an Liebe, fremdgeht. Insofern ist das Konzept der »Treue« ohnehin bedenklich.

Marsmenschen sind in ihrem Sinne treu, sie lassen die ihnen Anvertrauten niemals im Stich, wobei allerdings nicht gleiches Recht für beide Partner gilt. Im Süden sind es natürlich die Marsmänner, die im Affekt den Geliebten ihrer Ehefrau umbringen, ganz gleich wie viele Seitensprünge sie sich selbst geleistet haben.

Die gute alte Doppelmoral alter Zeiten orientiert sich an diesem Verhalten der Sonnen- und Marsmänner, wobei der Sonnenmann auch noch mit der Neuen von dannen zieht. Heute hat sich diese Doppelmoral dahingehend erweitert, dass die Mars- und Sonnenfrauen jetzt auch so handeln, wobei sie zwar die Konkurrentin meistens nicht erstechen, aber garantiert andere Wege zur Beseitigung derselben aus ihrem Leben finden.

Mit Jupiter zusammen kann Mars seine besten Eigenschaften wie Großzügigkeit und Idealismus entwickeln.

Im negativen Fall ist der Marsmensch aufbrausend, zornig mit Neigung zu tatsächlicher oder psychischer Gewalt, im besten Sinne idealistisch, mutig, unbestechlich und zielstrebig. Ohne den Idealismus des Mars würde die Welt noch mehr unter der Egozentrik des Einzelnen leiden, wie sie es ohnehin schon tut.

Marssignatur

Zahl	4
Intervall	Quarte
Farbe	Rot, Braun
Metall	Eisen, Titan
Mineral	Rubin, Granat, Jaspis, Hyazinth, Pyrit, Hämatit
Kraut	Brennnessel, Rose, Anagallis
Baum	Eiche, Wacholder, Granatapfel
Tier	Hund, Wolf, Stier
Fabeltier	Werwolf, Zerberus
Organ	Magen, Darm, Arterien
Puls	rechte Halsvene
Sinn	Geruchssinn
Instrument	Klavier, Schlagzeug
Wetter	Gewitter
Engel	Camael
Walküre	Waltraud
Prominente Marsmenschen	Helmut Schmidt, Isabel La Catolica, Barrak Obama, Anke Engelke

Jupiter ♃

Je weiter die Himmelskörper von der Erde entfernt sind, desto archaischer und seltener werden die durch sie geprägten Menschentypen. Der Gott Jupiter, in der Welt der Griechen Zeus, bei den Germanen Odin, war der Göttervater und stand an der Spitze einer alten Hierarchie, die auf der Erde ihren Spiegel im System der Feudalherrschaft hatte. Ein Jupitergeborener ist also normalerweise zum Herrschen geboren, ein «Blaublütiger», dem alle Menschen seines Reiches anvertraut sind. Umso wichtiger ist es, dass sein hervorstechendstes Merkmal der Gerechtigkeitssinn ist. Auch das Gefühl für Solidarität, das rechte Maß, Reife und Vertrauen gehören zum Jupiter.

Nun können heutzutage die wenigsten Jupitergeborenen diese Funktion noch im ursprünglichen Sinn ausfüllen, wenn man mal von einem der bekanntesten Jupiterkinder, König Juan Carlos I. von Spanien, absieht. Umso schwerer haben es die anderen, die von ihren Eigenschaften oft genug nicht die geringste Ahnung haben und sich nur wundern, warum sie so schwer mit den heutigen Gegebenheiten zurechtkommen.

Jupiter ist der nobelste aller Himmelskörper. Wichtiger als Macht sind ihm Gerechtigkeit, Gleichgewicht und Stabilität. Der Schaden, den die Französische Revolution 1789 für ihresgleichen bedeutet hat, kann ein anderer gar nicht ermessen, denn ab diesem Datum gelten der Adel und alles Edle per se als dekadent und vernichtenswert.

Man findet Jupiter heute oft im Rechtswesen. Als unbestechliche Führungspersönlichkeiten machen sie sich aber auch gut als Direktoren eines Unternehmens, einer Kammer, eines Ausschusses, nur dass man heute eher den Eindruck hat, dass dort inzwischen auch die Egoisten überwiegen.

Jupitergeborene fühlen sich im aktuellen politischen Raffklima auch nicht mehr so wohl wie einst in der Politik, sodass nur noch kleinere ökologische Nischen bleiben, wie etwa eine Stelle als Dirigent eines Orchesters oder als Priester mit höherer Laufbahn.

Die Zahl des Jupiters ist die Sechs, was uns zuallererst an die Wasserkristalle denken lässt, aber auch viele Mineralien weisen sechs Kanten auf, selbst Gold wird nicht immer in oktagonalen, sondern auch manchmal in hexagonalen Kristallen gefunden. Desgleichen gibt es Meteoreisen, das hexagonal aufgebaut ist.

Die Speicherfähigkeit der Wassermoleküle zeigt, welch elementare Bedeutung der Sechserstruktur zukommen kann.

Das *Salomonsiegel* ist der sechszackige Stern, der für Logik und perfekte Symmetrie steht.

Jupitergeborene können ihr Selbstbewusstsein stärken, indem sie Gelb oder Purpur tragen. Das sind beides schwierige Farben, die auch blass machen können, sodass kaum einer von selbst darauf kommen würde. Aber viele sind überrascht, wie gut ihnen diese Farben tun.

JUPITERMETALL

Das Jupitermetall ist Zinn. Hierbei handelt es sich um ein zunächst unscheinbar wirkendes Metall, das sich gut in Form und Muster hämmern lässt. Viel Verwendung hat man für das Metall nicht gefunden. Man kennt es nur als Ziergerät in Form von Tellern, Bierkrügen und Vasen oder als Spielzeug in Form der berühmten Zinnsoldaten, die heute nur noch Sammelobjekte darstellen. Außerdem war es früher als Stanniolpapier wichtig zum Einwickeln des Luxusguts Schokolade oder als Lametta zum Schmücken des Weihnachtsbaums. Auch in Kirchen findet man Zinn für Sakralgeräte.

Alle diese Funktionen sind bei den meisten Bürgern längst in Vergessenheit geraten. Die scheinbar sinnlosen Gegenstände, die in jedem Haushalt nur zum Ansehen da waren, sind als Staubfänger längst auf dem Trödelmarkt gelandet, da sich keiner mehr mit Dingen belasten will, die keine praktische Funktion erfüllen.

Hier liegt das Problem der ganzen Metalle von heute. Die Edelmetalle Gold, Silber, Kupfer und Zinn sind aus den Haushalten fast verschwunden, dafür sind wir umgeben von Eisen, Cromargan und Stahl, und sein noch strengerer Gefährte Titan ist in manchen Fällen als Prothese oder Nagel sogar bis in die Knochen eingezogen. Hinzu kommen die seltenen Erden wie Neodym, Europium, die sich in den Computermaterialien finden und der Saturnsignatur unterliegen. Somit triumphiert schon wieder das Praktische gegenüber dem Schönen, das Aggressive gegenüber dem Sanften. Die positiven Schwingungen edler Metalle wurden ausgetauscht gegen mehr als zweifelhafte Gesellen, deren ungute Schwingungen nun ungehindert auf uns abstrahlen dürfen.

Unsere Vorfahren wussten es nicht, aber Zinn verleiht Balance und behaglichen Wohlstand. Wer weiß, dass Gleiches Gleiches anzieht, wird die Ziergegenstände nicht bei eBay veräußern, sondern sie eilig wieder aufstellen.

Auch in der Musik finden wir das Jupitermetall wieder, weshalb die Orgel mit ihrer Riesenamplitude über den kompletten Hörbereich und manchmal sogar darüber hinaus auch das resonanzstärkste Instrument für Jupitergeborene darstellt.

Mineralien und Steine des Jupiters

Jupitersteine sind recht verschieden in Farbe und Zusammensetzung. Da gibt es den Citrin, der das Jupiterorgan Leber schützt, dann den Türkis, der vor dem *bösen Blick* der Neider schützt, denn es ist, wie zuvor gesagt, für Jupiter typisch, sich in Wohlstand und/oder Ansehen zu sonnen.

Wehe aber dem Jupiter, dem seine Lebensumstände nicht erlaubt haben, sich in einer angemessenen Form zu entfalten. Ein verarmter oder entmachteter Jupiter wird wie Schopenhauer über die Schlechtigkeit der Welt und den Verfall der Sitten lamentieren. Viele Jupitermineralien haben komplexere Strukturen als andere und verzwillingen sich gerne. Türkis ist auch der Stein, der mit seiner triklinen Struktur Gerechtigkeitssinn fördern soll.

In diese Gruppe gehört auch ein Stein, der in seiner Bedeutung noch älter ist als die zuvor genannten harten Edelsteine. Es ist der Lapislazuli, der schon den Goldschmuck der Ägypter zierte. Die Pharaonen maßen dem Stein imperiale Bedeutung zu. Er verlieh ihnen Glück, meist in Form von Skarabäen und Regierungsmacht, wenn in Pektoralien und Kronen eingelegt. Da diese Macht auch in alle weiteren Leben mitgenommen werden sollte, finden wir den Stein auch in der Totenmaske von Tutanchamun.

Er ist so hart wie die bekannteren Edelsteine, enthält aber sehr viel mehr Elemente als alle anderen Edelsteine zusammengenommen. Seine Struktur weist zwölf Kanten auf, so viele, wie der Jupiter Monde hat, die den Himmelskörper umgeben wie die Jünger Jesus.

Die Zahl Zwölf ist gleichzeitig die der Zwölftonmusik, die jedes mögliche Intervall umschließt und somit den Beginn der atonalen modernen Musik markiert.

In alten Zeiten rechnete man im Zwölfersystem, bis diese Zahl durch die rationale Zehenstruktur abgelöst wurde. Nur in England, wo in gewisser Weise die Zeit stehen geblieben ist, kann man sich noch vorstellen, mit römischen Sesterzen bzw. Pfund Sterling zu rechnen.

Jupiterpflanzen

Jupiterbäume sind gerne immergrün und bedeutungsschwer wie der Lorbeer oder aber riesengroß und prächtig wie die Kastanie. Während der Lorbeer dafür sorgt, dass sich sein Träger unbesiegbar fühlt (man kann dies auch durch Inhalation von Lorbeer als Räucherwerk oder Aromatherapie erreichen), sorgt die Kastanie zum Ausgleich unstabiler Gemüter, als solche findet sie auch gerne Anwendung in Form von *Bachblüten*.

Bäume passen sehr gut zum Jupiter, nicht nur wegen ihrer Erhabenheit, sondern auch wegen ihrer Verbindung zum Element Luft.

Signatur Himmelskörper und Bäume

Himmelskörper	*Baum*
Sonne ☉	Esche, Palme, Zitrusbaum, Weißdorn
Mond ☽	Weide, Tanne, Birne
Merkur ☿	Kiefer, Pinie, Ulme, Hasel
Venus ♀	Birke, Apfel, Kirsche, Mandel, Granatapfel
Mars ♂	Eiche, Wacholder, Sanddorn, Schlehe
Jupiter ♃	Lorbeer, Kastanie
Saturn ♄	Eibe, Holunder, Ilex, Zypresse

Jupiterkräuter sind sehr beliebt, da Leberschäden nicht nur bei Jupitergeborenen zu finden sind. Ganz allgemein ist Jupiter aber gefährdeter als andere, da er als Genussmensch eine sehr starke Affinität zu gutem Essen und Trinken hat und auch gerne übertreibt. Die alten Gelage der Adeligen finden hier einen fernen Widerhall.

Jupiterkräuter haben meist gelbe Blüten und/oder leberlappenförmige Blätter. Das Schöllkraut ist wohl das bekannteste und beliebteste Mittel in der Homöopathie. Indirekte Leberschoner sind die Kräuter, die Cholesterin herabsetzen, wie etwa die Korbblütler Mariendistel und Artischocke.

Jupiter isst gerne Gegrilltes und Gebratenes, auch oder gerade Wild, von Fasan bis Wildschwein, begleitet von schwerem Rotwein in *Reserva*-Qualität. Auch dem goldfarbenen Whisky ist er nicht abgeneigt, den er durch sein ausgeglichenes Wesen besser verträgt als andere.

Da zum Jupiter der Gleichgewichtssinn und der Solarplexus gehören, gibt es auch Kräuter, die auf das Sonnengeflecht direkt einwirken, wie zum Beispiel Goldregen und Goldklee.

Ein anderes typisches Jupiterorgan ist die Schilddrüse. Es scheint, dass der Stoffwechsel bei seelischer Unzufriedenheit dazu neigt, in Schilddrüsenüber- oder -unterfunktion umzuschlagen, sodass Jupitermenschen entweder sehr schlank oder extrem pummelig werden.

Viele Stoffwechselstörungen lassen sich homöopathisch behandeln, aber die beste Behandlung wäre immer noch eine signaturgerechte Lebensweise. Jupiter braucht eine spirituelle oder soziale Aufgabe. Wird eine solche gefunden, vermindern sich die Stoffwechselprobleme oft von allein.

Die Tier- und Wesenswelt des Jupiters

Jupitertiere sind vor allem die Greifvögel. Wie die Adeligen sind auch sie zum Aussterben verurteilt und nur noch selten anzutreffen, da sie in schwindelnden Berghöhen über große solitäre Areale herrschen. Sie bilden keine großen Sippen, ziehen meistens sogar nur ein einziges Junges auf, womit ein weiteres Charakteristikum der Jupitergeborenen auffällt. Sie neigen nicht zu großer Geselligkeit und auch nicht zu extremem Kinderreichtum. Trotzdem sind sie beliebt, weil sie so rechtschaffen sind und niemandem schaden, sie ruhen in sich selbst und neigen nicht zu Übertreibungen.

Abenteuer und Unregelmäßigkeiten sind nicht ihre Sache, es sei denn, Jupiter befindet sich im Fall. Dann können das Maß zu Übertreibung, der Gerechtigkeitssinn zu Anmaßung und das Geschick in Finanzangelegenheiten zu Verschwendung und daher zu Armut führen. Jupiter ist also entweder sehr begünstigt oder sehr benachteiligt, je nach persönlicher Gestaltung des Daseins.

Enttäuschte Jupiter können innere Verbitterung aufbauen, die ihre Gesundheit zerrüttet, ohne dass die Umwelt bemerkt, warum. Solch ein Mensch birgt ein Fabeltier in sich, das man Hippogryph nennt, die Mischung zwischen Pferd und Adler. Dieser ist stolz und überheblich und wird daher leicht zum Opfer begeisterter, unterlegener und feiger Jäger. Die Guillotine ist nach wie vor ein Symbol für den Sturz eines Jupitergeborenen.

Daher braucht der Jupiter auch einen zuverlässigen Schutzengel. Zadquiel soll sowohl das Leben als auch den Wohlstand beschützen, weswegen er auch von anderen gerne angerufen wird. Als Erzengel lässt er jedoch nicht mit sich handeln. Wohlstand aus seiner Hand gibt es nur für Rechtschaffene. Der unangemessene und ungeheure Reichtum, wie ihn sich manche Politiker oder Firmenchefs ergaunern, rührt nicht vom Himmel, sondern seinem Gegenteil her und ist und erfordert oft harte Zinsen.

Ansonsten gibt es da auch noch die Walküre Gudrun, die mit einem Methorn dargestellt wird. Aus diesem Horn kann sie ähnlich wie die römische Göttin Fortuna auch die Fülle des Glücks oder Wohlstands über ihren Schützling ergießen, solange dieser unter den Sterblichen weilt.

Jupiter liebt das Licht, aber mehr das der Kerzen und des Feuers als das der Sonne. Er mag auch gerne Stürme und heftige Windböen, denn schließlich besteht der ganze Himmelskörper nur aus wirbelnden farbigen Gasmassen. Dies ist der einzige Hinweis darauf, dass der Jupiter nicht nur philosophische Aspekte, sondern auch seine temperamentvollen Seiten haben kann. Aber es ist im Gegensatz zu Mars ein angenehmes und kein zerstörerisches Temperament. Die Harmonie bleibt immer erhalten. Gerade wegen dieser Hingabe an die Harmonie liebt Jupiter fast jede Art von Musik, abgesehen von extrem rhythmusbelasteter Rockmusik.

In der Partnerwahl ist Jupiter schwierig, da er ein begeisterter Einzelgänger ist. Der Partner soll sich seinen Gesetzen möglichst lammfromm unterordnen, weswegen eigentlich nur Mond, Venus und Merkur infrage kommen. Die haben es zwar dann schwer, ihre eigenen Ideen durchzusetzen, erhalten aber die Stabilität und Ergänzung, die sie für ihre Natur dringend brauchen. Sonne, Mars und die eigene Signatur bedeuten Kampf um die Vorherrschaft. Saturn ist eine unheimliche Größe, die unwissentlich oder bewusst allen Überzeugungen des Jupiters widerspricht, denn Jupiter glaubt an Recht und Ordnung und letztlich an eine höhere Macht, meist in Form einer der drei Buchreligionen. Saturn stellt sich immer außerhalb dieser Ordnung, und das beunruhigt alle Signaturen, aber niemanden mehr als Jupiter.

Im besten Falle stellen Jupitergeborene den Idealfall unter den Menschen dar, bei schlechten Voraussetzungen verkörpern sie den klassischen Unglücksraben, der sehr früh gesundheitliche Probleme bekommt.

Jupitersignatur

Zahl	6, 12
Intervall	große und kleine Sexte
Farbe	Gelb, Purpur
Metall	Zinn
Mineral	Lapislazuli, Türkis, Citrin
Kraut	Schöllkraut, Goldregen
Baum	Lorbeer, Kastanie, Robinie
Tier	Adler, Eule
Fabeltier	Hippogryph
Organ	Leber, Schilddrüse, Solarplexus
Puls	linker Fußknöchel
Sinn	Magnetismus
Instrument	Orgel, Klarinette
Wetter	Wind, Sturm
Engel	Zadquiel
Walküre	Gudrun
Prominente Jupitermenschen	Juan Carlos von Spanien, Lewis Hamilton, Luciano Pavarotti, Brigitte Bardot

Saturn ♄

Wenn schon Mars schlecht wegkommt bei den alten arabischen Astrologen, so ist Saturn schlichtweg verkannt und in keiner einzigen Quelle annähernd korrekt beschrieben worden. Dies liegt natürlich daran, dass auch bei den Astrologen einer vom anderen abschreibt und alle Gläubigen einer Buchreligion den Saturn der Einfachheit halber mit dem »Satan« gleichsetzen. Seit den arabischen Hofastrologen des frühen Mittelalters haben also alle kein gutes Haar an den Saturngeborenen gelassen.

Um auf objektivere Quellen zu stoßen, müsste man bis in die Anfänge der Alchemie, also zu den Ägyptern, zurückgehen oder aber ganz von vorne – und vorurteilsfreier – an den grünen Himmelskörper herangehen.

Was bedeutet also Saturn, warum werden solche Menschen so gefürchtet?

Zunächst einmal sind Saturngeborene eine Minderheit. Das liegt in der Natur der Sache, denn schließlich ist der Planet so weit weg, dass er auf seiner elliptischen Bahn der Erde nur sehr selten nahe genug kommt, um als Geburtsherrscher infrage zu kommen.

Erkennen tut man sie leicht, wenn man auf die Zeichen achtet. Sie sind äußerlich unvollkommen und auf den ersten Blick sehr viel weniger attraktiv als andere. Entweder hinken sie leicht, weil die Beine unterschiedlich lang sind, oder sie haben krumme Zähne oder aber eine Haarmähne, die selbst in völliger Abwesenheit von Locken ständig Knoten bildet. Nicht selten sind sie rothaarig und/oder voller Sommersprossen oder Muttermale. Beim männlichen Saturn fallen die Haare früh aus, auch sie leiden unter dem sprichwörtlichen saturnalen Hinken. Beide Geschlechter neigen zu Kurzsichtigkeit und daher dicken Brillen. Diese fehlenden äußeren Vorzüge stellen erstaunlicherweise keinen Nachteil dar, denn sie haben etwas, was andere nicht haben: magische Anziehungskraft. Diese muss natürlich erst entwickelt werden, wozu es Zeit braucht und ein starkes Selbstbewusstsein, das sich ausschließlich aus außergewöhnlicher Intelligenz herausbilden kann.

Saturn entwickelt sich also langsam und versenkt sich in Büchern, während die Konkurrenz vor dem Spiegel steht. Mit den Jahren lernen sie, die äußeren Mängel zu kaschieren und brillieren mit einem ungewöhnlichen Verstand, Freiheit der Ideen und Spontaneität der Einfälle.

Übermäßige Bildung allein ist für andere schon lästig, aber nicht unheimlich. Was aber anderen unheimlich erscheint, ist die Kraft der Intuition. Scheinbar ist dies ein Widerspruch, in Wirklichkeit gehorcht auch diese Beobachtung einer gewissen Logik. Schwarze Sonne wird der Saturn von den alten Alchemisten genannt, damit soll die Bösartigkeit und die Hinwendung zur Hexerei bezeichnet werden. Betrachtet man sich das näher, kommt heraus, dass »schwarze Sonne« das Gegenteil von »gelber Sonne« meint – das Dunkel des Unbewusstseins gegen das Licht des Bewusstseins.

Jeder Mensch handelt mehr, als er selbst glauben möchte, aus dem Unbewussten, also aus dem Bauch heraus. Saturnmenschen tun dies auch, aber im Gegensatz zu anderen wissen sie es. Sie können auf die Schichten des Unbewusstseins zugreifen und danach handeln. Es passiert ihnen nicht, dass sie auf Partner oder andere Menschen »hereinfallen«. Ihre Antennen funktionieren so gut wie die eines Tieres.

Im Gegensatz zu den anderen sechs Signaturen sind sie mit der Natur verbunden und mit ihr im Einklang, was bedeutet, dass sie sich vor keinem Lebewesen fürchten, mit Reptilien oder Pflanzen kommunizieren können und die Wirkung der Elemente instinktiv begreifen. Das ist es, was man früher Hexerei nannte, nichts anderes. Selbst wenn sie sich nicht in Kräuterkunde auskennen, wissen sie, welches Kraut giftig ist oder nicht, welche Spinne angreift und welche nicht, ob sich ein Gewitter, ein Sturm nähert.

Das zugehörige Element ist die *Erde*, woraus die feindlichen Astrologen schlossen, dass der Saturn nicht zu geistigen Höhenflügen in der Lage sei, statt zu erkennen, dass die Erde die Verbindung zur Natur und natürlich zur *Unterwelt* mit ihren metallenen Schätzen signalisiert.

Hinzu kommt, dass Saturn die Intuition zwar wie ein Werkzeug benutzt, diese aber meistens mit Wissen ergänzt. Niemand liest so viel und so gerne, lernt so leicht Wissenschaften, Sprachen oder Instrumente. Sie sind unersättlich, in jeder Hinsicht.

Ihre Farben sind Schwarz und Giftgrün, auch gerne Violett. Was andere blass macht, steht ihnen gut. Die Farben Rot, Blau, Rosa hingegen lassen sie krank aussehen.

Das passende Metall ist das schwere unfreundliche Blei. Nichts Gutes verbindet man mit diesem Element, aus dem die Kugeln für Tod und Verderben gegossen werden, das als Wasserleitung wahrscheinlich die Ausrottung der guten alten Römer zur Folge hatte und das bei der Zerstrahlung von Uran als radioaktives Element übrig bleibt.

Sensible Venusmenschen entwickeln mit Amalgam im Mund schreckliche Allergien, und es gab eine Zeit, in der die Zahnärzte zahlreiche Zahnfüllungen – nicht ohne Risiko – ersetzen mussten. Nur Saturngeborene gedeihen mit dieser schweren Schwingung im Mund besonders prächtig.

Diese schützt sie vor den typischen Saturnbeschwerden, die besonders das Skelett betreffen. Schmuck jedenfalls macht man aus so etwas nicht.

Die dunklen Steine des Saturns

Mit Saturnsteinen sieht es nur wenig besser aus. Da gibt es den schwarzen Onyx, der vor Schwarzmagie schützen soll oder ebendiese stärkt. Außerdem gibt es Amethyst, Olivin und Fluorit.

Aus Amethyst wurden im Mittelalter besondere Becher geschliffen, die vor Trunkenheit schützen sollten – ein weiterer Hinweis auf die Maßlosigkeit des Saturns. Außerdem gilt er als Beschützer der Reiter, was beim Umgang mit Pferden empfehlenswert ist. Er entmagnetisiert auch schädliche Strahlung wie etwa die von Fernsehern.

Fluorit müsste eigentlich ein Sonnenstein sein, da es eine perfekte oktagonale Struktur aufweist. Hier kommen aber andere, sehr unheimliche Eigenschaften hinzu. Schwefel besitzt eine in sich verzerrte orthorhombische Struktur. Das gelbe Mineral wird seit dem Mittelalter direkt mit dem Teufel assoziiert.

Fluorit ist ein Chamäleon, das seine Farbe je nach Temperatur, Sonneneinstrahlung oder Luftfeuchtigkeit wechseln kann. Außerdem ist es eines der wenigen Mineralien, das aus dem gefährlichsten aller Halogene gebaut ist, dem Fluor. Als Säure ist Fluor die ätzendste aller Säuren, die Flusssäure.

Außer Saturngeborenen oder Mineraliensammlern wird es also niemandem sonst einfallen, dieses Mineral als Schmuckstein zu wählen.

Die Schätze der Unterwelt sind per se saturnal, auch wenn sie wie alles auf der Erde Signaturen haben.

Signatur der Mineralien

Himmelskörper	Kristalle	Struktur
Sonne ☉	Diamant, Bergkristall, Beryll, Tigerauge, Goldfluss	
Mond ☽	Smaragd, Milchquarz, Mondstein, Perle	
Merkur ☿	Opal, Bernstein, Topas, Turmalin, Achat	
Venus ♀	Saphir, Rosenquarz, Malachit, Aquamarin, Rhodochrosit	
Mars ♂	Rubin, Pyrit, Hämatit, Blutjaspis, Karneol, Koralle	
Jupiter ♃	Türkis, Lapislazuli, Citrin, Sodalith	
Saturn ♄	Onyx, Olivin, Amethyst, Fluorit, Schwefel	

DIE PFLANZENWELT DES SATURNS

Saturnale Kräuter sind sehr giftig, es sind all die mit starken Alkaloiden wie etwa die Wolfsmilchgewächse. Zu den Alkaloiden gehören auch berühmte Pflanzen, die jeder kennt, jeder zu sich nimmt und keineswegs immer verträgt – es sind Kaffee und Tee. Ein Saturngeborener kann gefahrlos so etwas kannenweise zu sich nehmen. In Anbetracht der Tatsache, dass sie in der Minderheit sind, ist es schon erstaunlich, dass diese Gifte sich derart verbreiten konnten.

Auch die Urpflanzen, die zur Gruppe der Moose, Schachtelhalme und Farne gehören, tragen die Signatur des Saturns. Sie haben noch keine Blüten und sind reingrün. Schachtelhalme, die aufgrund ihres hohen Siliziumgehalts steif wie

Ritterrüstungen sind, bilden hierbei die Rettung aller Saturngeborenen gegen die für sie typischen Knochenschmerzen, was sehr wichtig ist, denn der Saturn wird zumeist sehr alt. Die anderen Astrologen haben den Saturn immer mit einem Greis gleichgesetzt, so als wären alle Saturnkinder alt und schrumpelig. Das Gegenteil ist der Fall. Weil sie eine solch hohe Lebenserwartung haben und so langsam reifen, wirken sie noch jung, wenn alle außer Merkur schon graue Haare haben, auch wenn sie dabei an Knochenschmerzen leiden oder die Zähne oder Haare schon auszufallen drohen. Denn was den Körper jung hält, das ist der Geist, der bei ihnen unruhig bis panisch sein kann.

Zum Saturn gehören der Raureif und das klirrende, harte Eis. Saturn im eigenen Haus, zum Beispiel Steinbock, gilt als harter, unbezwingbarer Brocken. Sie erreichen ihr Ziel immer, langsam, aber sicher, unter anderem durch starke Manipulation anderer. Ausdauer gehörte schon immer zur Beschreibung des Steinbocks, was langweilig, mühselig und öde klingt, aber da kommt es auf die Ziele an. Wie viele Menschen haben hochfliegende Träume und verwirklichen nie etwas davon! Hollywoods Filmindustrie lebt davon, dass die Mehrheit es nicht schafft und zusehen muss, was andere alles erleben. Ein Saturnkind kann sich den Fernseher sparen, es wird immer erreichen, wovon andere nur träumen.

Vorsicht mit Saturnbäumen! Sie sind nämlich zumeist ebenfalls hochgiftig. Es sind Eibe, Holunder, Ilex und Zypresse. Alle werden mit der Unterwelt oder mit dem Leben nach dem Tod in Verbindung gebracht. Christliche Gemüter denken an den Tod als etwas Endgültiges bis zum Jüngsten Tag und sehen diese Bäume daher als unheilverkündend an. Bei den alten Germanen stellten sie jedoch Tore zum Überwechseln zwischen Welten und Dimensionen dar. Dies erklärt, warum Saturngeborene sehr oft die Gabe haben, in die Zukunft oder Vergangenheit oder an andere Orte zu sehen, warum Raum/Zeit für sie ein völlig dehnbarer Begriff ist.

Im Hinblick auf die Nahrung gibt es nichts, was die Natur liefert, was sie nicht essen könnten. Wenn sie reisen, essen sie genauso klaglos gebratene Heuschrecken wie Calamar en su tinta. Sie ekeln sich wenn überhaupt ausschließlich vor modernem Tüten- oder Dosenfutter.

Die Fauna des Saturns

Saturntiere gibt es einige, allesamt nicht beliebt unter Normalmenschen und völlig zu Unrecht immer wieder Opfer von Aggressions- und Ausrottungsversuchen. Es sind dies Schlangen, Fledermäuse und Spinnen.

Die Schlange kann geradezu als Synonym für einen Saturnmenschen gelten. Ihre urzeitliche schuppige Haut, die viele Saturnkinder leider auch oft haben, zeigt lebenslanges Wachstum an, was man auf Menschen bezogen nur im übertragenen Sinn verstehen kann. Manche Schlangen erdrücken ihr Opfer, andere vergiften es mit einem Biss. In jedem Fall ist die Schlange für mögliche Opfer gefährlich. Was die Gegner von Reptilien vergessen, ist, dass Schlangen niemanden angreifen, der nicht gefressen werden kann! Die meisten sind ohnehin völlig harmlos und profitieren vom Ruf der anderen, was auch auf die meisten Saturngeborenen zutrifft. Von Natur aus sind sie also nicht aggressiv, aber wehe, wenn man sie reizt, dann sind sie tödlich. Rachsucht ist eine ihrer miesesten und auch hervorstechendsten Eigenschaften. Hinzu kommt das gute Gedächtnis, das wie bei einer langlebigen Schildkröte funktioniert.

Noch in einer anderen Eigenschaft bilden die Schlangen das Simile des Saturngeborenen. Die alten Schriften sprechen von Gefühlskälte, weil Reptilien sich als wechselwarme Tiere vergleichsweise kalt anfühlen. Es scheint aber so, als ob diese Ignoranten noch niemals das Liebesverhalten der Schlangen beobachtet haben. Wo nämlich süße Katzen oder Vögelchen jegliche Romantik vermissen lassen und binnen Minuten fertig sind mit der Angelegenheit, nehmen Schlangen sich die Zeit, um den Partner zu umwerben, sich mit der zarten, gespaltenen Zunge stundenlang zu streicheln, bis es dann, zumeist erst nach Tagen, tatsächlich zur Vereinigung kommt oder das Männchen entschlossen aus der Höhle geworfen wird. Kein Paar in der Natur führt ein intensiveres Zusammenleben als ein Schlangenpaar, und selbst in Gefangenschaft sind Schlangen wählerisch und nehmen nicht jeden zum Partner. Solche Saturnpartnerschaften halten lebenslänglich und sind enger als alle anderen, da sie Leib, Geist und Seele einschließen und keine Kompromisse zulassen.

Musikalisch drückt sich das in verrückten Akkorden aus, Intervallen wie dem im Mittelalter verbotenen Tritonus (übermäßiger Quarte oder verminderter Quinte). Die Septime, die die Zahl Sieben beinhaltet, ist ihr Intervall. Die Zahl Sieben steht für die Natur schlechthin, nicht ihre Vervollkommnung durch die Acht. Daher ist eine Septime immer unangenehm zu hören. Sie drängt nach der Erlösung zur Oktave.

Moderne Musik ist oft so unbekömmlich für die Zuhörer, weil dort Septimen, Tritoni und Cluster nicht mehr aufgelöst werden, sondern als akustische Folter im Raum stehen bleiben. Moderne Komponisten der Nachkriegszeit rechtfertigen ihre Kompositionen als im Einklang stehend mit der unharmonischen Welt, in der wir leben. Tatsächlich brauchen aber gerade Menschen, die den ganzen Tag unter Stress zugebracht haben, harmonische Musik als Therapie für die Seele. Es verwundert daher gar nicht, dass Musik, die fast ausschließlich aus Quinten zusammengesetzt ist, sofort von allen gekauft wird. Die Musik, die der Komponist Bruno Coulais für den Film »Die Kinder des Monsieur Mathieu« schrieb, sollte eigentlich auf Rezept verordnet werden.

Nur Saturngeborene können moderne Musik unbeschadet hören. Sieben Himmelskörper, sieben Körperöffnungen, sieben Sinne, sieben Wochentage, sieben Signaturen. Den *Siebenstern* zu beherrschen bedeutet, den Schlüssel zur Natur zu kennen.

Das implizierte Fabeltier ist der *Drache* – eine weitere verachtete und missverstandene Kreatur. Marsmenschen haben sie immer wieder getötet, um ihre verschiedenen Arten von Gier zu befriedigen. Mal waren es das Gold und die Edelsteine, die diese feuerspeienden Reptilien angeblich horteten, mal waren es Jungfrauen, die befreit werden mussten, mal wollten sie die Macht und den Zauber des Saturns stehlen, indem sie in ihrem Blut badeten. Liest man die Märchen richtig, dann sieht man, was den eifersüchtigen Mars zu diesen Morden anstachelte. Drachen sammeln Schätze, das ist bekannt. Aber oft genug wird der Krieger im Hort des Saturns eher eine gut bestückte Bibliothek finden als einen vollen Safe, denn der Drache sammelt vor allem Wissen und nicht niedrige weltliche Güter. Gold und Edelsteine sind außerdem zeitlos wie der Saturn auch, der in Jahrhunderten denkt, und der Mars hat heute lieber Geld als altes Gold.

Mit den Jungfrauen hat es auch so seine Bewandtnis. So schrecklich andere den Saturn auch finden mögen, ausgerechnet die schönsten aller Jungfrauen folgen meist freiwillig den Zauberern und verteidigen den Drachen, wenn er angegriffen wird.

Dann folgt dem Ausrotten des Saturns die Erkenntnis, die auch alle Inquisitoren des Mittelalters schwer getroffen haben musste: Bei allen Verhören, bei allen Folterungen, selbst bei drohendem Feuertod konnten sie doch nie herausfinden, wie man an Magie kommt, wenn sie einem nicht von Geburt an gegeben ist ...

Ein anderes saturnales Fabelwesen ist der Vampir. Elegant gekleidet, flugfähig und nobel, sind sie die wahren Könige der Nacht, werden sie kreativ, einfallsreich und vergnüglich, wenn andere, rechtschaffene Bürger schlafen. Doch nächtliches Treiben machte zu allen Zeiten verdächtig, sodass ein nachtaktiver Forschergeist schnell in den Ruf eines Unholds kam. Hinzu kommt wieder die unerklärliche Anziehung auf hübsche Jungfrauen, was natürlich nicht mit rechten Dingen zugehen kann. Der perfide Vampir verführt die Jungfrauen nicht nur, er nährt sich auch noch von ihrem Blut, schlimmer noch, er macht sie zu seinesgleichen, womit der Akt der Verführung vollendet ist.

Sonnenmenschen und alle, die es gerne wären, wehren sich gegen diese Dezimierung ihrer Jagdgründe, indem sie, mit Pflöcken, Kreuzen (also der Macht der herrschenden Religion) und Knoblauch (der Macht des herrschenden Kleinbürgertums und Kleingeistes) ausgestattet, Jagd auf Nachtwandler machen. Diese müssen natürlich irgendwann auch mal schlafen, dekadent wie sie sind, am helllichten Tage, wo man sie dann mit dem bloßen Aufziehen von Vorhängen und der reinigenden Kraft der gelben Sonne zur Strecke bringen kann. Die Graf-Dracula-Legende hat zutiefst erzieherischen Charakter. Alle Schulen, alle Krankenhäuser und die meisten Unternehmen beteiligen sich heutzutage an der Vampirjagd und machen es kreativen Nachtmenschen unmöglich, in dieser Welt zu überleben. Wehe dem Saturn, der da keine ökologische Nische findet, die es ihm erlaubt, der morgendlichen Sonne zu entgehen.

Der Begriff »Morgengrauen« wurde von einem Saturngeborenen erfunden, der weiß, wie sich Neonlicht und Stechuhr morgens um sieben Uhr in der Herzgegend anfühlen: nämlich wie ein Pflock im Sarg!

Wesen und Wesensart des Saturns

Für jeden Saturngeborenen ist es zunächst ein Schock und gleichzeitig eine Chance, festzustellen, was er ist und warum. Im normalen Alltagsleben ist es dann angebracht, sich so gut wie möglich zu tarnen, wie das berühmte, ebenfalls saturnale Chamäleon es uns vorlebt. Nicht alle müssen wissen, was einem der Blick in den nächtlichen Sternenhimmel oder die Runensteine oder die Tarotkarten und Ähnliches verraten.

Bei der Partnerwahl muss sich Saturn von seiner Intuition leiten lassen, und die wird ihn oft genug vor einer falschen Verbindung warnen. Merkur ist eine fröhliche, lebendige Ergänzung, Sonne ein interessanter Widerpart, Mond das pure Gegenteil und darum gerade als Partner geeignet. Venus zuckt zurück, Mars wird aggressiv, Jupiter flieht entsetzt.

Saturnfrauen müssen auf ihre Fruchtbarkeit weitaus besser achten als andere, denn sie ist ihnen mangels weiblicher Hormone nicht von Natur aus gegeben, im Gegenteil, der Körper, besonders die Geschlechtsorgane, kann hier wegen geistiger Überbetonung zur Falle werden und sich sehr unangenehm bemerkbar machen. Ohne Mondzusatz wird es hier schwierig bis unmöglich.

Beruflich wird der Saturn alles können, was den Denkapparat beansprucht. Er wird immer unkonventionell denken, sich keiner Norm fügen und daher in Gruppen anecken. In latent magischen Berufen wie Medizin, Forschung oder

Kunst kann er gedeihen und seine Freiheit der Gedanken fruchtbar einbringen. Er macht im herkömmlichen Sinn keinen Unterschied zwischen Gut und Böse, was heutzutage nicht auffällt, da ohnehin die meisten amoralisch handeln. Schwarzmagie ist heute kein Thema mehr angesichts der Tatsache, dass die Forschung sogar die Herstellung von Homunculi (auf Neudeutsch: Embryonen- oder Stammzellforschung) befürwortet. Saturn kann sich also austoben.

In der Musik liebt Saturn die Extreme. Das ursprünglichste aller Instrumente, die menschliche Stimme, dient hierbei nicht nur zur Schaffung harmonischer Klänge, sondern auch zur gleichzeitigen Manipulation der Zuhörer. Außerdem findet er Gefallen an starken, harten, ursprünglichen Rhythmen, wie sie Naturvölker oder die wilden Rockmusiker der 70er-Jahre produzieren, an atonaler Musik von Mussorgski oder Honegger, bei der sich einem die Nackenhaare sträuben, kurzum Musik, die man mehr fühlt als hört, denn der Sinn des Saturns ist der berühmte namenlose sechste Sinn, der uns mit dem Unterbewussten verbindet, das allein quantitativ viel mehr speichert als das Bewusstsein.

Der Engel des Saturns wird Oriphiel genannt, der gleichzeitig auch der Beschützer der Natur ist.

Unter den Walküren finden wir Schwanhild, die einen Helm mit Schwanenflügeln trägt. Den germanischen Sagen zufolge besiegt Schwanhild am Ende aller Zeiten die Midgardschlange, die die Welt der Menschen umschlungen hält. Sie ist somit Bezwingerin des Dunklen, des Unbewussten und befreit die Menschen, die bis dahin keinen Zugang zu diesem Unbewusstsein hatten, vom Schleier der Unwissenheit. Außerdem erlöst sie die Menschen von den Beschwerlichkeiten ihres Daseins. Saturnfrauen, die ihre mangelnde Fruchtbarkeit mit dem Tod im Kindbett bezahlten, wurden von Schwanhild nach Walhall gebracht und selbst in Walküren verwandelt. Bei solch einer Aussicht verwundert es nicht, dass diese Walküre eine der beliebtesten unter den Göttertöchtern überhaupt war.

Saturnmenschen werden im besten Falle gegen Ende ihres Lebens weise, im schlimmsten Fall sind sie ängstlich, misstrauisch, träge, verlogen und für andere unzugänglich.

Saturnsignatur

Zahl	7
Intervall	Septime, Tritonus
Farbe	Grün, Schwarz, Violett
Metall	Blei
Mineral	Onyx, Olivin, Fluorit, Dioptas
Kraut	Nieswurz, Nachtschatten, Bilsenkraut, Stechapfel
Baum	Eibe, Holunder, Zypresse, Ilex
Tier	Schlange, Spinne, Fledermaus, Rabe
Fabeltier	Drache
Organ	Knochen, Haare, Zähne, Milz
Puls	rechter Fußknöchel
Sinn	Magnetismus
Instrument	Gesang
Wetter	Eis, Hagel
Engel	Oriphiel
Walküre	Schwanhild
Prominente Saturnmenschen	Klaus Kinski, Margaret Thatcher, Arnold Schwarzenegger, Stefanie von Monaco

DER UMGANG
MIT DEM GEBURTSHERRSCHER

Bei den meisten Menschen löst das Erkennen ihres Geburtsherrschers ein starkes «Aha-Erlebnis» aus. Wenige reagieren ungläubig oder gar entgeistert und unzufrieden. Trifft alles nicht zu, sagen sie dann und meinen fast immer die psychischen Aspekte der Analyse. In solchen Fällen kann man feststellen, dass der Betreffende sich ganz aktiv »unbewusst« um einen anderen Geburtsherrscher bemüht hat. Da findet man zum Beispiel einen berufsmäßig liebenswürdigen Diplomaten, der zur Verwirklichung dieses Ziels seine angeborenen Marseigenschaften unglaublich gezähmt hat. Oder eine Sonnenfrau, die sich unbedingt Kinder wünschte und daher ein komplettes Mondverhalten samt der dazugehörigen äußeren Erscheinung angenommen hat. Die Diskrepanz kommt zumeist nur auf der körperlichen Ebene zum Vorschein.

Der Marsmann hat vielleicht trotzdem hohen Blutdruck oder Magengeschwüre, während die Sonnenfrau trotz aller Mütterlichkeit Eierstockstockzysten statt Kinder bekommt.

Beim bewussten Wechsel eines Geburtsherrschers empfahl Paracelsus, bestimmte Amulette mit der Signatur des gewünschten Herrschers zu tragen. Umgekehrt dienen dieselben Amulette auch dazu, die eigene Natur zu stärken, wenn sie einmal erkannt wurde.

Abgesehen von den Amuletten kann man die Farbe der gewünschten Signatur tragen und mit den dazugehörigen Mineralien entsprechende Resonanzen einfangen.

Aber Vorsicht mit den Metallen! Nichts tritt mit den Himmelskörpern stärker in Resonanz als die Metalle. Das »falsche« zu tragen kann sich auf die entsprechenden Organe sehr negativ auswirken. Nur Gold ist als Arkanum für alle Menschen ab der Menopause empfehlenswert und Silber für alle Frauen bestimmten Alters, die sich Kinder wünschen.

Ganz allgemein ist es ratsamer, sich mit seiner Natur auszusöhnen und die dazugehörigen Stärken zu kultivieren und die angeborenen Schwächen im Auge zu behalten.

Wichtig ist auch, sich klarzumachen, dass eine komplexe Persönlichkeit von allen sieben Signaturen etwas braucht, schließlich haben wir ja auch alle sieben Sinne und alle sieben genannten Organe. Besonders wichtig sind die Gegenteile, also etwas Sonne für die Lunafrau, etwas Venus für den Marsmann etc., sonst wird man für sich selbst und seine Umgebung problematisch.

Im Laufe des Lebens nimmt die Ausprägung der Signatur kontinuierlich zu, deshalb sollte auch im gleichen Maße das Bewusstsein dafür zunehmen, damit das Zusammenleben mit anderen nicht unmöglich wird.

Die Sache mit den Schutzengeln sollte man auch nicht unterschätzen. Engel gehören in die monotheistische Welt, kommen bei Juden, Christen und Moslems gleichermaßen vor. In der Bibel erscheinen sie nicht selten, besonders gerne im Alten Testament, dort auch mit den Namen Cherubim und Serafim.

In den offiziellen Buchreligionen haben sie bestimmte Aufgaben und treten mit den Menschen nur zu ganz besonderen Anlässen in Kontakt, wenn sie eine wichtige Botschaft zu überbringen haben, wie etwa Gabriel an Maria oder an Mohammed. Dies sind jedoch Ausnahmesituationen und auch Ausnahmemenschen. Den anderen Sterblichen erscheinen sie zu Lebzeiten nie, sie sind aber als Führer der Seele nach dem Tod bedeutsam. Weder in der Bibel noch im Koran lassen sich Engel dazu bringen, durch Herbeirufungsrituale, farbige Kerzen oder ähnlichen Zauber für Menschen zu deren Lebzeiten in Erscheinung zu treten und die Rolle von Hauselfen zu übernehmen.

Der Glaube an persönliche Schutzengel ist sehr alt und sehr verbreitet. Meistens haben diese Mittler der Götterwelt aber die Eigenschaft, unsichtbar zu sein und nur in Aktion zu treten, wenn sie wirklich gebraucht werden.
 Es scheint mir sehr zweifelhaft, dass sie in jüngster Zeit zu schwatzhaften Klatschtanten heruntergekommen sein sollen, die ihre mehr oder weniger banalen Botschaften Hinz und Kunz übermitteln wollen, sobald jemand versucht, sie zu »channeln«.
 So etwas konnte nur deshalb passieren, weil ein Großteil der Menschheit sich erstens den Buchreligionen abgewandt hat und nicht mehr so recht informiert ist und zweitens ein Konsens entstanden ist, nach dem Engel als freundliche, ewig wohlwollende Lichtwesen auftreten und nur dazu da sind, den Menschen ihre Wünsche zu erfüllen.
 Was wohl der Schwert tragende Michael dazu zu sagen hat? Hat sich einmal jemand vorgestellt, dass man Engel auch reizen und ihren Zorn hervorrufen kann?

Noch vorsichtiger sollte man im Umgang mit Walküren sein. Die streifen auf der Suche nach Helden auf der Erde herum. Germanen glauben im Gegensatz zu Christen, dass die Götterwelt nicht notwendigerweise wohlwollend ist. (Die alten Ägypter glaubten das übrigens auch nicht.) Verärgerte Walküren sind hier nicht zu unterschätzen. Feiglinge, und das sind die meisten, haben von ihnen keine Gnade zu erwarten. Sie anzurufen sollte nur der wagen, der meint, vor ihrem kritischen Auge bestehen zu können.

DIE HIMMELSKÖRPER
IM STERNZEICHEN

Fast jeder kennt sein Sternzeichen. Somit kann man an den obigen Tabellen schon erkennen, welches Element und welche Qualität dazugehören, ob es sich um ein Taghaus oder ein Nachthaus handelt. Doch zur exakten Bestimmung der Signatur brauchen wir den Geburtsherrscher. Dieser lässt sich anhand eines Astronomieprogramms leicht ermitteln.

Mindestens ebenso einleuchtend ist aber das Studium der signaturbedingten Charakteristika, wie sie zuvor beschrieben wurden. Wer sich in einer Signatur wiederfindet, dann geschieht das nicht aus Zufall, sondern weil es Übereinstimmungen gibt, die Rückschlüsse auf den Geburtsherrscher zulassen.

Die Verwendung eines Astronomieprogramms ist auch nicht immer ganz so leicht. Nur im Idealfall findet man einen der sieben Himmelskörper im Sternzeichen oder in der unmittelbaren Nähe davon. Zwei Fälle sind schwieriger zu beurteilen:

1. Kein Himmelskörper erscheint.

In einem solchen Fall übernehmen oft Vertretersterne aus dem Fixsternhimmel die Funktion als Geburtsherrscher. Dafür braucht man die Spektralklassen aus Tabelle 2. Findet sich ein großer Sternhaufen, handelt es sich um einen Vertreter für Mond. Leuchtet im Sternzeichen ein großer Stern der Spektralklasse A, bedeutet dies einen Vertreter für Venus.

Wer keinen Geburtsherrscher unmittelbar im Sternzeichen hat, erwählt sich einen, wobei diese Wahl im Unterbewusstsein stattfindet. Anhand der Vorlieben und Abneigungen kann man dann herausfinden, welcher es ist.

2. Mehrere Himmelskörper stehen gleichzeitig im Sternzeichen.

Auch in diesem Fall hat das Unterbewusstsein denjenigen erkannt, der von Bedeutung ist, und ihn als Geburtsherrscher erwählt. Eine Wahl ist schon darum wichtig, weil der Geburtsherrscher ja auch einen Schutzengel bedeutet, auf den wohl keiner freiwillig verzichtet. Mit dem Erkennen des Geburtsherrschers bekommt der zuvor anonyme Schutzengel plötzlich ein Gesicht und einen Charakter.

Modulationsgesetzmäßigkeiten der Geburtsherrscher

Wie schon erwähnt, sind die Geburtsherrscher nicht in allen zwölf Sternzeichen gleich stark. Das Sternzeichen hat zwar keinen Einfluss auf die medizinischen Konsequenzen eines Geburtsherrschers oder die Resonanz mit Farben, Metallen oder Kristallen, wohl aber auf die charakterliche Ausprägung.

Ein Sonnengeborener wird in allen zwölf Sternzeichen als Zielorgan Herz und Auge haben und Gold brauchen, aber er wird im Löwen eine starke Herrscherpersönlichkeit sein, im Krebs dagegen eine eher sanfte Sonne, stark gefühlsbetont und viel verletzlicher und sensibler, als das sonst zur Sonne gehört. Das Element ist hier Wasser statt Feuer, und das Geschlecht hat von männlich zu weiblich gewechselt.

Viele Beschreibungen eines Sonnenmannes, geboren in seinem eigenen Haus Löwe, der somit zu den Archetypen zählt, passen folglich nicht zum konkreten Fall des Sonnenmannes im Krebs. Das Sternzeichen moduliert also den Charakter. Dabei folgen diese Modulationen immer gleichen Gesetzmäßigkeiten.

Viele Menschen kennen sich sehr gut aus, was die Eigenschaften von Sternzeichen betrifft. Zu einem brauchbaren Wissen wird dies, wenn man nun die Erkenntnisse über Geburtsherrscher und Sternzeichen zusammenfügt.

Der Gang der Himmelskörper durch die Sternzeichen entspricht einer Reise durch die psychologischen Möglichkeiten des menschlichen Charakters.

♈ Der HIMMELSKÖRPER IM WIDDER setzt sich stark durch. Er wirkt ungestüm, leidenschaftlich, oft auch sehr rücksichtslos. Das Zeichen hat energetisierenden Charakter.

- ☉ Sonne kann zur absoluten Führungspersönlichkeit werden, mit Begeisterung und Hang zum Risiko, aber auch wenig Rücksicht auf Schwächere.

- ☽ Mond ist hier stark. Da für jeden Mondgeborenen die Familie das Wichtigste ist, werden Haus und Familie mit Selbstbewusstsein und starker Liebe geführt.

- ☿ Merkur ist in diesem Zeichen kämpferisch und mit spitzer Zunge gesegnet. Er gilt hier auch als sehr eigenwillig.

- ♀ Venus steht hier im Exil. Sie ist von starker Durchsetzungskraft, liebt wild und leidenschaftlich, ist allerdings auch sehr streitsüchtig. Venusfrauen lieben starke Männer, Venusmänner fühlen sich zu starken Frauen hingezogen.

- ♂ Mars steht hier in seinem eigenen Haus, seiner Würde. Er ist impulsiv, energisch und ungeduldig. Er hat genügend Biss, um seine Ziele zu erreichen.

- ♃ Jupiter hat im Widder großen Ehrgeiz, aber auch große Fähigkeiten auf seinem Fachgebiet. Seine Ziele sind in diesem Zeichen oft eigennütziger als in anderen.

- ♄ Widder verleiht dem eher scheuen Saturn Kraft und Selbstbewusstsein. Die magischen Aspekte werden hier ohne Scheu ausgelebt.

♉ Der HIMMELSKÖRPER IM STIER sorgt für Beständigkeit und praktische Begabungen. Es hat bewahrenden Charakter.

- ☉ Sonne ist hier sehr konservativ und treu sowohl in Bezug auf Ideen als auch menschliche Beziehungen. Kreativität führt hier nicht zu Ausbrüchen aus dem System.

- ☽ Mond steht hier in seiner Erhöhung. Das bedeutet starke Sexualität und Fruchtbarkeit, aber eine etwas erstickende Mütterlichkeit.

- ☿ Merkur ist in diesem Zeichen weniger beweglich als anderswo. Sein Denken richtet sich mehr auf praktische als auf abstrakte Probleme.

- ♀ Venus ist hier meistens eher treu. Die künstlerischen und kunsthandwerklichen Begabungen werden hier voll entwickelt.

- ♂ Mars, hier im Exil, ist vernünftig und praktisch, aber keine Kämpfernatur. Er passt sich ungern an Veränderungen an, ist diszipliniert und ordentlich.

- ♃ Jupiter im Stier liebt Luxus und Prachtentfaltung. Er neigt dazu, seine Ziele zu sichtbar zu verwirklichen.

- ♄ Im Stier ist der Saturn besonders konservativ und halsstarrig. Er vergräbt sich gern in Büchern und alter Musik, fernab vom modernen Leben, lebt auch gerne fernab der Zivilisation.

♊ Der HIMMELSKÖRPER IM ZWILLING sorgt für geistige Beweglichkeit bis zu Unruhe und Unbeständigkeit. Das Zeichen hat mobilisierenden Charakter.

☉ Sonne ist hier sehr beweglich, was sich nicht nur im häufigen Ortswechsel oder intensiver Reisetätigkeit zeigen kann, sondern auch in geistiger Hinsicht. Neuartige Ideen und Projekte, die auch durchgesetzt werden können, gehören in diese Kombination.

☽ Mond verstärkt hier weniger die Gefühle als das rationale Denken. Diese Mondgeborenen sind untypisch. Sie sind weniger ortsgebunden und verbinden ihre Intuition mit intellektuellen Interessen.

☿ Merkur in seiner Würde steht für brillante Logik, das Sammeln und Weitergeben von Wissen und Ideen, allerdings auch für starke nervliche Anspannung und Unbeständigkeit, auch in seinen Beziehungen.

♀ Venus intellektualisiert hier seine Beziehungen, worunter die Gefühlsintensität leidet.

♂ Mars ist in diesem Zeichen mit vielen geistigen und praktischen Begabungen gesegnet, wodurch er sich oft zu viel zumutet oder aufgeladen bekommt.

♃ Bei Jupiter, hier im Exil, herrscht das analytische Denken vor. Enzyklopädische und systematische Tätigkeiten werden unter diesem Zeichen gerne durchgeführt. Im Extremfall ist es eine Flucht in einen Elfenbeinturm.

♄ Saturn betont hier gerne seine intellektuelle Überlegenheit und übt Nulltoleranz gegenüber Dümmeren oder Ungebildeten.

♋ Der HIMMELSKÖRPER IM KREBS wird gefühlsbetonter, aber auch ängstlicher. Das Zeichen hat sensibilisierende Wirkung.

- ☉ Sonne im Krebs wirkt arrogant, um seine Unsicherheit zu verbergen. Er sucht Geborgenheit in Liebe und Familie. Erhält sie beides nicht, kann sie verbittern.

- ☽ Mond in seiner Würde entspricht dem Archetypen der Mütterlichkeit. Alle Arten von häuslichen Fähigkeiten sind hier besonders ausgebildet.

- ☿ Das Denken des Merkurs wird hier von seinen Gefühlen beherrscht. Hier werden besonders poetische Talente entwickelt.

- ♀ Venus im Krebs braucht emotionale Geborgenheit, ist aber auch sehr besitzergreifend und kann nur schwer loslassen.

- ♂ Mars im Fall ist in seiner Durchsetzungskraft geschwächt, hat viel Fantasie und neigt zu starken Gefühlsausbrüchen.

- ♃ Bei Jupiter, hier in seiner Erhöhung, steht Mitgefühl im Vordergrund. Liebe wird gerne als romantische Ekstase erlebt.

- ♄ Saturn ist hier gefühlsbetonter als andere. Er wird versuchen, ein stabiles Heim zu gründen und dieses mit allen Mitteln zu verteidigen.

♌ Der HIMMELSKÖRPER IM LÖWE gewinnt an Wagemut und Ausdruckskraft, hat aber oft auch theatralische Seiten. Das Zeichen hat stärkende Wirkung.

- ☉ Sonne in ihrer Würde ist schöpferisch, stolz und großzügig, kann aber auch eitel und geltungssüchtig sein. Andere werden oft von ihr unterdrückt.
- ☽ Mond im Löwen gewinnt an Kraft, verliert aber an emotionaler Aufrichtigkeit. Vieles kann auch nur Schein sein, einschließlich des Selbstbewusstseins.
- ☿ Merkur in diesem Zeichen neigt noch mehr als andere dazu, zu schauspielern. Er hat hohe geistige Energie, die ihm auch dazu dient, andere zu täuschen.
- ♀ Venus im Löwen hat großen gesellschaftlichen Erfolg mit ausgebildetem Talent zur Selbstdarstellung, aber weniger Gefühl für andere.
- ♂ Mars in diesem Zeichen ist kreativ und beeindruckend, handlungsstark, aber leicht unpraktisch.
- ♃ Bei Jupiter wächst der Ehrgeiz ins Grandiose. Er will Erfolg und damit auch in der Gesellschaft wahrgenommen werden.
- ♄ Saturn, hier im Exil, ist kreativ und voller Selbstvertrauen. Seine Extravaganzen werden ausgelebt und auch gezeigt.

♍ Der HIMMELSKÖRPER IN DER JUNGFRAU wird praktischer und gleichzeitig umständlicher. Das Zeichen hat erdende Wirkung.

- ☉ Sonne in diesem Zeichen hat Organisationstalent und neigt zu Selbstaufopferung. Sie pflegen jedes Detail und sind gegenüber der Arbeit anderer sehr kritisch.

- ☽ Mond in der Jungfrau ist oft etwas schüchtern. Sie lieben Sauberkeit und gutes Benehmen. Für ihre Familie opfern sie sich rückhaltlos auf.

- ☿ Merkur neigt in diesem Zeichen zu Pedanterie. Er stellt seine Arbeitskraft hier gerne und aufopfernd für höhere Zwecke zur Verfügung.

- ♀ Venus in diesem Zeichen ist oft unsicher und voller Selbstzweifel, gleichzeitig aber sehr anspruchsvoll, was den Freundeskreis sehr einschränkt.

- ♂ Mars kann in diesem Zeichen gut mit Routine leben. Sie sind besonders geeignet für Arbeiten, die hohe Präzision erfordern.

- ♃ Jupiter, hier im Exil, strebt nach materiellem Gewinn und Selbstentfaltung durch praktische Arbeit.

- ♄ Saturn neigt zu harter Arbeit und zähem Festhalten an Idealen. Seine Selbstverwirklichung vollzieht sich im Verborgenen.

♎ **Die Himmelskörper in der Waage** suchen Ausgleich und Harmonie. Das Zeichen hat harmonisierende Wirkung.

☉ Sonne, hier im Fall, hat gute Umgangsformen und ein attraktives Erscheinungsbild. Sie machen sich zu sehr von der Meinung anderer abhängig.

☽ Mond in der Waage bemüht sich um Herstellung von Harmonie und ist äußerst konfliktscheu. Diese Menschen haben viel diplomatisches Geschick.

☿ Merkur ist in diesem Zeichen der geborene Vermittler und Streitschlichter. Um Frieden zu stiften, verzichtet er oft auf die Durchsetzung eigener Ziele.

♀ Venus in ihrer Würde ist der Liebe und Schönheit verpflichtet. Sie tritt mit Eleganz und Harmonie auf, kann allerdings mit Ablehnung nicht umgehen.

♂ Mars steht hier im Exil und hat weniger Durchsetzungskraft, die er hauptsächlich für die Schaffung von Eintracht und Frieden einsetzt.

♃ Jupiter benutzt seine intellektuellen Kräfte hier, um sie in den Dienst anderer zu stellen, vor allem für Frieden und Eintracht.

♄ Saturn steht hier in der Erhöhung und legt Wert auf stabile Partnerschaft, häusliche Harmonie und geistigen Austausch.

♏ Die HIMMELSKÖRPER IM SKORPION werden entschiedener, explosiver und gefühlsbetonter. Sie neigen dazu, sich selbst zu schaden. Das Zeichen hat tonisierende Wirkung.

☉ Sonne im Skorpion bedeutet, stark aus dem Unterbewusstsein zu reagieren, positive wie negative Gefühle voll auszuleben.

☽ Mond, hier im Fall, verschließt seine Gefühle vor anderen und wirkt oft reserviert bis streitlustig.

☿ Merkur entwickelt hier eine magisch-okkulte Seite und handelt stark aus dem Instinkt heraus. Sie stürzen sich auch gerne in Forschungsaufgaben.

♀ Venus im Exil entfaltet mystische Seiten und entwickelt starke Verführungskünste. Sie ist aufopfernd, aber auch extrem eifersüchtig.

♂ Mars in seinem Nachthaus baut auf seine Kraft, die aber nur aktiviert wird, wenn die Motivation entsprechend stark ist und eine emotionale Basis hat.

♃ Jupiter neigt hier ein wenig zur Rührseligkeit. In vielen Fällen entwickelt er starke Heilkräfte.

♄ Saturn hat hier gefährliche Seiten, weil er seine Tatkraft dazu verwenden kann, sich an denen zu rächen, die seine Gefühle verletzt haben.

♐ Die HIMMELSKÖRPER IM SCHÜTZEN sind sehr freiheitsliebend und wechselhaft. Das Zeichen hat befreiende Wirkung.

☉ Sonne im Skorpion begibt sich gerne auf spirituelle oder tatsächliche Wanderschaft. Bei aller Reiselust entwickelt sie trotzdem innere Stabilität.

☽ Mond in diesem Zeichen mag gar keine einengenden Bindungen. Zur Stabilisierung braucht er einen starken Partner.

☿ Merkur, hier im Fall, entwickelt zusätzlich zur Ratio eine starke Spiritualität. Seine Kommunikationsbegabung setzt er gern im Kontakt mit fremden Völkern und Kulturen ein.

♀ Venus im Schützen neigt zu sehr unabhängigen Liebesbeziehungen, die unter gar keinen Umständen einengen dürfen.

♂ Mars in diesem Zeichen stellt so hohe Ansprüche an seine Ziele, dass diese selten oder erst sehr spät erreicht werden. Unzufriedenheit ist oft die Folge.

♃ Jupiter in seiner Würde lebt hier seine Hinwendung zum Spirituellen aus und kümmert sich um geistige Vervollkommnung.

♄ Saturn benutzt hier seine Intuitionsgabe, um Kontakt zu Pflanzen und Tieren aufzunehmen oder auf Reisen fremde Völker und Kulturen zu verstehen.

♑ Die HIMMELSKÖRPER IM STEINBOCK werden intuitiver und vorsichtiger. Das Zeichen verbindet mit der Natur und der Mutter Erde.

- ☉ Sonne ist hier weniger unstet und reiselustig. Sie wird sesshaft und häuft auch gern Besitz an.

- ☽ Mond im Exil setzt in seinen emotionalen Entscheidungen stark auf Sicherheit. Er sucht Schutz und sucht diesen auch in Kontakt mit Bäumen oder Kräutern.

- ☿ Merkur in diesem Zeichen benutzt seine Intelligenz für praktische Ziele, die auch das Überleben seiner Familie einschließlich Haustieren und Garten garantieren.

- ♀ Venus in diesem Zeichen ist die Bewahrerin von Traditionen, alten Werten und gesellschaftlicher Stabilität. Die Zuneigung wird hier auch stark auf Haustiere ausgedehnt.

- ♂ Mars in seiner Erhöhung opfert sich auf, arbeitet zu viel und kennt keinerlei Leichtlebigkeit. Entspannung findet er nur in der Natur.

- ♃ Jupiter wechselt intellektuelle Tätigkeit mit praktischer Arbeit an Haus und Garten ab.

- ♄ Saturn in seiner Würde, im Nachthaus, lebt die Rhythmen der Natur und zieht die Dinge, die er braucht, durch seine Psyche magisch an.

♒︎ Die HIMMELSKÖRPER IM WASSERMANN zeichnen sich durch Sprunghaftigkeit aus. Das Zeichen macht instabil.

☉ Sonne im Exil neigt zu Exzentrik, die sehr im Gegensatz zu ihren Defiziten im Selbstbewusstsein stehen.

☽ Mond neigt in diesem Zeichen zu chaotischen Beziehungen und häuslichen Verhältnissen.

☿ Merkur betont hier seine geistige und tatsächliche Unabhängigkeit. In Diskussionen ist er gerne leidenschaftlicher Wortführer auch extremer oder unpopulärer Ansichten.

♀ Venus in diesem Zeichen neigt dazu, Beziehungen zu wechseln, wenn diese in Langeweile abzugleiten drohen.

♂ Mars ist hier sehr idealistisch, aber unpraktischer als sonst. Er ist der Einzige unter den Marsvertretern, der auch chaotische Verhältnisse erträgt.

♃ Jupiter benutzt seine geistigen Begabungen hier gerne zur Entwicklung neuer Denkmodelle.

♄ Saturn in seiner Würde, im Taghaus, braucht vor allem immer wieder neue intellektuelle Aufgaben und ist im Umgang mit Unwissenden gerne leicht autoritär.

♓︎ **Die HIMMELSKÖRPER IN DEN FISCHEN** werden empfindsamer und verträumt. Das Zeichen ätherisiert.

- ☉ Sonne ist hier in ihrer Entschlusskraft geschwächt und zieht sich gerne in Tagträume zurück. Sie engagiert sich gerne für karitative Ziele.

- ☽ Mond ist hier extrem verletzlich und versteckt sich gerne. Er ist mitfühlend und gastfreundlich.

- ☿ Merkur, hier im Exil, hat viel Fantasie und poetische Begabung, ist aber wechselhaft, launisch und hat Konzentrationsprobleme.

- ♀ Venus steht in diesem Zeichen in der Erhöhung, ist weltfremd und zutiefst romantisch. Schönheit und Ästhetik sind hier die Hauptziele.

- ♂ Mars ist hier kein starker Kämpfer, sondern eher ein romantischer Held. Im wirklichen Leben hat er Schwierigkeiten, sich an die tägliche Routine und Langeweile anzupassen.

- ♃ Jupiter, hier in seiner Würde, neigt zu Schwärmerei und Fantasterei, ist voller guter Absichten und sozialem Engagement.

- ♄ Saturn ist in diesem Zeichen scheu und vorsichtig infolge extremer Verletzlichkeit. Die spirituell-magischen Fähigkeiten werden sorgfältig vor der Außenwelt versteckt.

Eigenschaften im Wandel

Wenn man sich den Wandel der Eigenschaften eines Himmelskörpers im Verlauf eines Jahres ansieht, kann man sich vorstellen, dass auch die Signatur eines Menschen im Verlauf des Jahres sich in dem Maße verändert, wie die unterschiedlichen Sternzeichen durchlaufen werden.

Ganz abgesehen von Konjunktionen, Konstellationen und Aspekten, die hier nicht besprochen werden können, ist ein Marsgeborener sanfter im Hochsommer, zu Zeiten des Krebs, als im Frühjahr im Zeichen des Widders, wenn ohnehin die ganze Natur im Aufbruch ist und sogar die sonst so friedlichen Bäume »ausschlagen«.

Man erhält also durch das Studium des Geburtsherrschers in den verschiedenen Sternzeichen ein recht komplettes Gesamtbild eines Himmelskörpers.

Nahrung nach dem Geburtsherrscher

Wir haben bereits gesehen, dass bestimmte Vorlieben für Speisen und Getränke durchaus schon angeboren sind. Dem kann man noch hinzufügen, dass bestimmte Speisen und Getränke sogar eminent wichtig sind, um einen möglichst störungsfreien Stoffwechsel zu garantieren.

Das Thema Nahrung ist ohnehin ein wunder Punkt in den Gegebenheiten des modernen Lebens, aber dennoch lohnt es sich, die Besonderheiten, die mit dem Geburtsherrscher zusammenhängen, zu erwähnen.

Die folgende Liste fasst solche Nahrungs- und Genussmittel zusammen, die empfohlen werden, und solche, von denen abgeraten wird.

Geburtsherrscher und Nahrungsempfehlungen

Geburtsherrscher	Zu empfehlen	Besser weglassen
Sonne ☉	Zitrusfrüchte, Honig, Möhren, Rotwein	Kaffee, schwarzer Tee, Milch
Mond ☽	Fisch, Salate & Rohkost	rotes Fleisch
Merkur ☿	Pilze, Paprika, Chili	Sahne, Mehlsoßen
Venus ♀	Meeresfrüchte, Schnecken	Spinat, Hülsenfrüchte
Mars ♂	rotes Fleisch, Tomaten, Spinat	Meeresfrüchte
Jupiter ♃	Wild, Geflügel, Curry	Schweinefleisch, destillierter Alkohol
Saturn ♄	Kaffee, grüner Tee, Rohkost	Milch

Der Nahrungsspezialist Dr. Claude Lagarde hat herausgefunden, dass es sieben verschiedene Arten von Mangelerscheinungen gibt, wobei bestimmte Vitamine und Mineralien nicht genügend in den Stoffwechsel gelangen. Er entwickelte dann ein ganzes Programm, das diese sieben Karenzen wieder abdecken kann. Diese Methode wurde als *orthomolekulare Nahrungstherapie* eingeführt und weiterentwickelt.

Die stark alkaloidhaltigen Genussmittel Kaffee und schwarzer Tee sind Saturnpflanzen und können eigentlich auch nur von Saturngeborenen wirklich gut abgebaut und vertragen werden. Trotzdem sind diese »Drogen« in ganz Europa verbreitet und gehören mit vollkommener Selbstverständlichkeit vom Frühstück bis zum Abendbrot zum Leben dazu. Hier kann man sehen, welch starke Anziehungskraft der Saturn ausübt. Er wird zwar von allen gefürchtet oder verachtet, aber ein wenig »Verbotenes« möchte sich dann doch jeder noch so brave Bürger gönnen, und sei es nur im Unterbewusstsein durch das Trinken einer Tasse schwarzen Kaffees.

Die Einnahme von Alkaloiden war in Europa nicht verbreitet, bis die Spanier die Neue Welt eroberten. Fast alle Genüsse bzw. Laster, je nach Blickwinkel, stammen aus Südamerika, wie Schokolade, Tabak oder Kaffee. Hierzu kommen weitere Saturnpflanzen aus der Familie der Nachtschattengewächse wie die Kartoffel und die Marspflanze Paprika und die Tomate mit saturnaler (grüner) Jugend.

Bis dahin hatte man sich im Abendland mehr an die natürlichen *Paracelsus-Arcana* gehalten, als da wären Wein, Bier und Honigmet, während der Orient sich an Früchten und Drogen wie Marihuana und Ähnlichem berauschte. Nur wenige Eingeweihte gingen auf schamanische Extremreisen mithilfe von Fliegenpilzen, was nicht nur auf lange Sicht schädlich ist, sondern auch sofort tödlich enden kann.

Soviel ist jedenfalls klar, prinzipiell sucht jeder Mensch das Wohlgefühl, die Heiterkeit, den Rausch, um damit gegen Frust, Stress und das Gefühl der Ausweglosigkeit anzukämpfen. Hinweise auf gesundheitliche Schäden sind da ziemlich verschwendet. Sinnvoller sind hoffentlich der Hinweis auf die Auswahl der richtigen, signaturgerechten Mittel und die Erinnerung daran, dass jedes Arcanum richtig dosiert werden muss, während jedes Spiel mit dem Saturn ein Spiel mit der dunklen Seite ist.

Leider sind auch die Arcana nicht mehr das, was sie einmal waren. Bier wird außerhalb Deutschlands fürchterlich misshandelt, und der Rotwein darf inzwischen in einem Maße manipuliert werden, wie es noch vor zwanzig Jahren ganz undenkbar gewesen wäre. Hier gilt also strengste Kontrolle. Genussmittel sind nur dann ein Genuss, wenn sie echt sind, also keine Geschmacksverstärker, Schwefelzusätze oder sonstigen Konservierungsstoffe enthalten. Allgemein gilt aber immer noch, dass Bier heute mehr Vitamin B enthält als das Brot aus Fertigteig und Rotwein mehr Herzschutzmittel als jedes Pharmaprodukt, während echter Met besser für Diabetiker ist als jedes Getränk mit Zuckerersatzstoffen.

Unglücklicherweise können sich die meisten Menschen nicht mehr artgerecht ernähren. Wer nicht gerade einen eigenen Gemüsegarten hat, sein eigenes Brot backen kann und auch noch Biohühner bei sich frei laufen lässt, hat heutzutage nicht die geringste Chance, auf Dauer genug Vitamine und Spurenelemente abzubekommen.

Die industrielle Produktion von Nutzpflanzen, bei der ein Salat viermal so schnell wächst wie im Garten, führt dazu, dass das grüne Gewächs leider nur noch ein Viertel der Vitamine von einst liefert. Brot aus gefrorenem Fertigteig ist fast reines Substrat und völlig ohne Vitamin B, denn dieses kann erst durch Gehen mit Sauerteig aus dem Celluloseberg des Weizenmehls herausgezogen werden. Tiere, die kein Grünfutter mehr auf Weiden erhalten, können auch keine Spurenelemente oder Vitamine aus Grünpflanzen bereitstellen.

So hat also jeder Bewohner der Zivilisation irgendein Defizit, das Dr. Lagarde in seinem CHANBIO-System ermitteln und kompensieren lässt. Hierbei konnte gezeigt werden, dass die sieben Mangelerscheinungen den sieben Geburtsherrschern zugeordnet werden können, sodass man mit großer Wahrscheinlichkeit bestimmte Karenzen vorhersagen kann, die dann zu Krankheiten führen werden.

CHANBIO und Krankheitsbilder

C	H	A	N	B	I	O
Mangeltyp ungesättigte Fettsäuren	Hypoglykämisch	Sauer Demineralisiert	Neurodystonisch	Basisch Kolitisch	Vergiftet	Oxidiert
Asthma	Diabetes	Osteoporose	Stress	Magen	Leber	
Arteriosklerose						
Allergien	Migräne	Arthrose	Nerven	Darm	metabolisch	Infarkt
HNO-Probleme	Schwindel	Arthritis	Krämpfe	Galle	Syndrom	Alterung
Schleimhäute	Depression	Entzündung	Müdigkeit	Candida	Intoxikation	autoimmun

Die Geburtsherrscher lassen sich hierbei jeweils einem Syndrom eindeutig zuordnen. Allerdings kann man auch beobachten, dass durch die angeborenen Nahrungspräferenzen genau die Mangelerscheinungen ausgeglichen werden können, die auf den Geburtsherrscher zugetroffen hätten, sodass zumeist kein Mangel auftritt, sondern sich dies in sein Gegenteil wandeln kann.

So neigt zum Beispiel ein Marsgeborener nicht zu Eisenmangel, weil er sehr selten vegetarische Lebensweise wählt und lieber ein blutiges Steak verschlingt als grünen Salat. Dafür ist es wahrscheinlicher, dass ihm Magnesium fehlt, das er nur aus Pflanzen beziehen kann.

Mondgeborene dagegen können schnell eine Anämie entwickeln, da sie sehr viel mehr Wert auf Gemüse legen und Fleisch nicht gerne blutig mögen.

CHANBIO und Geburtsherrscher, Spurenelement- und Vitaminmangel

C	H	A	N	B	I	O
SYNDROMTYP						
Mangeltyp ungesättigte Fettsäuren	Hypoglykämisch	Sauer Demineralisiert	Neurodystonisch	Basisch Kolitisch	Vergiftet	Oxidiert
☿	☽	♄	♀	♂	♃	☉
MANGEL AN:						
Zink	Magnesium	Magnesium	Magnesium	Magnesium	Zink	Zink
Eisen	Iod	Mangan	Zink, Eisen	Molybdän	Selen	Mangan
Mangan	Chrom	Kupfer	Cobalt	Kupfer		
	Eisen	Calcium	Lithium	Selen	Phosphor	Silizium
KORRIGIERT MIT:						
Omega 3	Taurin	Chondroitin	Taurin	Inolin	Vit B6, B9	Vit C
Omega 6	Vit B1-9	Glucosamin	Vit B1-9	Polyphenole	Taurin	Vit E
	Tyrosin		Tyrosin	Glutamin	Methionin	Carotin
	Alliin			Sulphoraphan	Flavone	Vit B2

Um Mangelerscheinungen mit den dazugehörigen Krankheiten vorzubeugen oder aber schon bestehenden Krankheitsbildern durch den täglichen Speisezettel zu begegnen und damit eine Menge Chemie zu sparen, muss man natürlich wissen, in welchem Nahrungsmittel besagte Spurenelemente und Vitamine vorkommen.

Wer ganz sicher gehen will, den Inhalten der Zuchtpflanzen nicht und den Kunstzusätzen in Tetrapacks und Joghurtbechern noch viel weniger traut, kann jedem der aufgeführten Probleme auch mit speziellen Produkten von Nutergia® (aus Frankreich) oder anderen hochwertigen Nahrungsergänzungsherstellern begegnen.

Spurenelemente und Vitamine in der Nahrung

Antioxidantien	Kreuzkümmel, Brokkoli, Pfeffer
Alliine	Zwiebel, Knoblauch
Vitamin B1 Thiamin	Vollkorngetreide, Eigelb, Fleisch, Kartoffel
Vitamin B2 Riboflavin	Leber, Vollkorngetreide
Vitamin B3 Nicotinamid	Leber
Vitamin B5 Pantothenat	Fleisch, Eigelb, Milch
Vitamin B6 Pyridoxin	Vollkorngetreide, Kartoffel, Milch, Eigelb
Vitamin B8 Biotin	Vollkorngetreide, Leber, Eigelb
Vitamin B9 Folsäure	Vollkorngetreide, Eigelb
Vitamin B12 Cobalamin	nur aus tierischen Produkten
Vitamin C Ascorbinsäure	Kaviar, Paprika, Hagebutten, Sanddorn, Johannisbeere, Zitrusfrüchte, Acerola
Vitamin E Tocopherol	Olivenöl, alle grünen Gemüse, Rosmarin
Vitamin »Q« Ubichinon	Darmflora, Joghurt
Carotin	Möhren, Feldsalat, Tomaten, Petersilie
Chondroitin	Eisbein, Schweinepfote, Hai, Rochen

Flavone	Rotwein, Tee, Hopfen, Mais, Rosen
Glucosamin	Eisbein, Schweinepfote, Hai, Rochen
Glutamin	Feigen, Pflaumen, Apfel, Johannisbrot
Inolin	Kohl, Senf, Paprika, Radieschen
Methionin	Knoblauch, Rettich
Omega 3	Sardine, Hering
Omega 6	Königskerze, Borretsch, Lachs, Thunfisch, Leinsamen
Polyphenol	Ananas, Papaya, Rotwein
Silicium	Lavendel, Algen, Kieselerde
Sulforaphan	Brokkoli
Taurin	Austern
Tyrosin	Chili, Paprika

Ein großer Faktor bei der Entwicklung von Mangelerscheinungen ist allerdings nicht nur die defizitäre Qualität unserer Nahrungsmittel, sondern auch oder gerade der Faktor Stress, der bewirkt, dass die Vitamin- und Spurenelementvorräte aufgezehrt werden.

Angesichts von Stress gibt es drei Reaktionsmöglichkeiten, während das Adrenalin in den Adern kreist.

1. ANGRIFF als Extremform der Verteidigung: ☉ ♂ ♃

2. ERSTARREN und nicht reagieren: ♄

3. WEGLAUFEN und sich dem Problem nicht stellen: ☽ ☿ ♀

Die Geburtsherrscher Sonne, Mars und Jupiter neigen zur ersten Reaktion, Mond, Merkur und Venus zur zweiten. Für Saturn ist Erstarren und Einfrieren typisch.

Jede dieser Reaktionen ist normal und richtig bei akuter Bedrohung, wird aber bei Dauerstress zum Problem, wenn der Körper sich vom Daueradrenalinausstoß nicht mehr erholen kann. Im Extremfall wird die Entwicklung von Krebsleiden sehr begünstigt.

Wie Paracelsus schon sagt, stellt die Natur aber immer etwas in unserer Umgebung bereit, was die dort auftretenden Leiden lindert. In unserem Fall heißt dies, dass es Nahrungsmittel gibt, die antioxidierend und zellschützend wirken und als *Krebskiller* gelten. Da nun nicht alle das Gleiche mögen, sei hier eine Auswahl passend zu den Geburtsherrschern angeboten.

Geburtsherrscher und Krebskiller

Sonne ☉	Zitrusfrüchte	Trauben	Möhren
Mond ☽	Soja	Knoblauch	Sellerie
Merkur ☿	Pilze	Gelbwurz	Radieschen
Mars ♂	Erdbeeren	Tomate	Broccoli
Venus ♀	Sesam	Sauerkraut	Krustentiere
Jupiter ♃	Ingwer	schwarze Schokolade	Nüsse
Saturn ♄	grüner Tee	Avocado	Kaviar

Ein besonderes Bonmot aus der Zeit des Paracelsus spiegelt erstaunlicherweise exakt wider, was sich in der Medizin von heute immer noch abspielt. Mancher Apotheker hat sich schon im Mittelalter einen Palast bauen können, indem er besonders exotische Mittel für verzweifelte Kranke anbot, man denke nur an das *Einhornpulver* gegen Erektionsschwäche. Den Jackpot hielten hierbei die Fugger mit der Einfuhr von Guajakholz, das sie als Mittel gegen die Pest verkauften.

Lustigerweise ist diese von Paracelsus angeprangerte Dauerlachnummer, damals schon vollkommen unsinniges Zeug, immer noch als homöopathisches Mittel erhältlich.

Viele homöopathische Lehrbücher bestehen heute zur Hälfte aus Heilpflanzen, die aus Amerika, Kanada, Asien oder Afrika kommen. Ebenso wie die Menschen ja auch gerne Sternfrüchte, Litschis und Guaven essen, so meinen sie, mit Umckaloabo und Teebaumöl besser zurechtzukommen als mit Aconitum oder Belladonna. Für Europäer ist die Arbeit mit den Exoten schon darum nicht empfehlenswert, weil man die Pflanze nicht kennt und sich ihre Signatur also gar nicht erst vorstellen kann. Nun gibt es leider inzwischen eine große Anzahl Ärzte und Heilpraktiker (und täglich werden es mehr), die sich gar keine Pflanze mehr vorstellen kann. Ihnen kann dann auch egal sein, woher ihr verschriebenes Mittel kommt, für die Heilung ist dies aber ganz und gar nicht egal.

Laut den Überlieferungen der Alchemisten ist die Verwendung von Exoten überflüssig. Unsere direkte Umgebung liefert, was wir brauchen gegen die Krankheiten, die unsere Umgebung produziert.

So sind nach alchemistischer Erkenntnis gerade Kräuter, die unter einem Strommast wachsen, genau das Mittel für Kinder und Erwachsene, die aufgrund elektromagnetischer Felder erkrankt sind. Was in unserem Garten wächst, hat die maximale Heilkraft für uns, die wir dort leben.

In diesem Sinne ist es sehr sinnvoll, ein eigenes Kräuterbeet zu pflegen oder wenigstens ein paar Pflanzen in Kästen auf dem Balkon zu ziehen.

Die Signaturen der Kräuter und Gewürze werden wie folgt erläutert:

Fast alle Kräuter und Gewürze haben antioxidierende Wirkung und sind geeignet, *freie Radikale* wegzufangen, also jene Moleküle im Gewebe, die nach Meinung heute forschender Krebsspezialisten einen nicht unbedeutenden Anteil an den Ursachen von Krebsleiden ausmachen. Kräuter und Gewürze waren nicht umsonst immer schon sehr teuer und kostbar. Es ist nach wie vor sinnvoll, seine Mahlzeiten mit ihnen zu gestalten, und das nicht nur wegen des guten Geschmacks.

Küchenkräuter und Gewürze

Himmelskörper	*Kräuter*	*Gewürze*
Sonne ☉	Zitronenmelisse	Curry
Mond ☽	Knoblauch, Zwiebel, Schnittlauch	Salz, Safran
Merkur ☿	Dill, Thymian, Majoran	Pfeffer, Paprika, Chili, Senf, Kardamom
Venus ♀	Basilikum, Kerbel	Vanille, Zimt, Sesam, Anis
Mars ♂	Wacholder	Kümmel, Nelken, Terebinthen
Jupiter ♃	Lorbeer	Kreuzkümmel, Ingwer
Saturn ♄	Salbei	Muskatnuss

DIE WOCHENUHR

Zur Tagesgestaltung kann Harmonie mit dem Rhythmus der Himmelskörper ungeheuer hilfreich sein, denn Einklang mit dem Universum ist kein Luxus, den sich nur Rentner leisten können, sondern ein sehr einfacher Weg zur Zufriedenheit mit sich und der Welt. Dass Harmonie gesünder macht, muss hierbei gar nicht mehr besonders erwähnt werden.

Unsere Zeiteinteilung spiegelt den Aufbau des Sonnensystems wider. Wir teilen die Woche in sieben Tage, wobei jeder Tag einem Himmelskörper zugeordnet ist. Um positive Resonanzphänomene zu erzeugen, muss man nur etwas tun, was zum Tagesregenten gehört.

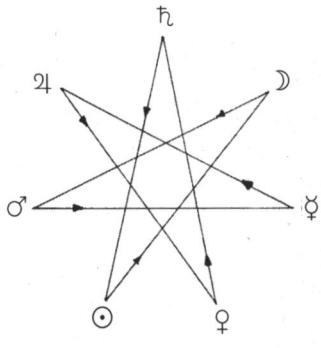

Siebenstern

Einen Tag komplett nach den Himmelskörpern auszurichten scheint ein Ding der Unmöglichkeit, aber die wenigen Stunden des Tages, die man zur freien Verfügung hat, kann man durchaus individuell verschieden gestalten. Sollte sich jemand allerdings in der Situation von erzwungener Arbeitslosigkeit befinden, so kann er den Wochenplan zu seinem eigenen Heil noch viel besser verwerten. Arbeitslosigkeit würde dann zur Chance, besser und gesünder zu leben, statt nur ein Unglück zu sein.

Vorab sei erwähnt, dass auch die Stunden des Tages den Himmelskörpern zugeordnet werden. Da es sich um einen Wechsel von sieben handelt, fallen die Himmelskörper jeden Tag auf andere Stunden, und ohne eine Tabelle ist es fast nicht möglich, sich daran zu erinnern.

Planetenstunden zu ermitteln macht Sinn für jemanden, der wissen will, ob eine Krankheit sich spezifisch diese Stunden aussucht, um besonders ärgerlich in Erscheinung zu treten, ähnlich der chinesischen Organuhr.

In diesem Fall wäre es sinnvoll, die Medikation auch genau zu solchen Zeiten einzunehmen. Schmerzattacken oder Depressionsanfälle fallen gerne auf die Planetenstunden eigener Signatur. Da das Auftreten solcher Episoden nicht so regelmäßig ist wie die chinesische Organuhr, wo zum Beispiel die Leber immer zur gleichen Zeit drückt, wird oft erst gar nicht erkannt, dass es sich um einen Rhythmus handelt, geschweige denn welchen.

Hat man etwas Besonderes vor, zum Beispiel ein magisches Ritual, dann sind auch hierfür die »eigenen« Stunden besonders geeignet.

Als Regel kann man sich merken, dass zum Tag des Himmelskörpers die 3. und 10. Stunde gehören.

Zuordnung der Stunden des Tages zu den Himmelskörpern

Std.	Sonntag	Montag	Dienstag	Mittwoch	Donnerstag	Freitag	Samstag
1	Jupiter	Venus	Saturn	Sonne	Mond	Mars	Merkur
2	Mars	Merkur	Jupiter	Venus	Saturn	Sonne	Mond
3	Sonne	Mond	Mars	Merkur	Jupiter	Venus	Saturn
4	Venus	Saturn	Sonne	Mond	Mars	Merkur	Jupiter
5	Merkur	Jupiter	Venus	Saturn	Sonne	Mond	Mars
6	Mond	Mars	Merkur	Jupiter	Venus	Saturn	Sonne
7	Saturn	Sonne	Mond	Mars	Merkur	Jupiter	Venus
8	Jupiter	Venus	Saturn	Sonne	Mond	Mars	Merkur
9	Mars	Merkur	Jupiter	Venus	Saturn	Sonne	Mond
10	Sonne	Mond	Mars	Merkur	Jupiter	Venus	Saturn
11	Venus	Saturn	Sonne	Mond	Mars	Merkur	Jupiter
12	Merkur	Jupiter	Venus	Saturn	Sonne	Mond	Mars

Montag

Der Montag ist der Tag des Mondes und des Elements Wasser. Direkter Kontakt mit diesem Element ist an solchen Tagen ideal.

Wer kann, suche ein Schwimmbad auf, gehe ans Meer oder an einen See oder nehme ein entspannendes Vollbad mit Salzen und Kräutern, ein richtiges Verwöhnbad also.

Ein Spaziergang zu einem Fluss, einem See oder ans Meer kann einem dieses Element auch psychisch wieder nahebringen. Man hat Zeit, der Musik, die das Wasser macht, zu lauschen, das Leben zu beobachten, das Wasser hervorbringt oder beherbergt. Man kann Enten und Schwäne füttern, wozu man zuletzt als Kind Zeit und Muße hatte.

Wer das Haus kaum verlassen kann, sollte sich von seiner Familie einen kleinen Zimmerbrunnen wünschen. Auch hier erzeugt das Wasser eine wohltuende friedliche Musik.

Regenwetter ist gut für die bürogestresste, oft zu trockene Haut. Wer bei Regen absolut nicht vor die Tür mag, dem bleibt eine Runde im Sessel auf dem Balkon oder der Terrasse. Gut eingepackt gefahrlos dem Regen zu lauschen ist sicher nicht verkehrt, jedenfalls allemal besser, als sich über das schlechte Wetter zu ärgern.

Das *Mondorgan Ohr* freut sich auch darüber, ein paar Leckerbissen zu bekommen. Wie wäre es mit einer Lieblings-CD oder gleich einem Konzertbesuch? Besonders abends, wenn das Tageslicht fällt, kann das feine Gewebe aus Klang und Harmonie die Sinne beruhigen und inneren Frieden herstellen wie sonst fast nichts auf der Welt.

Mond bedeutet Fruchtbarkeit. Sich um den Nachwuchs zu kümmern, mit den Kleinen zu spielen, sie auf den Regenspaziergang mitzunehmen ist bestimmt die beste Art, den Tag des Mondes abzuschließen.

Und auch für die, deren Früchte inzwischen herangewachsen sind oder sogar ihrerseits wieder Früchte hervorgebracht haben, bleibt die Bedeutung der Familienbande natürlicherweise lebenslang erhalten, die Sehnsucht nach Familienkontakt kann sogar im Laufe der Zeit eher wachsen als verkümmern. Doch gerade der Familiensinn ist der wunde Punkt, je weiter man sich vom Mittelmeer entfernt. Da werden von allen Seiten viele unnötige Fehler gemacht.

Ein Gespräch mit den Eltern oder Großeltern oder aber wenigstens einem der herangewachsenen Kindern oder Enkel ist sicherlich geeignet, um einen langen Wochenanfang zu meistern. Aber Vorsicht: Der Montag ist gleichzeitig der stressreichste Tag für die arbeitende Bevölkerung! Man macht sich also sicherlich nicht beliebt, wenn man früh morgens zum Telefon greift und den Sohn aus einer Konferenz reißt. Aber abends nach den Nachrichten wäre eine kleine Anfrage »Wie geht es dir so am Wochenanfang?« sicherlich nicht ganz so falsch.

Ältere Menschen haben einen dehnbareren Zeitbegriff als jüngere, gleichzeitig aber hängen sie stärker an fest geregelten Lebensrhythmen. Ältere Menschen freuen sich also nicht über Anrufe oder Besuche zum Mittagsschlaf oder wenn für sie schon Nachtruhe herrscht, andererseits beachten sie zu wenig, wann die maximale Stresszeit bei ihren arbeitenden Sprösslingen sein kann.

Ganz allgemein gilt für Anrufe innerhalb der Familie eine wichtige Regel: Nachdenken, was die anderen gerade tun, und einen Zeitpunkt wählen, der passen könnte. Morgens, wenn alle zur Schule, Uni oder Arbeit hechten, ist sicherlich schon mal ganz schlecht. Noch übler kommen Anrufe am Wochenende morgens um acht an, wenn die Jugend endlich einmal ausschlafen könnte. Ganz anders der späte Nachmittag, wenn alle wieder zu Hause sind und der Abendbrotrummel noch nicht begonnen hat. Auch nicht schlecht zwischen 22.00 und 23.00 Uhr, wenn man weiß, dass die Kinder Nachteulen sind.

Ältere Menschen freuen sich wiederum nicht so recht, wenn man sie aus der Siesta herausreißt, andererseits sind viele schon so sehr daran gewöhnt, dass man sich gar nicht um sie kümmert, dass sie liebend gern ihre Siesta unterbrechen würden …

Dienstag

Dienstag ist der Marstag, der für den Kampf reserviert werden sollte.

Erster und schlimmster Gegner: der eigene Körper. Der eine ist unzufrieden mit der Figur, der andere ärgert sich über die erzwungene Unbeweglichkeit während der Arbeit, bei Älteren kommen noch medizinische Probleme hinzu. Die Gelenke haben Arthrose und/oder Arthritis, die Organe arbeiten nicht mehr so effizient wie früher, was zu einer entsprechenden Medikamentenliste geführt hat.

Doch vergessen wir nicht, was Paracelsus gesagt hat. Der Geist ist stärker als der Körper. Wir bewegen unser Skelett mit dem Willen. Das Bewusstsein unseres Alters spielt uns dabei einen bösen Streich, weil wir glauben, dass das Siechtum unbedingt dazugehören muss. Das ist aber nicht wahr. Wir brauchen Krankheit nicht, um ein Gesprächsthema mit Gleichaltrigen zu haben. Wir können ein Leben lang gesund und leistungsfähig sein, wenn wir das wollen. Der Körper kann und soll unserem Geist gehorchen. Er braucht ein wenig Training, aber mehr auch nicht.

Wenn schon nicht den Rest der Woche, so sollte der Dienstag ein Tag sein, an dem der Körper Bewegung bekommt. Wer keinen Sport leisten kann oder will, sollte wenigstens spazieren gehen, an die frische Luft oder sonst etwas tun, was die Knochen vom Sofa holt. Auch Einkaufen ist gut, schließlich ist es immer ein gutes Gefühl, Beute mit nach Hause zu bringen, und seien es nur die Sonderangebote und Schnäppchen im Supermarkt.

Natürlich kann man auch den Hausputz als Bewegung ansehen und die Spinnweben, Pilze und Bakterien als persönliche Gegner betrachten und mit scharfen Putzmitteln bekämpfen. So richtig zur Muskelentspannung trägt das aber nicht bei, weshalb dieser Art Anstrengung doch wenigstens der Spaziergang zur Entlastung der staubgeschädigten Lungen folgen sollte.

Anschließend kann man das *Marsorgan Nase* zu seinem Recht kommen lassen. Nicht jeder hat den ausgeprägten Geruchssinn der Marsgeborenen, aber die Duftkerzen und Aromalampen sind heute so intensiv, dass sie trotzdem wahrgenommen werden. Für Männer eignet sich aber sehr viel besser die gute alte Pfeife oder eine Zigarre. Tabak entspannt, auch wenn das Rauchverbot diesen Genuss schon in die Ecke des Obszönen gerückt hat. Auf dem eigenen Balkon wird jedoch niemand davon belästigt, nicht einmal die eigenen Gardinen.

Eine viel zu wenig genutzte intellektuelle Freude, die so richtig geeignet ist, einen Marstag abzurunden, ist unser Bürgerrecht auf Protest.

Da laufen grottenschlechte, moralisch verwerfliche oder geisttötende Serien und Shows im Fernsehen, die von perfiden Machthabern mit dem Ziel ausgedacht zu sein scheinen, den IQ der Bevölkerung drastisch abzusenken. Was täten die Sender, wenn nur jeder zehnte Bürger empörte Leserbriefe an den Sender schriebe? Ärgern tun sich fast alle über das Programm, aber es fehlt an Energie und Zeit, um sich um vernünftig formulierten Protest zu kümmern.

Doch wer noch genug Initiative hat, sich in Streitereien mit Nachbarn zu engagieren, der könnte diese auch dazu verwenden, gegen solche viel übleren Missstände aufzubegehren. Leider ist es den meisten Bürgern eher gegeben, sich in Streitereien um die Klavierstunden oder das Rasenmähen zu verlieren. Das ist gut für die Regierungen, nur so können sie gefahrlos Waffen produzieren, Renten kürzen und Sozialleistungen zur Farce verkommen lassen.

Ein anderer Aspekt des Marstages ist das Prinzip Ordnung und Disziplin. Sind da nicht schon wieder Berge von Papier auf dem Schreibtisch in irgendeiner dunklen Ablage, die irgendwie dringend mal der Ordnung bedürfen? Und die Fotodateien nehmen auf dem Computer ungeordnet und völlig chaotisch zwar schon mehrere Megabytes ein, möchte man aber seinen Freunden die letzten Urlaubsfotos zeigen, sind diese garantiert nicht zu finden. Auch für Leute, die etwas sammeln, seien es Mineralien oder Briefmarken, ist der Dienstag der prädestinierte Tag, um ohne Frust und erfolgreich durch die zu ordnenden Berge zu pflügen.

Mittwoch

Ein ganz anderer Tag ist seiner Natur nach der Mittwoch. Merkur ist der Gott der Kommunikation. An einem solchen Tag braucht man mehr als nur Selbstgespräche. Hier sollten Freundschaften wieder aufgewärmt, Telefonate geführt, Briefe geschrieben und Nachbarn besucht werden. Da der Mittwoch für alle der Merkurtag ist, kommt es an diesem Tag auch besser an als sonst.

Was für Frauen der Plausch im Café ist, sei den Männern in Form von Kneipenbesuchen nachgesehen. Es ist ganz gleich, wo und wie man sein Kommunikationsbedürfnis auslebt, Hauptsache, man tut es.

Bei vielen sehr alten Menschen hat man sehr oft das Gefühl, dass sie nicht an organischen Leiden sterben, sondern an Einsamkeit und geistiger Verarmung, letztendlich Kommunikationsmangel.

Berufstätige glauben, durch den täglichen Kontakt mit Mitarbeitern sei das Kommunikationsbedürfnis ausgelastet. Aber stimmt das wirklich? Doch nur dann, wenn wir uns für die Kollegen wirklich interessieren und den Kontakt nicht auf reine Höflichkeitsworthülsen begrenzen.

Mittwoch ist kein Tag zum Labern, sondern für echten Austausch, für Interesse an anderen und Preisgabe von persönlichen Aspekten aus dem eigenen Leben.

Eine besonders gelungene Form der Kommunikation ist gemeinsames Essen. Viele alleinstehende Menschen mögen den Aufwand nicht mehr leisten, denn es bedeutet, für sich allein eine anständige Mahlzeit zuzubereiten. Warum lädt man nicht eine ebenso einsame Freundin ein, oder den Witwer vom dritten Stock? Natürlich sind Renten immer knapp bemessen, und viele scheuen die Zusatzausgaben, aber man kann sich doch abwechseln. Essenseinladungen außer Haus sind schier unbezahlbar, aber Kartoffeln kochen, Salat zubereiten und ein Stück Fleisch dazu braten ruiniert niemanden. Der Gewinn aber ist unbestreitbar. Man hat etwas Schönes vor, muss sich schon beim Einkaufen Gedanken machen, der ganze Tag sieht schon anders aus, bei der Aussicht auf eine gemeinsame Mahlzeit statt des einsamen Brötchens …

Kochen für Berufstätige ist ein noch viel größeres Problem, da der Arbeitstag für so etwas keinen Raum lässt. Es bleibt nur der Abend, und auch da muss es bei den meisten Menschen schnell gehen. Mahlzeiten aber, deren Zubereitung weniger als 45 Minuten gebraucht haben, sind vom Gesundheitsaspekt her mehr als verdächtig. Die eingesparte Zeit kann nur durch Chemie wettgemacht werden und das bedeutet: vorgeschnittene Salate, Fertigsoßen, Mikrowellengerichte, Dosen oder Tiefkühlkost mit fertiger Panade und fertigen Füllungen, und das Ganze verfärbt, konserviert und geschmacksverstärkt mit einer ganzen Armada von E-Zusätzen, deren unappetitliche Formeln im besten Fall nur gesundheitsschädlich, im schlimmsten Fall krebserregend sind.

Der Mittwoch also sollte der Tag sein, an dem man dem Fertigmüll Schach bietet, sich die Schürze umbindet und wenigstens eine Stunde in der Küche zubringt. Kochen ist eine Merkurtätigkeit, die zu beiden Geschlechtern passt. Immer mehr Männer haben diesen Raum für sich entdeckt und überraschen ihre neue Bekanntschaft mit einem Candle-Light-Dinner zu Hause.

Das ist aus vielen Gründen empfehlenswert. Merkur ist schließlich nicht umsonst für seine Verführungskünste berühmt. Das kann man auch mit anderer Signatur erlernen. Der Merkurtag wird helfen, dass es auch gelingt und keine Katastrophen im Backofen den Abend zum Desaster werden lassen.

Eine andere wichtige Tätigkeit, vor allem für ältere Menschen, ist der Arztbesuch. Da dieser Beruf ohne Kommunikationstalent, mit Ausnahme der Chirurgen, die meist zum Mars gehören, nicht auszuüben ist, sind die meisten Ärzte unter dem Merkur geboren. Natürlich sind diese an ihrem Tag besonders empfänglich für die Sorgen anderer oder im Fall von echten Heilern mit besonders starken Kräften ausgestattet. Es erscheint daher geradezu widersinnig, an vielen Praxen zu lesen: Mittwoch Ruhetag.

Da fehlt eben das alchemistische Wissen um die Zusammenhänge des Universums.

Suchen Sie einen, der mittwochs arbeitet, dann ist die optimale Zusammenarbeit zwischen Arzt und Patient gewährleistet. Und im Wartezimmer ist es auch lustiger, weil dort die Kommunikationsbereitschaft schon beginnt.

Ein Arzt, der sofort zum Stift greift und ein Medikament aufschreibt, ohne mehr als ein paar Sekunden aufzublicken, wird allerdings hier kaum Hilfe bringen. Wenn er keine Zeit hat bzw. dank unseres Gesundheitssystems keine Zeit haben darf, seinen Patienten abzutasten, anzusehen und anzuhören, kann man sich den Besuch sparen. Die Chemie kann nicht retten, was die Einstellung des Patienten zum Leben versaut hat, denn vergessen wir nicht: Es gibt keine Krankheiten, es gibt nur kranke Menschen, und um die muss man sich kümmern.

Hier kann der Patient eine ungeheure Eigenarbeit leisten, denn es liegt ja schließlich in seinem ureigensten Interesse, gesund zu sein. So zumindest denkt man gemeinhin, und so ist auch die Gebührenordnung für Ärzte aufgebaut.

Die allererste Frage, die sich Menschen schon vor dem Arztbesuch stellen sollten, ist aber die scheinbar absurde: Will ich denn wirklich gesund sein? Wenn nicht (und das ist aus zahlreichen Gründen viel häufiger der Fall, als man gemeinhin annimmt), kann der Arzt nur helfen, wenn er an der Grundeinstellung seines Patienten etwas zu ändern vermag, also durch Kommunikation statt Geräten oder Analysen. Solange aber der Arzt für eine Konsultation 3,00 Euro abrechnen darf, so lange bleibt Heilung statt Medikamentenkonsum eine echte Utopie und fällt unter die Aufgaben des Dienstags.

Donnerstag

Der Tag des Jupiters sollte seiner Natur nach höheren Dingen gewidmet sein. Jupiter steht für Gerechtigkeit und Ausgleich. Protestiert man dienstags am besten *gegen* etwas, so ist der Donnerstag ein Tag, um sich *für* etwas zu engagieren. Es ist hierbei gar nicht so bedeutend, wofür man sich konkret engagiert, für den Tierschutz, für einen Kunstverein oder für die Orchideenzucht, wichtig ist nur, dass es etwas ist, was auch anderen zugutekommt und mit kleinlichen Alltagsproblemen nichts zu tun hat.

Es erinnert uns daran, dass wir nicht allein auf der Welt sind, dass es noch andere Geschöpfe gibt, die vielleicht nicht einmal unserer Spezies angehören, wie zum Beispiel bedrohte Tiere und Pflanzen, und dass es andere Menschen gibt, denen es ohne eigenes Verschulden sehr viel schlechter geht als uns.

Darüber hinaus kann die Ausübung oder Förderung von Kunst Balsam für die eigene Seele sein. Auch wenn wir selbst mit dem Pinsel keine gerade Linie ziehen könnten oder noch nie ein Instrument gespielt haben, so erkennen wir alle Schönheit und Harmonie, wenn sie uns begegnet.

Meistens leben aber gerade die Schöpfer und Besitzer solcher Talente in eher sehr bescheidenen Verhältnissen, die nur den wenigsten ein Überleben garantieren. Hier fördernd einzugreifen und Mäzenatentum zu betreiben wie einst die Fürsten der Renaissancehöfe ist sicher nur den wenigsten finanziell möglich, aber jeder Besuch einer Ausstellung, eines Konzerts oder einer Lesung ist schon ein Akt der Anerkennung und somit eine tatkräftige Hilfe für die Künstler und gleichzeitig für uns selbst.

Eine andere wichtige Form der Ausübung von Gerechtigkeit ist auch Großzügigkeit gegenüber Familienmitgliedern, die es verdient haben.

»Ich gebe lieber mit warmen Händen«, pflegte die Großmutter meines Mannes zu sagen, womit sie ihrem Enkel eine Zukunft ermöglichte, die er sonst niemals gehabt hätte.

Was ältere Menschen sich oft nicht vorstellen können, ist die Sentimentalität ihrer Enkel. Ein Schmuckstück, das die Großmutter getragen hat, hat einen ganz anderen Stellenwert als alles, was man sich später für Geld kaufen kann. Selbst wenn die Enkelin zurzeit im Punklook herumläuft und sich mit Eisenpiercing verziert, der Tag wird kommen, an dem sie die Korallenkette tragen wird, lange nachdem die Großmutter das Zeitliche gesegnet hat.

Erbstücke sind Bindeglieder zu den Vorfahren, die auch dann noch funktionieren, wenn die Betroffenen schon lange nicht mehr unter uns weilen. Gerade die scheinbaren nutzlosen Gegenstände können von hohem spirituellem Wert sein. Es sind die Gegenstände, von denen man sich zuletzt trennen würde, und man müsste schon total unsensibel sein, wenn man sich nicht über ein persönliches Geschenk egal welcher Art freuen würde.

Jeden Tag werden Tausende von Gegenständen bei eBay vertickt oder gleich weggeworfen oder zum Sperrmüll gestellt, die anderen aus der näheren familiären Umgebung oder dem Freundeskreis durchaus Spaß machen würden. Schenken ist eine Tätigkeit, die dem Schenkenden mindestens so viel Freude bringt wie dem Beschenkten, allerdings nur dann, wenn einem die anderen auch etwas bedeuten.

Dasselbe gilt auch für alte Bücher. Die Bibliotheken quellen oft über von Büchern, von denen man weiß, dass man sie nicht wieder lesen wird. Man kann sich aber Gedanken machen, welches Thema welchen Neffen, welche Nichte, welchen Enkel interessieren würde. Alte Bücher sind ungeheure Schätze, denn es ist ein vollkommener Irrtum, zu glauben, dass schon alles im Internet zu finden ist.

Wie alle Medien ist gerade das Internet ein Verbreiter von scheinbar objektiver Wahrheit, die sich bei genauem Hinsehen genauso als Meinung entpuppen kann. Viele Bücher widersprechen dem im Internet Gesagten oder ergänzen das viel zu knappe Wissen. Historische Themen sind besonders heikel, weil sie oft gar nicht oder nur sehr oberflächlich behandelt werden. Zum Thema »Alchemie« etwa findet man nur kümmerliche Einträge. Ohne alte Quellen in Form sehr alter Bücher hätten die »Heilgeheimnisse des Paracelsus« niemals geschrieben werden können. Die Jugend profitiert also von den alten verstaubten Schätzchen sehr viel mehr, als es sich der Schenkende vorstellen kann.

Ein ebenfalls heikles Thema ist das Wort »Testament«. Nichts ist ungerechter als die Vielzahl von Testamenten, die täglich in deutschen Landen oder im deutschsprachigen Ausland verlesen wird.

Man sollte ja glauben, diese Behauptung sei absurd, aber die vielen Streitigkeiten der erbenden Familienmitglieder unterstreichen die Richtigkeit dieser Aussage.

Viele Arten von Ungerechtigkeiten sind möglich:

Sind Kinder da, wird das Erbe gleich aufgeteilt, obwohl nur einer der vier Kinder die Pflege übernommen hat, oder das Erbe geht fast ausschließlich an das Lieblingskind, obwohl alle sich um die ältere Generation gekümmert haben.

Eine beliebte Variante ist auch das Enterben der Kinder zugunsten eines Tierheims. Eigentlich müssten alle Tiere Deutschlands auf roten Plüschteppichen liegen, so häufig findet man so etwas. Bleibt der Verdacht, dass besagtes Erbe in eher menschlichen Futternäpfen verschwindet.

Sind keine Kinder da, kann der Erblasser seinen Erben frei wählen, was die Sache nicht besser macht. Merkwürdigerweise erben dann oft entfernte, nie gesehene Nichten statt die Nachbarin, die sich jahrelang gekümmert hat. Hierfür muss dann der Satz »Blut ist dicker als Wasser« herhalten. Ein weiterer Fall von haarsträubender Ungerechtigkeit, der besonders dann auftritt, wenn der Erblasser gar kein Testament gemacht hat.

Kein Testament zu hinterlassen ist nämlich mindestens so übel. Man belastet sich zu Lebzeiten nicht mit dieser unangenehmen Aufgabe und hinterlässt das Problem samt dem zugehörigen Streit den Erben.

Einer der Gründe, dass man sich so ungern um seinen Nachlass kümmert, ist natürlich auch der, dass das Thema Sterblichkeit nicht gesellschaftsfähig ist. Keiner will sich mit diesem Thema beschäftigen. Man kann überall über seine Krankheiten jammern, aber niemand diskutiert über das Ende seines Lebens. Die gesamte Schönheitsindustrie ist nur damit beschäftigt, durch optische Täuschung das Alter hinwegzuzaubern. Aber auch ein geliftetes Gesicht wird 80 Jahre und unter der Erde enden. Darüber zu sprechen gilt jedoch als Tabu, was dazu führt, dass man keinen vernünftigen Gedanken an das Testament verwendet.

Wenn der Donnerstag also der Tag der Gerechtigkeit sein soll, dann lohnt es sich schon, darüber nachzudenken, wem Gerechtigkeit widerfahren sollte und wem man dies zu Lebzeiten zuteil werden lassen kann.

Freitag

Freitag gehört der Venus, also allem, was das weibliche Element auf der Erde ausmacht.

Wenn dies klassischerweise der Tag für ein Date ist, an dem man sich stundenlang vor dem Kleiderschrank die peinliche Frage stellt: »Was ziehe ich an?«, dann bleibt der Freitag, auch wenn diese Zeit vorbei ist, doch immer noch der Tag der Schönheit und Liebe.

Es ist ein durch die Medien weit verbreiteter Irrtum, zu glauben, nur junge Menschen seien schön. Schönheit hat kein Alter.

Man frage einmal die Enkel, ob sie ihre Großmutter schön finden. Die Antwort wird fast immer positiv ausfallen, weil Kinder noch unmittelbar antworten, sich nicht an Falten stören, wohl aber an mürrischen, grummeligen Gesichtsausdrücken.

Eine gepflegte Erscheinung ist einfach in jedem Lebensabschnitt wichtig, weswegen man den Freitag in aller Ruhe hierzu verwenden sollte.

Das beginnt natürlich mit dem Friseurbesuch, für den man sich unbedingt Zeit nehmen sollte, wenn man der Meinung ist, die Haarfarbe oder den Schnitt ändern zu müssen. Das Ergebnis sind einfach viel besser gefärbte Haare als die fleckigen Eigenkreationen, die man zu Berufszeiten aus Zeitnot so fabriziert.

Hinzu kommt, dass ein guter Friseur oder eine gute Friseuse eine Vertrauensperson ist, die als Einzige wissen darf, seit wann die Haare ergraut sind, welche Farbe man ursprünglich hatte, ob die Locken Naturkrause sind und vieles mehr, ganz abgesehen von all den vielen kleinen Sorgen, denen diese professionellen Künstler geduldig zuhören.

Auch für Männer kann der Friseur eine Vertrauensperson sein. Sie verbringen mangels Haarpracht dort zwar sehr viel weniger Zeit, neigen auch eher dazu, in brütendes Schweigen zu verfallen, aber ein guter Friseur taut noch jeden Brummbären auf, weswegen in südlichen Ländern der Genuss verlängert wird, indem man sich dort auch gleich rasieren lässt und glänzend und wohlriechend wieder herauskommt.

Wenn man schon einmal dabei ist, sich um die äußere Hülle zu kümmern, kann man an den Friseurbesuch auch gleich die Fußpflege, Maniküre oder Kosmetikerin anschließen. Mit dem Alter wird es schwieriger, die Nägel zu erreichen, zumal diese auch noch dazu neigen, härter und krummer zu werden, wofür dann das passende Werkzeug fehlt. Die Füße müssen einen Menschen jahrelang mit unpassendem Schuhwerk auf unnatürlichen Untergründen tragen, da sollte man ihnen schon regelmäßige Erholungsbehandlungen gönnen.

Die Haut hat Gesichtsreinigung gern, die Fingernägel dürfen, wenn man keine schwere Arbeit leisten muss, durchaus lang und lackiert aussehen.

Um den Tag so richtig abzurunden, fehlt jetzt noch ein Einkauf. Diesmal aber nichts Banales zum Essen oder Praktisches für den Haushalt. Nein, nein, der Freitag ist zum reinen Lustkauf prädestiniert.

Das können Duftkerzen, Spitzendecken oder Badeöle sein, zuallererst aber bietet sich etwas für die Garderobe an. Am besten tut man dies aus verschiedenen Gründen in Begleitung einer Freundin. Erstens ist es langweilig, allein einkaufen zu gehen, zweitens eignen sich die wenigsten Männer dazu. Ihnen fehlt meistens die Geduld für zielloses Umherstreifen und das Gefühl für Farbnuancen oder Schnitt (es sei denn, man hat zufällig einen Venusmann erwischt). Die Freundin ist auch aus Gründen der Ehrlichkeit wichtig, schließlich lügen Verkäuferinnen nur allzu gerne, um auch unvorteilhafte Stücke endlich loszuwerden. Die Freundin sieht sehr genau, wann ein Teil zu sehr aufträgt oder einen wie eine Bohnenstange aussehen lässt; und als gute Freundin sagt sie das auch.

Männer machen sich im Allgemeinen nichts aus Kleidung. Sie ziehen an, was einem die Gattin oder Haushälterin hinlegt, sofern diese sich nicht für zu emanzipiert dafür hält. Als Single müssen sie selbst auswählen und kaufen daher am liebsten dreimal die gleiche Hose mit passendem Hemd, um das Problem so klein wie möglich zu halten. Für Männer bedeutet also ein Lustkauf vielleicht, stundenlang in einem Angelgeschäft nach den richtigen Haken zu sehen oder im Baumarkt endlos drei Schrauben zu suchen. Auch dies ist eine gute Beschäftigung für den Freitag, zumal das anschließende Basteln eine befriedigende Tätigkeit für einen Großteil der männlichen Bevölkerung darstellt.

Die Krönung für den Tag der Venus ist allerdings unzweifelhaft das Tanzen. Wer immer seine Knochen noch bewegen kann, sollte dies auch unbedingt tun. Die Musik erleichtert alles, denn wenn Sport beschwerlich ist, so ist Tanzen leicht und trotzdem mindestens so gesund. Für Paare ist es stabilisierend, da man sich wieder aneinanderschmiegen kann, für Alleinstehende eine wunderbare Möglichkeit, neue Vertreter des anderen Geschlechts kennenzulernen.

Während Techno, Rock oder Jazz keinerlei Berührungsmöglichkeiten bieten, sind die guten alten Standardtänze ideal, um bestehende Verbindungen zu vertiefen oder neue aufzubauen. Man ist sich so nah wie niemals sonst, ohne aber bedrängt zu werden, schließlich sind Schritte und Berührungen ritualisierte Handlungen, bei denen es normalerweise nicht zu Übergriffen kommt.

Tanzen erfreut sich so großer Beliebtheit, dass es sich kein Hotel eines Urlaubslandes leisten könnte, keine Hotelhalle mit Tanzabenden gerade für die ältere Generation zu bieten. Die Jugend hat es schwerer, da ihre Tänze, wie gesagt, das Anschmiegen kaum erlauben. Ein Tangokurs allerdings oder Mambo sind da schon besser geeignet, Erotik aufkommen zu lassen. Wer also einen Tanzkurs welcher Art auch immer besuchen möchte, lege den auf Freitag, dann wird vielleicht aus dem Tanzpartner auch ein Gefährte fürs Leben.

Samstag

Der Tag des Saturns erinnert uns daran, dass wir selbst darüber entscheiden, ob wir im Alter wieder kindisch werden oder zu Weisheit gelangen.

Eine wichtige Voraussetzung hierfür ist die Erhaltung der berühmten grauen Zellen, was man heute modern mit Gehirnjogging bezeichnet.

Für unseren Geist müssen wir genauso viel tun wie für unser Gemüt. Dem einen fällt dies schwer, dem anderen leichter. Geistig fit zu bleiben ist besonders leicht für die Menschen, die ein Leben lang vor dem Einschlafen lesen, wobei auch die Qualität der Lektüre entscheidend ist. »Bild der Frau« oder »Playboy« sind ja ganz nett, aber doch selten geeignet, den geistigen Verfall aufzuhalten. Aber gerade anspruchsvollere Literatur ist das, wozu ein Samstagmorgen, wenn man nicht arbeiten muss, einlädt.

Lesen bildet nicht nur, es nährt auch die Fantasie. Bücher erlauben einem, in neue Welten zu reisen, andere Kulturen und Gedanken kennenzulernen, den Käfig des eigenen Bewusstseins zu sprengen. Das Fernsehen kann das niemals ersetzen, zum einen, weil die Bilder dort nicht der eigenen Fantasie entstammen, sondern vorgefertigte Schablonen von außen sind, zum anderen aber auch, weil die ständigen gnadenlosen Werbespots nicht erlauben, sich wirklich von der Handlung oder Atmosphäre eines Films gefangen nehmen zu lassen. Seit man in jüngster Zeit auch noch dazu übergegangen ist, mitten im Film am unteren Rand des Bildschirms schon Bilder von kommenden Sendungen zu zeigen, kann von einem gemütlichen Versenken in eine andere Welt schon gar keine Rede mehr sein. Da helfen auch die Flachbildschirme und Dolby Digital Sound nichts, der Erholungswert ist unrettbar verloren gegangen.

Bücher haben nur einen einzigen Nachteil, man braucht gute Augen oder gute Sehhilfen. Lesen bis zum Tränen der Augen ist keine Seltenheit, wenn die Sehkraft dann nachlässt und sich auch nicht durch Brillen oder OP verbessern lässt, dann bleibt einem nichts anderes übrig, als auf den akustischen Sinn zurückzugreifen. Inzwischen gibt es zahlreiche sehr gute Hörbücher, die sich immer größerer Beliebtheit erfreuen; und das gute alte Radio bietet sich auch immer noch an. Man kann auch dem Fernseher zuhören, nur braucht man dann Sender, die einen nicht mit Werbung belästigen.

Es ist eigentlich verwunderlich, dass Menschen, die sich weltweit über Werbung ärgern, nicht alle aus Prinzip die dort genannten Produkte boykottieren. Wenn es sich nämlich nicht lohnte, würde diese Art der Nötigung vielleicht auch wieder aufhören.

Zum Training des Geistes eignen sich auch Kreuzworträtsel und andere Ratespiele aller Art. Sie zeigen einem immer, was man trotz hohen Alters immer noch nicht weiß und wo die eigenen Grenzen liegen. Die Spielshows à la »Wer wird Millionär?« erfreuen sich großer Beliebtheit, weil man immer unauffällig sein eigenes Wissen testen und sich gleichzeitig über die Unwissenheit der Kandidaten, besonders wenn es Promis sind, hämisch freuen kann.

Auch Fremdsprachen sind Geistestraining. Und so sollte man an einem Saturntag ruhig versuchen, einem Freund in England oder Frankreich einen Brief zu schreiben. Dabei sieht man dann gleich, wie viel man von der Sprache noch beherrscht. Auch den alten Tacitus mal wieder auf Latein oder Herodot auf Altgriechisch zu lesen, wenn man diese Sprachen in der Schulzeit gelernt hat, tut ungeheuer gut. Wenn man sich dann durch die alten Philosophen gewühlt hat, wundert man sich immer wieder, dass fast alles Wichtige schon irgendwann einmal von jemandem gedacht worden ist. Es ist tröstlich zu sehen, dass die Menschheit immer wieder von den gleichen Fragen getrieben wird und immer wieder zu ähnlichen Ergebnissen gekommen ist.

Dann aber, nach Stunden des unbeweglichen Sitzens, muss die andere Seite Saturns wieder zum Vorschein kommen, die Verbundenheit mit der Natur.

Buch mit Lesezeichen versehen, Fernseher oder Radio ausstellen und hinaus an die frische Luft! Hier allerdings zählt jetzt nicht, einmal um den Häuserblock zu gehen, wo sich außer verschmutzter Luft und saurem Regen auch wirklich nichts mehr aus der Natur finden lässt. Hinaus bedeutet hier: hinaus aus der Stadt, unserem Betonnest, irgendwohin, wo es Bäume, Wiesen, Felder und Tiere gibt.

Was erzählen die raschelnden Bäume, wovon singen die Vögel, was summen sich die Insekten zu? In der Natur gibt es bei jedem Wetter etwas zu entdecken. Sonne, die in der Stadt nur heiß ist, wird im Wald durch Schatten gemildert, Regen, der in der Stadt nur alles grau macht, holt aus allen Pflanzen köstlichen Duft und reinigt die Lungen.

Hildegard von Bingen beschwor die *Viridiskraft*, die regenerative Kraft, die die Farbe Grün für uns bedeutet, wenn unser Auge bis zum Horizont auf Chlorophyll in Gräsern oder Blättern blicken kann. Die Natur zeigt einem immer wieder, wie viel Schönes und Lebendiges es gibt, besonders gerade dann, wenn man von der eigenen Spezies eher enttäuscht ist.

Auch der Umgang mit Tieren wird an dem Tag, der unter dem Schutz des Engels Oriphiel steht, besonders erleichtert. Wer gerne Wildtiere beobachtet, findet an diesem Tag mehr als an anderen, weil die Anziehungskraft zwischen Mensch und Tier samstags höher ist (besonders natürlich mit den Saturntieren).

Beschäftigung mit der Natur kann auch ganz direkt durch Gartenarbeit geleistet werden. Unkraut zu jäten, neue Pflanzen einzusetzen, mit der Erde und allem, was daraus hervorsprießt, Kontakt zu haben ist zwar anstrengend, erfüllt einen aber mit tiefer Zufriedenheit. Gartenarbeit ist etwas, was beide Geschlechter brauchen können, schließlich gibt es dort auch echte Männerarbeiten wie Ästesägen, Heckenschneiden, Rasenmähen und Bäumepflanzen. Man kann also sogar gut als Paar arbeiten und fühlt sich selbst ohne Worte miteinander verbunden. Hinzu kommt dann die erfreulichere Arbeit des Erntens und Verarbeitens.

Da im Garten immer alles zu gleicher Zeit reif ist und man entweder gar keinen Apfel hat oder aber drei Körbe voll, tut man gut daran, die alten Rezepte der Großeltern zu beherrschen, als da wären: einkochen, Marmelade herstellen, entsaften, einfrieren oder trocknen. Hierbei schadet es dem Nachwuchs durchaus nicht, wenn er mithilft. Alle später aus den eigenen Erzeugnissen hergestellten Mahlzeiten sind Genussmahlzeiten, die sich positiv auf Gemüt und Gesundheit auswirken.

Samstag, der Saturntag, ist auch der Tag für magische Rituale, für alle Hexen und Hexenmeister unter uns. Runen und Tarot funktionieren am besten samstags. Liebeszauber, Trennzauber, Auffindungszauber, all die kleinen Arbeiten der Hobbyhexen, gedeihen an diesem Tag besonders gut.

Wer sich in Alchemie und Kräuterheilkunde auskennt, wird wissen, welches Elixier Gesundheit und Leben verlängert. Paracelsus schwor auf Helleborus niger, die Christrose, deren Einnahme man allerdings wegen ihrer Giftigkeit nur homöopathisch empfehlen kann. Außerdem natürlich alle Arten von Goldelixieren (Sangisol® von Soluna, Trinkgold® von Alchimed oder Aurum muriaticum D30).

Gute Kräuterhexen wissen auch, wie sie ohne Chemie den Farbton der Haare erhalten oder ihre Haut und Nägel pflegen.

Saturn ist der Himmelskörper, der immer mit der Unterwelt oder Anderswelt in Verbindung gebracht wird. Wer Fragen zum Jenseits hat, wer seine Verstorbenen kontaktieren oder Krafttierreisen unternehmen will, wird klugerweise immer den Samstag wählen, selbst wenn es nur ein »gewöhnlicher« Besuch auf dem Friedhof sein sollte.

Sonntag

Sonntag ist als Tag der Sonne durchaus wörtlich zu nehmen. An diesem Tag braucht der Mensch Sonne, am besten in Direktbestrahlung. Ist draußen gerade keine vorhanden, dann muss man zu allem greifen, was die Alchemie als ihr Äquivalent erkannt hat, also Goldschmuck auf der Haut, Orangensaft und Honigbrot zum Frühstück, Zitronenduftkerzen im Wohnzimmer, dazu ein Symphoniekonzert aus der Musikanlage und abends ein Glas Rotwein oder Cognac.

Wichtig zu wissen ist, dass man mit Arcana wie zum Beispiel echtem Rotwein im rechten Maß sein Leben verlängern kann, und selbst wenn diese Verlängerung nicht bedeutend sein sollte, so ist es zumindest die Lebensqualität, die mit der Einnahme des Sonnengetränks ungemein gesteigert wird.

Der Tag der Sonne ist nicht umsonst ein Ruhetag. Er soll dazu dienen, sich daran zu erinnern, woher wir kommen und wohin wir gehen. Er ist für Transzendentes da, also für das Gegenteil von Arbeit und Geldverdienen. Wir haben das Geschenk des Lebens erhalten, und da ist es nur recht und billig, dass wir uns wenigstens einmal in der Woche daran erinnern, uns zu bedanken.

Die traditionelle und bewährteste Methode hierfür ist unzweifelhaft der Besuch einer Kirche (beziehungsweise einer Moschee oder einer Synagoge im Hinblick auf Moslems oder Juden, wobei hier auch die Tage umgesetzt werden müssen, aber das Ergebnis ist das gleiche).

Viel zu wenig Menschen, selbst wenn sie getauft sind und noch entfernt an Christus glauben, nutzen diese sinnvollen Einrichtungen mehr als zweimal im Jahr, sie glauben doch tatsächlich, dies sei Zeitverschwendung, weil man dabei weder Geld verdient noch der Befriedigung irgendwelcher materiellen Bedürfnissen nachgehen kann. Viele Menschen handeln, als hätten sie keine Seele, die ab und zu mit Energie aufgeladen werden muss, die Balsam, Frieden und Vertrauen braucht.

Wo sonst soll man aber die seelischen Bedürfnisse erfüllen? Kirchen sind fast immer nur mit älteren Leuten gefüllt, gerade so, als hätte die große Masse der Jüngeren keine Seele zu versorgen. Entsprechend geht es ihnen auch.

Die Älteren ahnen schon, dass jetzt, am Ende des Lebens, sich der Moment der Wahrheit nähert, dass sie nichts mitnehmen werden als den Reichtum der Seele. Priester sind dazu da, den Menschen auf dem dornigen Weg zu Gott beizustehen, sie haben dafür auf eine eigene Familie verzichtet (in der katholischen Variante), um ihre Mittlerfunktion zwischen Himmel und Erde besser erfüllen zu können. Nicht umsonst waren Priester in einer gläubigen Gesellschaft immer hoch angesehen. Heute haben sie es ungleich schwerer, da der Großteil der Welt sich einen feuchten Kehricht um die Befindlichkeit ihrer Seele kümmert.

Auf der anderen Seite hat dies auch etwas Positives. Keiner wird wie im Mittelalter gezwungen, in die Messe zu gehen. Wer dort erscheint, tut dies als Äußerung seines freien Willens und wird dem Priester mit Respekt begegnen, wenn dieser den Eindruck erweckt, für sein Amt berufen zu sein.

Es ist hierbei gar nicht entscheidend, an jedes Dogma oder Sakrament zu glauben oder jeden Bibelspruch wörtlich zu nehmen. Die Essenz aller abendländischen Religionen ist ohnehin ähnlich. Wir vertrauen alle darauf, dass es mit dem leiblichen Tod für uns nicht vorbei ist, wir haben Grund zur Annahme, dass es nicht egal ist, ob wir uns auf Erden schlecht benommen haben, sodass wir uns einmal für unsere Taten verantworten müssen. Wir freuen uns darauf, einmal so viel Erkenntnis zu gewinnen, dass wir verstehen, weshalb und zu welchem Zweck die Welt so beschaffen ist, wie sie ist.

Die drei monotheistischen Religionen gehen hierbei allesamt davon aus, dass es einen paradiesischen Zustand geben wird, den es sich zu erreichen lohnt und den wir uns verdienen müssen.

Als es noch polytheistische Modelle gab, war das auch so, wenn man da auch mehr von der Laune der Götter abhing und weniger Eigenarbeit leisten konnte.

Das orientalische Modell ist dagegen weniger positiv. Dort geht es darum, für alle Zeiten vom Leiden erlöst zu werden. Das Beste, was man da erreichen kann, ist, von der Wiedergeburt erlöst zu werden und in eine Art große Leere aufzugehen. Nun ist es gar nicht gesagt, dass alle Menschen ihr Leben als Kette von Leiden ansehen müssen. Das Universum ist seiner Natur nach positiv aufgebaut. Das menschliche Gedächtnis speichert schöne Momente und begräbt die schlechten.

Alle unsere Handlungen sind dazu ausgelegt, auch unter schlechten Bedingungen Leben zu erhalten (die Selbstmordrate ist gemessen an scheinbar ausweglosen Situationen, in die Menschen täglich geraten, geradezu verschwindend gering) und im Übrigen die Bedingungen so zu verbessern, dass möglichst viel Leiden durch möglichst viel Lebensfreude ersetzt wird, sodass am Ende der Rechnung eine positive Bilanz herauskommt.

Die östlichen Lebensphilosophien, so weise sie scheinen mögen, so sehr sie unser Denken schon in Form von Ayurveda, Yoga und Ähnlichem infiltriert haben, passen oft nicht zum Bauplan unseres Lebens, sie sind für abendländische Alchemisten eher ein Irrtum.

Man braucht nicht jedes Wort zu glauben, das einem die Priester erzählen, das erwarten diese auch gar nicht, hier genügt schon, dass man überhaupt über die Materie nachzudenken beginnt. Die christlichen Rituale einer Messe sind von den stärksten Symbolen geprägt. Der Glanz der Edelmetalle, der Duft der heiligen Pflanze Weihrauch, die pythagoreische gregorianische Musik und, in dem leider selten gewordenen Optimalfall eines Hochamtes, der mystische Klang des Lateins sind gut für alle Seelen, ganz gleich welcher Überzeugung oder des Mangels daran der Geist des Besuchers sein mag.

Nach dem traditionellen Kirchenbesuch ist es in südlichen Ländern üblich, noch ein Bier oder einen Wein in der Kneipe zu sich zu nehmen und dabei seine Eindrücke von der Predigt und den anderen Anwesenden in der Messe auszutauschen. Erst dann fühlt man sich gerüstet für den Sonntagsbraten, zu dem die ganze Familie zusammenkommt. Die Jugend hat dafür schon darum keinen Sinn, weil sie bis ins Morgengrauen mit Freunden unterwegs war. Die stehen lieber erst zu Mittag auf, schaffen es dann aber immerhin noch rechtzeitig zum Braten, vorausgesetzt, jemand in der Familie kann einen solchen herstellen.

Das ist oft auch ein guter Moment, den Eltern den neuen Freund oder die neue Freundin vorzustellen. Kommen sie frisch aus der Messe, sind sie noch gnädig gestimmt und eher bereit, das Piercing im Gesicht oder die zahlreichen Tattoos zu übersehen bzw. die Sprüche zu überhören, die den Sinn der Schulbildung im Allgemeinen und Hausaufgaben im Besonderen grundsätzlich anzweifeln.

Wer nun partout keine Kirche mag, der sollte sich mit Gleichgesinnten aus dem Yogakurs treffen oder einem Zirkel für spirituelle Fragen beitreten oder selbst einen gründen. Jedes Gespräch mit transzendentem Inhalt erfüllt im Grunde den Zweck, den »heiligen« Sonntag richtig zu nutzen.

Es mag selten möglich sein, alle sieben Tage signaturgerecht zu nutzen oder all das zu tun, was hier angeregt wird, aber es muss ja nicht jeder Tag ein Treffer sein oder alles an einem Tag geschafft werden. Mein Anliegen hier ist, ein Verständnis für den Rhythmus unserer Welt zu wecken und zu beleuchten, was alles dahinterstecken kann.

DIE LEBENSUHR

Alchemistische Erkenntnisse nützen aber nicht nur beim manchmal schmerzvollen Prozess der Selbsterkennung, sondern in allen Lebenslagen und über die Dauer eines Lebens hinweg.

Jede Lebensphase wird von einem der Himmelskörper besonders beeinflusst. Wie und warum und was dies im täglichen Leben bedeuten kann, soll die alchemistische Lebensuhr verdeutlichen.

Alchemisten unterteilen die Lebensspanne des Menschen in sieben Abschnitte: Neugeborenes, Kindheit, Jugend, Elternschaft, Erwachsensein, Alter und Vorbereitung auf den Tod. Entsprechend dem Aufbau des Sonnensystems beginnt das Leben mit der Sonne und endet mit dem Saturn.

Vom Baby bis zum Greis

Babyzeit ist Sonnenzeit

Warum sollte man bei der Erziehung von Kindern überhaupt an alchemistische Ideen denken, wenn doch in all der Literatur über Kinderaufzucht nirgendwo ein Hinweis auf so etwas zu finden ist?

Man könnte ganz einfach antworten, weil es sich früher einmal sehr bewährt hat, aber das klingt nun doch zu einfach.

Die Alchemie ist, so erstaunlich es sich anhören mag, nicht nur die älteste aller Wissenschaften, sondern gleichzeitig auch die modernste aller Künste.

Zudem handelt es sich um Wissen, das allen Menschen zugutekommen kann, warum dann nicht mit dem Kostbarsten, das wir haben, beginnen, mit unseren Kindern, denen die Zukunft gehören sollte, mit einer ebenfalls immer kostbarer werdenden Natur, weil scheinbar immer weniger uns noch mit ihr verbindet?

Die frühe Kindheit entspricht also dem Sonnenabschnitt unseres Daseins. Zur Sonne gehört das Bewusstsein und das Auge, also der optische Sinn. Es ist die Zeit, in der ein Kind Bewusstsein für sich selbst entwickelt und ihm im wahrsten Sinne des Wortes die Augen aufgehen.

Die Gedanken und die Erlebniswelt eines Babys gehören zur Sonne. Es ist die Phase, in der sich das Leben des gesamten Haushalts um den neuen Erdenbürger dreht, während dieser sich noch voll im Gefühl der absoluten Zuwendung *sonnen* darf.

Das Bewusstsein eines Babys dreht sich noch ausschließlich um sich selbst, Stück für Stück werden Sinnesorgane,

Körperteile und alles, was man damit anstellen kann, entdeckt. Normalerweise werden in dieser Sonnenzeit die Bedürfnisse so schnell erfüllt, wie sie artikuliert werden, sei es, um dem Geschrei so bald wie möglich ein Ende zu setzen, sei es, weil man als liebende Mutter seinem Baby noch so weit wie möglich Kummer ersparen will. Der kommt ohnehin früh genug.

Die Babyzeit ist die einzige Phase im Leben, in der ein Mensch einfach nur »Ich« sein darf, in der ein Wesen noch keine Erwartung erfüllen muss, in der es noch nicht aktiv etwas für seine Daseinsberechtigung tun muss. Die Natur hat es so eingerichtet, dass die kleinen Sonnenscheine die größtmöglichen Chancen haben, dass dieses Programm auch erfüllt wird. Babys sind attraktiv. Ihre Haut, besonders die Kopfhaut, riecht hinreißend gut, nicht nur für die eigenen Mütter, sondern für alle, die sie in den Arm nehmen (den Windelgeruch einmal beiseitegelassen), ihre Augen sind im Verhältnis zum Rest des Gesichts riesengroß und erwecken Brutpflegeinstinkte, und das zahnlose Lächeln entwaffnet noch den hartgesottensten Meckerfritzen.

Bleibt das Problem des Schreiens. Es ist geradezu unvorstellbar, wie ein so kleines Wesen diese Dezibel erreichen kann, wie es jede Musikanlage übertönt und jede Wand durchdringt. Eltern reißt es aus dem Tiefschlaf, Nachbarn macht es wütend. Am schlimmsten ist dabei die Tatsache, dass es viele Kinder gibt, die keineswegs aufhören zu schreien, sobald man sie auf den Arm genommen hat oder ihren Hunger stillt.

Für sogenannte Schreikinder gibt es zahlreiche Erklärungen. Die meisten Theorien machen Traumata während der Schwangerschaft, Ablehnung durch eines der Elternteile etc. hierfür verantwortlich. Die Erklärungsversuche reichen bis hin zum gewaltsamen Tod oder anderen Traumata aus früheren Leben. Was auch immer davon zutrifft, die Signatur des Kindes zu kennen kann eine große Hilfe sein. Ist es ein Mond- oder Venuskind, könnte Musik helfen. Ein Merkurkind braucht vielleicht eine Geschichte, ganz gleich ob es den Inhalt versteht.

Fast alle Babys aber lieben entsprechend der Sonnenphase ihres Daseins Bewegung. Manchmal reicht die Wiege oder das Wippen auf dem Arm nicht. Speedjunkies reicht nicht einmal das Rollen des Kinderwagens. Mehr als ein Vater kennt die Situation, dass er mitten in der Nacht das Auto aus der Garage holt und die Stadt umrundet, bis der Sprössling selig eingeschlafen ist.

Was das Neugeborene in dieser Phase im Idealfall für alle Zeiten lernt, sind Urvertrauen und Zufriedenheit. Es hat normalerweise ein »sonniges« Gemüt. Fehlt diese Phase in der Entwicklung, weil keine echte Bezugsperson mit unbedingter Liebe da ist (aus welchen Gründen auch immer), dann kann es sein, dass im Erwachsenenleben typische Sonnenkrankheiten ausbrechen werden, wie zum Beispiel Herzprobleme oder Augenleiden.

Das Kleinkind in der Mondphase

Sobald die ersten sozialen Kontakte geknüpft werden, sei es durch Geschwister oder andere Kinder in Krabbelgruppen und Kindergärten, tritt das Kind in den nächsten Lebensabschnitt ein, den des Mondes.

In der Mondphase wird erlernt, dass es ein Ich und ein Du gibt, gleichzeitig eine große Abhängigkeit. Als Sonne werden jetzt die Eltern angesehen. Der Mond ist noch klein und unscheinbar. Er reflektiert die Aussagen und Sprüche der Älteren, hat noch keine eigene Meinung, wohl aber einen mehr oder weniger ausgeprägten Willen.

Mond ist verletzlich und gefühlsbetont. Auch in dieser Phase braucht ein Kind das Gefühl von Schutz und Zuneigung. Versuche, diese Phase abzukürzen, indem man dem Kind frühzeitig Aufgaben stellt, die es zwar bewältigen kann, aber im Grunde dieses Schutzgefühl verkleinern, sind eigentlich nicht empfehlenswert.

»Wissen Sie, meine Lena zieht sich schon allein an« sind dann die typischen Sprüche alleinerziehender Mütter, die es schwer haben, zeitlich alles unter den Hut zu bringen, oder solcher, die besonders stolz darauf sind, wenn ihre Kinder alles früher können als andere. In Mittelmeerländern gilt dies als psychische Grausamkeit, dort hilft man den Kindern noch bis ins zehnte Lebensjahr in die Kleider. Dabei geht es gar nicht darum, ob das spanische Mädchen es nicht auch selbst könnte, sondern um den liebevollen physischen Kontakt, den das morgendliche Ankleiden nun einmal bedeutet.

Die Mondphase ist auch die Zeit, in der Kinder am stärksten krankheitsanfällig sind, nichts wirklich Schwerwiegendes:

Fieber, Mandelentzündung, Halsentzündung, Masern, Windpocken. Und doch finden sich fast alle Mütter spätestens am zweiten Tag beim Kinderarzt. Der Grund ist der spektakuläre Verlauf von Kinderkrankheiten.

Die kleinen Energiebündel, die kaum je still sitzen können, von morgens bis abends plappern und die Mütter oft mehr Kraft kosten, als diese zur Verfügung haben, fallen von einem zum nächsten Augenblick in sich zusammen, werden apathisch, wortkarg, stellen das Essen ein, weinen und klammern sich in die Arme der Eltern. Dazu glühen sie bei haarsträubenden Temperaturen, erschrecken durch rasenden Puls und Herzschlag und vermitteln den besorgten Eltern das Gefühl von Lebensgefahr.

Tatsächlich sind die Symptome zwar schockierend, aber selten ist eine Kinderkrankheit wirklich gefährlich. Früher hat man Kindern sofort Entzündungshemmer, fiebersenkende Mittel und Antibiotika verabreicht. Langfristig hat sich diese Vorgehensweise aber als sehr gefährlich herausgestellt und eine Unmenge kranker Erwachsener erzeugt.

Man wollte den besorgten Eltern nicht zumuten, die natürliche Entwicklung eines Kindes zu begleiten, denn das ist langwierig, stört den Arbeitsprozess und geht an die Nervensubstanz der Eltern.

Kein Kind hat von Natur aus ein perfektes Immunsystem. Einiges bekommt es über die Muttermilch, Flaschenkinder nicht einmal das, der Rest muss in jedem Fall erst aufgebaut werden. Jedes hohe Fieber bedeutet wieder einen Sieg über ein Bakterium oder ein Virus, das bei hohen Temperaturen stirbt. Jede durchgemachte Kinderkrankheit immunisiert für den Rest des Lebens, weshalb man früher Kinder, die Masern hatten, immer sofort zusammengesteckt hat, damit sie es »hinter sich« haben mögen.

Gleichzeitig darf man nicht vergessen, dass vor der Zeit der Antibiotika die Kindersterblichkeit sehr hoch war. Niemand will da ein Risiko eingehen, ob es nicht doch etwas Schlimmeres ist. Der Arztbesuch ist also in jedem Fall fällig. Doch da gibt es eben solche und solche.

Viele Ärzte kennen sich heute in Homöopathie aus und geben Sonnenkügelchen und Wadenwickel statt das Antibiotikum. Hier nun wäre es wünschenswert, auch den Geburtsherrscher zu kennen.

Halsentzündung bei Merkurkindern erfordert Sulfur D6, bei Marskindern Ferrum phosphoricum D6, bei Venuskindern Cuprum metallicum, bei Saturngeborenen Antimon D6. Für Fieber gilt das Gleiche.

Oft weiß der Arzt nicht, ob er Aconitum oder Belladonna geben soll, weil er die Signaturen der Pflanzen nicht kennt. Die Idee ist zu alt bzw. noch zu neu. Dabei ist dies der einfachste Weg zur effizienten Behandlung. Kinder sprechen auf Homöopathie sehr gut an, weil ihr Gewebe noch frei von chemischen Medikamenten ist. Es muss keine homöopathische Erstanamnese durchgeführt werden, wozu kleine Kinder ohnehin noch nicht geeignet sind, sondern sie können ganz einfach mit Paracelsusmedizin behandelt werden.

Wer sich eine homöopathische Hausapotheke zulegen will, muss nur die Signaturen der Mittel kennen. Hat man mal das richtige Mittel, wird es das Kind bis weit ins Jugendalter begleiten und fast gegen alles hilfreich sein. Ein weiterer Vorteil für die Eltern ist, dass die Kügelchen süß schmecken und nicht bitter sind, der Widerstand bei der Einnahme ist entsprechend geringer.

Kleine Hausapotheke für Kinder

Himmelskörper	Homöopathisches Mittel in D30	Symptome
Sonne ☉	Apis mellifera	Insektenstiche
	Hypericum	Nervenschmerzen
	Arnica	Verletzungen
	Chamomilla	Zahnschmerzen
Mond ☽	Allium cepa	Allergie, Rhinitis
	Salix	Schmerzen
Merkur ☿	Sulfur	Husten, Allergie, Juckreiz
	Mercurius vivus	Bronchitis, Otitis
Venus ♀	Pulsatilla	Blaseninfektion
	Cuprum met.	Krampfneigung, Migräne
	Magnesia phosphorica	Erschöpfung
	Antimonium crudum	Verschleimung
Mars ♂	Lycopodium	Magen-Darm
	Urtica	Ausschlag, Juckreiz
	Ferrum phosphoricum	Husten, Otitis mit Blut, Anämie
	Phosphorus	Erschöpfung
Jupiter ♃	Calendula	Wunden, Verletzungen
	Hepar sulfuris	eitrige Verletzung
	Kalmia latifolia	Überreizung
Saturn ♄	Hedera helix	Erkältung
	Nux vomica	Übelkeit, Erbrechen, Magen
	Sambucus nigra	Erschöpfung
	Plumbum met.	Wachstumsschmerzen
	Aconitum	Fieber ohne Schwitzen, viral
	Belladonna	Fieber, bakteriell

Sichtbare Zuneigung und damit sichtbare Geborgenheit scheinen leider in unseren nördlichen Graden zunehmend Ausdruck von uncool zu sein. So ist es in Deutschland normal, dass siebenjährige Jungen sich am Schultor nicht von ihren Müttern küssen lassen wollen, weil die Kameraden dann lachen. Doch wenn Mondeigenschaften schon in dieser Lebensphase unterdrückt werden sollen, was ziehen wir dann für Erwachsene heran? Gefühlskalte, bindungsunfähige Serienkiller vielleicht? Und wenn nicht gleich Killer, dann wenigstens Singles?

Mütter sollten auf dem Abschiedskuss bestehen. Angeblich sind wir ja gleichberechtigt. Wo also bleibt die gleiche Berechtigung von weiblicher Liebe neben männlicher Gewalt?

Verletzungen in der Mondphase können, man ahnt es nun schon, zu späteren mondtypischen Krankheiten führen.

Beim Thema Kinderwunsch wird das spätestens offensichtlich.

Jugend: Merkur

Keine Zeit im Leben ist so schwierig wie die Zeit des Heranwachsens, und zu keiner Zeit leben Menschen weiter von sich selbst entfernt als in diesen Jahren, ganz einfach weil sie noch lange nicht wissen, wo sie selbst stehen oder hinwollen. Noch immer stark mondgeprägt, treten sie in einen neuen Lebensabschnitt ein, die Merkurphase, die Sonnen- und Mondeigenschaften integrieren muss und dabei neue Merkurcharakteristika entwickelt.

Daher ist dies auch die Zeit der größten Zwänge von außen und auch die Phase der größten Manipulierbarkeit durch die Medien.

Für den Konsum sind Jugendliche schon aus diesen Gründen besonders interessant, und die meisten Industrien haben Jugendliche als liebste Zielgruppe entdeckt.

Früher wurde ein Kind frühestens mit dreizehn zum Jugendlichen. Heute hat die Industrie das Glück, dass die Kundschaft ihrer meist unnützen Produkte immer jünger und lenkbarer wird und man eigentlich schon ab zehn Jahren, zumindest bei den Mädchen, von Jugendlichen sprechen muss.

Sehr zupass kommt es der Konsumgesellschaft auch, dass die fetthaltige Nahrung voller Hormone und Kunstaromen dafür sorgt, dass die Geschlechtsreife früher denn je einsetzt, denn je schneller ein Körper wächst, je eher ein bestimmtes Gewicht erreicht wird, desto eher setzt die Regel bei den Mädchen ein oder wird der Stimmbruch bei den Jungen forciert. So verlieren die Kinder früher denn je zuvor ihre Kindheit und gelangen mit vorzeitig entwickelten Körpern in ein psychisches Dilemma, dem sie noch gar nicht gewachsen sind. Hinzu kommt die Tatsache, dass die Medien sich darin gefallen, alle sogenannten Tabus zu brechen, um Kinder schon im zartesten Alter alles über Sexualität und Gewalt wissen zu lassen.

Der Intelligenz förderlich ist solch eine Entwicklung nicht. In der Natur sind die Tierarten die klügsten, deren Kindheit besonders lang ist. Außerdem gibt es bei Tieren ein Verhältnis zwischen Gesamtlebenszeit und Kindheit. Wenn ein Säugetier also sehr lange lebt, wie zum Beispiel Pferde oder Elefanten, dann ist auch die Aufzucht der Jungen besonders lang und aufwendig. Bei Menschen beobachten wir aber in jüngster Zeit eine immer größere Lebenserwartung bei immer kürzerer Jugend. Hier stimmt also etwas nicht.

Hinzu kommt, dass die regionalen Unterschiede, bedingt durch Rasse und Lebensraum, durch die Globalisierung aufgehoben scheinen. Wenn sich Tacitus als Römer, also Latino, noch wunderte, dass die Germanen so langsam reiften, dass sie erst mit dreißig heirateten, während eine Römerin in diesem Alter schon als Matrone galt und den ersten Enkel erwartete, so haben sich solche Unterschiede doch in Europa größtenteils verwischt.

Auf die verkürzte Kindheit folgt eine lange Zeit der Jugend mit später Heirat, sehr begrenzter Zeit für Mutterschaft und sehr, sehr langem Alter.

Die Zeit des Merkurs, Kind der Sonne und des Mondes, ist die Zeit der Jugend. Die meisten Handlungen werden noch aus dem Unbewussten des Mondes gelenkt, aus dem Bauch heraus, auch wenn dies den Jugendlichen nicht klar ist.

Gleichzeitig entwickeln sie die wichtigste aller Merkureigenschaften, die Leidenschaft für Kommunikation, was sich in stundenlangen Gesprächen am Handy oder Telefon, endlosen Diskussionsabenden mit den besten Freunden und ebenso endlosen Chatsessions äußert. Hierbei glauben sie zu einer Tiefsinnigkeit der Gedanken und Ideen zu gelangen, von der die Erzeuger nicht die geringste Ahnung haben. Tatsächlich stabilisieren diese Gespräche aber hauptsächlich ein kollektives Wertesystem, das noch keinen Raum für individuelle Entscheidungen lässt.

Sagt man in dieser Phase der Entwicklung als Eltern seinen Sprösslingen, dass jeder Gedanke, den sie als neu propagieren, irgendwann schon einmal gedacht wurde und dass sie selbst auch einmal so eine »Gegen-alles-Sein«-Phase durchlebt haben, so wird dem garantiert kein Glauben geschenkt. Emotional findet nun einmal eine Abnabelung statt, die von den Eltern weg- und in eine Gruppe Gleichaltriger hinführen muss, und da kann man Lebensweisheit von Älteren wirklich noch nicht gebrauchen.

Merkur bedeutet auch Nachtleben, wie jeder bestätigt findet, der die Öffnungszeiten von Diskotheken und Pubs kennt. Je weiter man da nach Südeuropa kommt, desto extremer wird es.

Man verabredet sich nicht vor 21.00 Uhr und geht erst einmal ins Kino. Danach geht man etwas knabbern, was nur für eine junge, unbelastete Leber genießbar ist, und schließlich ist Tanzen angesagt. Man kommt möglichst erst bei Morgengrauen wieder nach Hause, um den Sonntag samt seiner lästigen Sonne mindestens bis zum Mittagessen zu verschlafen. Die meisten Jugendlichen sind aber keineswegs von Natur aus so stark mondgeprägt, dass es ihnen leichtfällt, solch eine Nacht durchzustehen. Gerade die Jungen, zu denen nun einmal das männliche Prinzip Sonne gehört, haben nicht selten Schwierigkeiten mit den frühen Morgenstunden zwischen 2.00 und 4.00 Uhr.

Hier kommt nun das Problem auf, das uns begleitet, seit Jugendliche auf diese Weise ausgehen. Noch vor zwanzig Jahren waren die üblichen Mittel zum Wachbleiben Alkohol und Nikotin. Mixgetränke wie Cola mit Rum putschten auf, Zigaretten hielten wach. Logische Folgen waren mögliche Autounfälle durch Alkoholüberschuss im Blut und frühe Gewöhnung an Tabak, womit man dann als Erwachsener kämpfen musste.

In der irrigen Annahme, man könne diese Lebensphase überspringen oder alle Gefahren per Federstrich verbieten, weiß die Gesetzgebung, die schließlich in der Hauptsache von freudlosen Alten gemacht wird, nun solchem Treiben zu begegnen. Mit schrittweiser Absenkung der Promillegrenze bis zu einem Wert, der medizinisch kaum noch gerechtfertigt ist, scharfen Wochenendkontrollen auf den Straßen sowie einem allgemeinen Rauchverbot glaubt man nun, dem Reifeprozess der Jugend vorgreifen zu können.

Das Ergebnis ist logisch und zeugt nur von der Scheinheiligkeit der Politiker, wenn diese in den Medien ihre Besorgnis äußern. Die Jugend, so rebellisch wie eh und je, bleibt natürlich nicht zu Hause, weil man ihnen Alkohol und Tabak verboten hat. Sie hat längst ein neues Mittel gefunden, ihre Mondnächte durchzufeiern. Nie zuvor wurden so viele Drogen konsumiert wie heute. Ecstasy war der erste Stoff, der dazu diente, das Durchhalten zu garantieren, viele weitere Kunstdrogen folgten. Auch das gute alte Kokain erfreut sich reger Nachfrage. Seit sich sogar die Models und Schauspieler, deren Vorbildfunktion in ihr mikroskopisch kleines Bewusstsein kaum hineinpasst, direkt aus der Entzugsanstalt heraus wieder auf den Bildschirmen bewegen dürfen, wird es für Eltern fast unmöglich, ihren Kindern beizubringen, dass Drogen schädlich und uncool seien.

Hinzu kommt die Tatsache, dass nach außen alles gut aussieht. Die Kids konsumieren Unmengen von Wasser, sodass die Alkoholkontrollen negativ ausfallen. Sollte ein Polizist Anstoß an übernatürlich geweiteten Pupillen nehmen, hat er es schwer, denn ein Pustegerät für Drogen ist biochemisch gesehen unendlich viel schwerer zu entwickeln als eines, das nur Ethanolreste messen muss.

Was man nicht vergessen darf, ist, dass der jugendliche Körper einen aktiveren Stoffwechsel hat als Erwachsene. Bier und Wein, selbst leichtere Drogen, die auf körpereigenen Substanzen beruhen, kann er bis zu gewissen Graden effizient und schnell abbauen. Das Problem sind aber die heutigen Kunstprodukte auf allen Ebenen.

Für destillierten 96%igen Chemiealkohol, der sich stark verdünnt in den Alcopops zusammen mit Kunstaromen befindet, gilt diese Regel nicht und für Kunstdrogen auch nicht. Hier werden Organe mit Müll belastet, der sie unter Umständen die nächsten vierzig Jahre begleitet, Zeiträume, an die ein Jugendlicher nicht einmal im Traum denkt. Aufklärung, die nicht mit dem moralischen Zeigefinger kommt, sondern schlichtweg mit biochemischen Tatsachen, tut da dringend not.

Für Eltern bleibt es in jedem Fall eine Frage des Vertrauens auf die Seelenstärke des Jugendlichen, diesen gefährlichen Lebensabschnitt unbeschadet für alle zu überleben.

Das Mondorgan umfasst das Ohr und der akustische Sinn. Welch Wunder also, dass Jugendliche Musik sehr viel wichtiger nehmen als Erwachsene oder Kinder. Daher gibt es auch so viel Musik, die in Liedern genau die Probleme beschreibt, die ein Jugendlicher durchlebt. Musik bedeutet Zuflucht, Verständnis und Harmonie in einer prinzipiell feindlichen Umgebung. Musik baut Stress ab, sei es durch aktive Teilnahme beim Spielen eines Instruments oder durch reines Zuhören und Mitsummen (oder auch Brüllen).

Als es noch Kirchentonarten gab, reflektierte das Harmoniespektrum noch alle sieben Himmelskörper. Seit der Renaissance müssen wir uns mit einem Sol/Luna-Dualismus begnügen, die dorische und äolische Tonart blieben übrig, Dur und Moll, wobei tatsächlich Männer meist die Durtonarten und Frauen eher melancholische Molltonarten bevorzugen.

Jede Generation prägt ihren eigenen Musikstil als kollektiven Ausdruck noch unbewusster Sehnsüchte und Träume. Dieses Phänomen nahm seinen Ursprung übrigens nicht mit den Beatles, wie man heute oft sagen hört. Die Beatles markieren nur den Anfang der Popmusik. Schon Mozart drückte die Sehnsüchte einer ganzen Generation unterdrückter Jugendlicher aus, die ihre Eltern siezen mussten und deren Entfaltung streng reglementiert war.

Das Mondorgan Gehör kann dabei ganz andere Lautstärken vertragen, als Eltern oder erboste Nachbarn wahrhaben wollen.

Gleiches gilt für die Menge der Merkursignale. Die Handyrechnungen sind nicht umsonst so hoch, in keiner Lebensphase ist das Mitteilbedürfnis scheinbar banaler Details größer. Eltern verstehen oft nicht, warum das Kind, das erst vor einer halben Stunde aus der Schule gekommen ist, schon wieder am Telefon hängt, um die Klamotten des Soundso zu diskutieren. Auch das liegt in der Natur der Sache. Mond bedeutet Reflektion, über alles und jedes muss nachgedacht werden, und das nicht allein, sondern im Kreis der Freunde. Merkur muss sich mitteilen, rein um des Mitteilens willen. Kommunikation ist der Jugend schon immer alles gewesen.

Wenn früher dafür nur die Minnesänger zur Verfügung standen, danach dann das gute alte Telefon, so geht es ihnen heute dank Handy, Internet, iPod und MP3-/MP4-Player einfach besser. Das Merkurorgan ist nun einmal die Zunge, die in dieser Lebensphase zum Quasseln und nur sehr rudimentär zum Schmecken benutzt wird.

Um diesen Aspekt Merkurs zu fördern, müssen Eltern darauf achten, dass ihre Sprösslinge so viel wie möglich echte Geschmäcke geboten bekommen und so wenig wie möglich Kunstprodukte. Wer immer nur Fertigsoßen auf den Salat schüttet, muss sich nicht wundern, dass das Kind zwar Glutamatrezeptoren entwickelt, aber Petersilie nicht vom Dill unterscheiden kann. Wer dagegen zu Hause gute Küche gewohnt ist, verschlingt den Hamburger nur in der Gruppe der Freunde und auch nur, weil es nichts Besseres gibt.
Viele Jugendliche finden es aber extrem ätzend, wenn die Eltern zu Hause in der Küche ihre Ideologien ausleben, sei es Roh-, vegetarische Kost oder Makrobiotik. Jugendliche haben Hunger und brauchen alles: Zucker, Fett, Proteine und Vitamine, und das in größeren Rationen als die Eltern. Sollte dies nicht der Fall sein und das Kind nur an einer Möhre mümmeln, gibt es ein größeres Problem. Nun ist es nicht so, dass die genannten Energielieferanten nicht im absoluten Übermaß in unseren Lebensmittelläden geboten würden, nur kommt es hier einzig und allein auf die Herkunft an.

Zucker kommt als sichtbare Kristalle in den Tee oder versteckt im Kakao in die Milch, dazu macht er einen großen Anteil in Kuchen und Plätzchen aus. Und als Invertzucker kommt er aus dem Honig, als Fruchtzucker süßt er Marmeladen und Obst. Da, wo man ihn sieht, ist er unter Kontrolle, nur der unsichtbare ist gefährlich, die maßlosen Mengen in Softdrinks zum Beispiel.

Fett wird gebraucht, um fettlösliche Vitamine aus dem Gemüse zu lösen. Salat ohne Öl ist daher sinnlos. Brot ohne Butter ist auch sinnlos, ein Salatblatt oder eine Tomatenscheibe zwischen Butter und Käse allerdings nicht.

Kinder mögen gerne Fleisch, allerdings noch nicht die ganz komplexen Arten wie Wild oder Fasan, Geflügel ist dagegen schon richtig, wenn auch heute oft hormonverseucht wie so vieles.

Meeresfrüchte und Fisch fallen den meisten Jugendlichen schwer zu essen. Es ist lästig, eine Gamba zu pellen, und noch lästiger, einen Fisch anständig zu zerlegen. Trotzdem ist jetzt die Zeit, es zu lernen, sonst blamiert man sich später als Erwachsener ein Leben lang mit einem Massaker auf dem Teller, sobald es Fisch in anderer Form als Fischstäbchen gibt.

Man soll Jugendliche auch nicht unterschätzen. Wenn sie so eine Aufgabe gemeistert haben, sind sie auch sehr stolz auf sich und lernen ganz nebenbei, die Geschmacksnerven zu trainieren.

Das Organ des Merkurs, das jetzt langsam die Vorherrschaft über den Mond gewinnt, ist die Lunge. Über die Lunge findet der Austausch mit der Umgebung statt. Der Rhythmus der Atmung wird entscheidend, wenn die Kommunikatikon und der Austausch beeinträchtigt werden. Ein Jugendlicher, der sich mit seinen Problemen allein gelassen oder unverstanden fühlt, kann sehr schnell zu wenig Luft bekommen. Der Arzt diagnostiziert dann Asthma, Heuschnupfen, Allergie und Bronchitis. Mangelndes Verständnis für die Natur und ihre Lebewesen fördert dazu noch die allergenen Komponenten der Krisen.

Das Verhältnis zu anderen Lebewesen oder Naturerscheinungen ist in dieser Lebensphase nicht mehr unmittelbar. Die Erziehung hat schon bewirkt, dass man Gegenständen oder anderen Lebenserscheinungen keine »Seele« mehr zutraut. Pflanzen und Tiere treten in den Hintergrund, das Interesse gehört hauptsächlich der eigenen Spezies, die man kaum begreift. Das einzige Naturphänomen, das in die unmittelbare Lebenswelt eingegliedert wird, bilden ganz analog zur Musik die Metalle.

Man darf nicht vergessen, dass die Intervalle der Musik ihre Entsprechung in den fünf platonischen Körpern haben, die auch die kristalline Form der Metalle bilden.

Was für Metalle?, fragt sich jetzt der erstaunte Leser.

Wichtigstes Metall ist natürlich das Eisen, vorzugsweise mit Chrom verziert, das Metall nämlich, aus dem das Motorrad zur Hauptsache besteht.

Extrem marsbetonte Jugendliche statten sich mit einer Motorradkette, nietenbeschlagenen Lederklamotten, einem Klappmesser und der Kette, die die beiden Hälften eines Nunchaku verbindet, aus, dazu gehört noch Heavy Metal, Rockmusik, Rap oder, etwas softer, Hip-Hop.

Erwachsene empfinden angesichts dieses Panoramas oft tiefsten Schrecken. Die Message des Eisens ist klar, selbst dann, wenn die ledergewandeten Biker in der Mehrzahl eher friedliche Gesellen sind. Sie lautet: »Bleibt uns mit euren ewigen Geboten und Verboten vom Leib.«

Hierbei wird das Motorrad nicht nur zur Eisenrüstung, es ersetzt auch gleichzeitig das Pferd, das einem früher die Freiheit der Bewegung garantierte.

Motorräder sind die liebsten Gefährten vieler Jungen auf dem Weg zum Mann, aber ein gewisser gleich bleibender Prozentsatz von Mädchen ist auch immer wieder unter den aktiven, nicht nur beifahrenden Bikern zu finden. Hier nun können die Mädchen, die unter dem Mars geboren sind, ihre Natur voll ausleben, auch wenn sie lange Haare haben und üppigen Busen vorweisen können.

Die Venusmädchen schmiegen sich lieber auf dem Sozius an ihren Helden, was der jugendlichen Paarbildung enormen Vorschub leistet und ebenfalls unverzichtbar ist.

Man könnte die Eisenattribute auch als *Atavismus* sehen, als Imitation einer Zeit, in der Jugendliche lernten, entweder mit dem Schwert oder aber mit der Hacke umzugehen, in jedem Fall aber mit dem Marsmetall sehr direkt in Berührung kamen. Daher ist es gar nicht verwunderlich, dass gerade die Jugendlichen, die aufgrund von Herkunft, Schulbildung oder Nationalität als chancenlos einzustufen sind, besonders intensiv in einer von Mars dominierten Welt leben.

Natürlich ist so etwas heute größtenteils verboten, sodass viele Jugendliche in die virtuelle Welt abgleiten, wo sie sich allerdings nicht mehr mit Stichwaffen begnügen, sondern gleich zur Pumpgun greifen. Die Hinwendung zum Saturnmetall Blei kann man aber getrost als pervers bezeichnen, sei es »nur« in Computerspielen oder gleich auf der Straße.

Was das Beispiel zeigt, ist, dass die Entwicklung eines Jungen zum Mann oder eines Marsmädchens zur Frau durch Reifung der Marsseiten nicht immer durch Verbote unterdrückt werden kann oder sollte. Beste Lösung hier: Marstätigkeit als Sport, sei es Fußball, Kung-Fu oder klassisches Fechten, Hauptsache, der Frust wird abgebaut.

Bei den Mädchen spielen andere Metalle eine wichtigere Rolle. Hauptsächlich das Silber, das in dieser Entwicklungsphase sehr viel lieber getragen wird als Gold. Recht haben sie, das Mondmetall ist nun einmal Silber. Einige Mädchen bemerken aber, dass der Schmuck auf ihrer Haut dunkel anläuft, während das bei der Freundin nicht geschieht. Die Ohrringe verursachen Entzündungen, bis man sie frustriert wieder aus den Ohren pult und die geschwärzten Ringe vom Finger streift. Die Erklärung ist einfach.

Mädchen sind normalerweise als Jugendliche noch stark mondabhängig, doch bei einigen ist die eigene Signatur schon so stark ausgeprägt, dass diese sich gegen das Mondmetall wehrt. Kein Marsgeborener erträgt Silber, und auch Saturngeborene reagieren mit Schwarzanlaufen des Metalls. Nun will aber kein junges Mädchen deswegen Gold, also »Omaschmuck«, tragen. Die Lösung hier ist einfach, aber auch teuer: Platin oder Weißgold, wenn das nicht geht, Eisen und Titan.

Kupfer ist dagegen nur für eine Sorte Mädchen die richtige Wahl: die Venusfrau. Leider gibt es nur sehr selten reinen Kupferschmuck, unter anderem auch, weil alle anderen darauf wieder allergisch reagieren.

Dasselbe Problem bereitet heute das Piercing. Ganz abgesehen davon, dass es sich hierbei um eine Dauerakupunktur handelt, sind die Metalle keineswegs für alle gleich verträglich. Mondmänner etwa sind selten und nur sie können sich gefahrlos für Psyche und Gesundheit die Brustwarze mit Silberringen verzieren, allen anderen kann man als Alchemist nur abraten.

Darum schlagen so oft ganz ohne scheinbaren Grund die Akupunkturbehandlungen bei dem einen an, während sie bei dem anderen überhaupt nicht oder eher negativ wirken.

Metall ist nun einmal nicht gleich Metall.

Metalle begegnen uns auch in Form von Instrumenten. Der Kontakt mit einer silberbespannten Geigensaite ergibt einen ganz anderen Effekt als der mit dem gewaltigen Gewicht einer kupferhaltigen Posaune. Hat der Jugendliche schon als Kind angefangen, ein Instrument zu spielen, so entscheidet sich jetzt, ob er sich damit wohl fühlt oder das Teil den Eltern vor die Füße knallt.

Die meisten Menschen ahnen nicht, wie sehr die Harmonie mit dem Geburtsherrscher diese Entscheidung beeinflusst. Jetzt kann man beobachten, wie ein junges Talent für seine Geige auf eine goldene E-Saite spart. Der Junge wechselt instinktsicher auf das Sonnenmetall, während er selbst glaubt, er täte das für den Klang; und die Umwelt glaubt, er sei dem Snobismus verfallen. (Aus demselben Grund sieht man auch viele männliche Flötisten mit Goldmundstück, während die Frauen lieber beim Silber bleiben). Andere tauschen jetzt die klassische Holzgitarre gegen eine E-Gitarre ein, nicht nur, um den Sound zu wechseln, sondern auch, weil mehr Metall dran ist.

Schmuck war bis vor wenigen Jahrzehnten bis auf den Ehe- oder Siegelring hauptsächlich den Frauen vorbehalten. Heute, im Zeitalter des Konsums, tragen schon kleinere Jungen Ketten, Armbänder und Ohrringe wie unsere wilden Vorfahren.

Hatte man früher noch »Weichei« zu so etwas gesagt, gilt das heute wieder als schick oder modisch. In bestimmten Reklamen laufen kleine Jungen wie Minirapper oder Zuhälter herum, um so den Eindruck von *cool* zu vermitteln. Das mag in den Slums bestimmter amerikanischer Großstädte witzig sein, in Deutschland wirkt es eher lächerlich.

Ähnliches gilt für Tätowierungen. Früher waren dies magische Beschwörungen primitiver Stämme, über deren Körperschmuck sich schon Julius Caesar lustig gemacht hat, heute gilt das wieder als *cool*, und schon kleine Kinder finden in ihren ebenfalls bedenklichen Chipstüten kleine abwaschbare Kindertattoos. Diese werden dann von Mädchen wie Jungen aufgeklebt, ganz als Vorbereitung auf die Jugend, wo sie dann im Studio zur dauerhaften Körperverunstaltung schreiten werden und nicht bedenken, wie sich der wilde Panther einmal auf erschlaffender Haut mit grauen Haaren machen wird.

Alchemisten schütteln bei all diesem unüberlegten Treiben bedenklich das Haupt. Da die Metalle nun einmal als Antennen für die Himmelskörper wirken, ist es mehr als wahrscheinlich, dass der Jugendliche sich durch Missgriffe selbst schadet.

Magische Beschwörungen, wie sie Tattoos darstellen, gehören schon gar nicht auf jugendliche Körper, da der Einfluss auf die Psyche sich von ihnen am allerwenigsten abschätzen lässt. Wenn schon so eine Mode mitmachen, dann doch besser die abwaschbare Variante, sonst wird es später einmal sehr teuer, wenn ein Chirurg bemüht werden muss.

Partnerwahl und Fruchtbarkeit: Venuszeit

Irgendwann hat der Jugendliche sich dann ausgetobt, die Spielzeuge allein bringen es nicht mehr, wozu auch die gelegentlichen Sexobjekte gehören, die ins Leben hinein- und wieder herausgetreten sind.

Die Welt ist nicht mehr nur voller Objekte, sie scheint auch Subjekte zu haben. Bei vielen Freunden ist jetzt schon zu beobachten, wie aus einem zwei geworden sind. Singlesein ist nun nicht mehr unabhängig und cool, sondern bedeutet nur noch Einsamkeit. Das uralte Ritual der Paarbildung rückt vom Unbewussten ins Bewusstsein und schiebt sich auf die Dringlichkeitsstufe Nummer eins.

Und in diesem Sektor bekommt der junge Suchende über die Medien dann nichts als Lügen und Irrtümer serviert.

So wird zum Beispiel allen männlichen Anwärtern auf die Liebe suggeriert, dass Frauen sein sollten wie eine EU-Tomate, außen hui und innen pfui, dazu vollkommen gleichförmig wie aus dem Klonlabor gestiegen, möglichst charakterfrei und light.

Männer dagegen sollen durchtrainiert und sportlich wirken, wobei der schlanke Body hauptsächlich vom Fitnessstudio herrührt. Dabei dürfen sie aber keinerlei Anzeichen von männlicher, nach Arbeit aussehender Betätigung an sich haben. Da das Weichei von heute zumeist ein sessiler Bürohengst ist, ist er glatt rasiert, nach allerlei Labordüften riechend (Hauptsache kein Schweiß) und schmutzfrei gekleidet (Reminiszenzen an echte Männerarbeit wie Rodeoreiten oder Holzfällen werden von der Industrie künstlich suggeriert durch Jeans und Hemden, die nur so tun, als hätten sie die Welt gesehen und etwas anderes erlebt als Sitzpolster).

So zumindest erscheinen sie jeden Tag auf den Bildschirmen und Zeitungscovern, bis selbst der unabhängigste Geist auf die falschen Bilder hereinfällt.

Wie viel Leid könnte vermieden werden, wenn die Filmindustrie endlich umschwenken würde und wieder auf die Vielfalt zurückkäme, die die Natur uns tatsächlich zu bieten hat. Da gibt es große und kleine, runde und dünne Menschen, dazu alle Haut- und Haarfarben, ganz von Natur aus, ohne dass man gleich fleckige Strähnchen auf den Kopf schmieren müsste, um die Kosmetik- und Friseurindustrie zu bereichern. Welch perverse Mode zwingt Frauen dazu, sich als billiges Sexobjekt zu präsentieren, wo jedes Gramm Speck den kritischen Blicken ausgesetzt werden muss? Wie viel Gift wird geschluckt, wie viele gefährliche Hungerkuren auf sich genommen, um den Klonmaßen zu entsprechen, auf die doch gar keiner scharf ist.

Die Natur der Anziehung, die zu einer stabilen Paarbildung führen kann, ist doch in Wirklichkeit eine ganz andere.

Natürlich ist der optische Sinn der erste, besonders bei Sonnenmenschen und Männern ganz prinzipiell, doch er ist bei Weitem nicht so primitiv, wie uns die Medien glauben machen. Nicht alle Männer lieben Silikonbusen, und nicht alle Frauen wollen große blonde Helden.

Zu Beginn ihrer Jugend hat fast jeder nach so einem Musterexemplar Ausschau gehalten und ist meistens damit auf die Nase gefallen, entweder weil Barbie oder Ken bei näherem Hinsehen todlangweilig waren oder humorlos oder dumm oder, oder, oder. Schlimmer noch ist der riesengroße Stress, neben so einem Exemplar sein Selbstwertgefühl zu erhalten. Alle anderen wollen auch so ein Wunderwesen und tun alles, um es einem streitig zu machen. (In der Phase, in der der andere ein Objekt und keine Person ist, schlagen sich die Leute um die Partner, als handele es sich hierbei um ein Schnäppchen im Discountladen, siehe »High School Musical«.)

Da Menschen nun einmal nicht statisch sind, sondern sich entwickeln, dämmert es auch dem eher einfach Gestrickten, dass die Suggestionen der Medien nicht ausreichen. Jetzt, wo man Mr oder Mrs Right sucht, zählen andere Kriterien, aber welche?

Die Alchemie hält sich da an das Wesentliche, zunächst einmal an die sieben Sinne. Es liegt in der Natur der Sache, dass die Sinne harmoniesüchtig sind, denn die uns umgebende Natur (keine Städte natürlich) spiegelt die Schönheit des Universums. Jedes Lebewesen wünscht sich Einklang mit der Natur und ihrer Schönheit. Daher verlangen die Sinne kompromisslos Schönheit und Ästhetik, ob einigen Puritanern diese Tatsache gefällt oder nicht.

Das Auge erfreut sich an optischen Reizen, als Sonnenorgan natürlich an leuchtenden Farben, aber in Einklang mit der Natur auch besonders an Radiär- oder Spiegelsymmetrie.

Radiärsymmetrie weisen alle runden oder sternförmigen Strukturen auf, wie wir sie bei den Blüten der Pflanzen und vielen archaischen Lebensformen wie etwa dem Seestern finden. Spiegelsymmetrie findet man bei vielen kantigen Strukturen wie zum Beispiel den Mineralien, aber auch den Bäumen, Insekten und allen Säugetieren.

Kleidungsstücke werden fast immer spiegelsymmetrisch gewählt, Schmuck am liebsten radiärsymmetrisch und befinden sich so in Harmonie mit dem menschlichen Körper. Ungleiche Ohrringe, asymmetrische Muster deuten schon auf innere Konflikte des Trägers hin.

Das Auge ist aber leider auch das Sinnesorgan, das heutzutage am meisten betrogen wird. Das meiste von dem, was es geboten bekommt, ist nicht echt.

Die schlanke Figur kann mühsam erhungert sein und wird der Natur früher oder später wieder nachgeben. Die Haarfarbe ist inzwischen nicht einmal mehr bei Männern unbedingt echt, was erst bei Inspektion des Intimbereiches zutage kommt. Selbst die Augenfarbe ist wegen bunter Kontaktlinsen nicht mehr zu erkennen. Das Einzige, was da noch hilft, ist ein Blick auf die Mundwinkel, lachen sie oder haben sie eine Tendenz zu Verkniffenheit oder Abwärtsneigung?

Wenn mir der andere buchstäblich ins Auge gefallen ist und nun endlich in greifbarer Nähe zum Beispiel mir gegenüber am Tisch sitzt, dann einmal ganz kurz die Augen schließen und das *Mondorgan Ohr* wieder bemühen.

Mag ich die Stimme des Gegenübers oder ist die Person wie ein Pfau mit schönem Gefieder, aber unerträglicher Stimme? Kann ich mir vorstellen, diese Stimme morgens vor dem Aufstehen gern zu hören? Ist das Musik in meinen Ohren oder nur Geräusch?

Nun das *Marsorgan Nase*: Kann ich den anderen riechen oder gefällt mir nur das Parfüm beziehungsweise Rasierwasser (wobei auch die Auswahl gekaufter Düfte schon einiges über den Träger aussagt)?

Wie duften die nassen Haare? Nasse Hunde stinken grauenhaft, nasse Pferde dagegen duften köstlich. Mit Menschen ist es genauso, Feuchtigkeit verstärkt den charakteristischen Fellgeruch, und gerade Gerüche beeinflussen auf subversive Weise Anziehung oder Abstoßung.

Der *Geschmackssinn* gehört zum Merkur, im übertragenen Sinn wie auch ganz direkt gemeint. Der erste richtige Kuss wird unzweifelhaft Auskunft darüber geben, ob der Geschmack stimmt oder nicht. Aber bevor es dazu kommt, kann man bereits Rückschlüsse auf dieses wichtige Organ ziehen, dann nämlich, wenn man zum ersten Mal gemeinsam essen geht. Hier sollte man nun genaueste Beobachtungen anstellen, denn die Vorlieben beim Kochen und Essen stehen in Verbindung mit den vier Elementen, die bei der täglichen Harmonie unbedingt zu beachten sind.

Es beginnt zumeist schon bei der Bestellung: Wählt der andere mit Bedacht, aber entschieden oder ist es ihm egal? Fragt er nach vegetarischen Gerichten und zählt seine Allergien auf? Da ist der Spaßfaktor von vornherein eher eingeschränkt.

Die meisten Menschen achten bei einem solchen Essen auch auf die Art und Weise, wie mit der Mahlzeit umgegangen wird, ob der andere dazu neigt, am Servierten herumzunörgeln, ob er lustlos im Essen herumstochert oder alles binnen Minuten verschlingt.

Aber für Alchemisten bietet der Umgang mit der Nahrung noch viel mehr, zum Beispiel das Verhältnis zu Salz oder Gewürzen, Fisch oder Fleisch, Pilzen und Nüssen.

Bleibt noch der *Tastsinn*, der Sinn der Venus. Da die meisten Bekanntschaften heutzutage sehr schnell zur Sache kommen, hat man auch sehr viel schneller als früher Gelegenheit, solche Details zu überprüfen.

Haut und Haare haben eine bestimmte Textur, die unverwechselbar ist. Selbst wenn man langjährige Partner aller anderen Sinne berauben würde, kann der Tastsinn genügen, sich zu erkennen. Die Dicke und Krümmung der Kopfhaare, die Behaarung von Brust und Armen, die Seidigkeit der

Haut, das Gefühl beim Aneinanderschmiegen sind unverwechselbar. Ist einem der direkte Kontakt so angenehm, dass man den anderen fühlen möchte, auch wenn das Eigentliche gelaufen ist, oder rückt man instinktiv ab?

Ein für uns eher unverständlicher Sinn ist der des Jupiters. Es ist ein *elektromagnetischer Sinn*, den wir mit dem Bewusstsein kaum erfassen, da wir keine Zugvögel sind, die sich mithilfe dieses Sinns am Magnetfeld der Erde orientieren. Trotzdem ist er da.

Er registriert elektromagnetische Spannungen und lässt ein Gefühl von Unwohlsein oder Behaglichkeit aufkommen. Beim Kennenlernen eines möglichen Partners kommt es manchmal schon bei der ersten Berührung zu einem kleinen Stromschlag. Der Volksmund spricht von dem Gefühl, wie »elektrisiert« zu sein, oder von »knisternder Erotik«, die dazu führen kann, dass einem plötzlich alle Haare zu Berge stehen. Solch spannungsgeladenen Begegnungen werden sehr oft als schicksalhaft empfunden und entscheiden im Bruchteil einer Sekunde für oder gegen einen Menschen.

Gerade dieser merkwürdige Jupitersinn ist es, der scheinbar nicht zusammenpassende Menschen aus völlig unterschiedlichen Kulturkreisen oder psychischen Hintergründen zu einem stabilen Paar machen kann. Also unbedingt auf solche scheinbaren Kleinigkeiten achten!

Dann ist da natürlich auch noch der berühmt-berüchtigte *sechste Sinn*, unsere magische Seite, die uns intuitiv sagt: »Der/die oder keiner/keine.«

Dieses Gefühl bedarf aber einer gewissen Kontrolle durch den Verstand, weil wir uns immer wieder fragen müssen, ob es einen Grund für dieses irrationale Phänomen gibt. Fallen wir nur einmal wieder auf das interne Beuteraster herein oder ist es eine Art unerschütterliche Gewissheit, die sich nicht auf optische oder akustische Eindrücke stützt, sondern auf das, was dahinter erkennbar wird, zum Beispiel wenn derjenige mit seiner Aura die eigene durchbricht und dabei keinen Schaden anrichtet, sondern Harmonie erzeugt?

Wie also ist das Gefühl, dem anderen nahezukommen, bevor man sich tatsächlich berührt?

Mit geschlossenen Augen unbedingt überprüfen!

Und hat man dann Mr Right gefunden und befindet sich an der Stelle, an der alle Liebesfilme mit einem Happy End in den Abspann übergehen, geht es eigentlich erst richtig los. Ein gemeinsames Nest, das fast immer zwei Signaturen gerecht werden sollte, muss gefunden oder gebaut werden. Und dann geht es um Fragen wie: Stadtinneres oder Land, Garten oder Balkon, Haustiere oder Zimmerpflanzen, Ordnung oder Unordnung und so weiter.

Jetzt treffen spätestens die unterschiedlichen Elemente und Geburtsherrscher aufeinander, und es wäre für jeden wichtig zu wissen, wo Kompromisse möglich sind und wo ganz bestimmt niemals.

Der Saturn wird immer andere Lebewesen um sich haben wollen, seien es Tiere oder wenigstens Zimmerpflanzen, Sonne wird die Verantwortung für so etwas nicht unbedingt auf sich laden wollen. Mars braucht Ordnung, Merkur ist leicht unordentlich, Venus braucht Schönheit. Die Liste der Imperative, über die es zu furchtbaren Auseinandersetzungen über die Farbe der Sofakissen kommen kann, kaum dass die Hochzeitsreise beendet ist, kann beliebig verlängert werden. Hier kann Wissen ein absoluter Liebesretter sein.

Erst wenn alle Aspekte des Nestbauens so geregelt sind, dass sie zu einem für beide Seiten annehmbaren Ambiente führen, kann der nächste Punkt erfolgreich in Angriff genommen werden: die Planung von Nachkommen.

In seltenen Fällen steht diese mehr oder weniger aus Versehen am Anfang einer Partnerschaft, was die Sache nicht immer erleichtert. Der Normalfall ist aber immer noch der, dass die Kinder nach dem Nestbau kommen, heutzutage sogar sehr lange danach. Meistens sind es berufliche Gründe oder Reifegrade, die dazu führen, dass ein großes Loch zwischen Paarbildung und Schwangerschaft entsteht. Biologisch ist das nicht, und so wundert es einen auch nicht, dass dieses Loch sich bei vielen Paaren ungewollt ins Endlose vergrößert oder gar zu tatsächlicher Kinderlosigkeit führt.

Jeder kennt wenigstens ein Paar im Freundeskreis, das spät geheiratet hat oder nach Erreichen eines gewissen Erfolgs im Beruf nun mit dem Schlachtruf »Jetzt aber!« vergeblich auf das Ausbleiben der Periode wartet. Zusätzlich zum eigenen Kummer müssen die sich dann auch noch anhören, dass sie zu alt seien, aus egoistischen Gründen zu lange gewartet haben, zu viel beruflichen Stress haben, zu dünn oder zu dick seien etc. Spätestens dann beginnt das Paar damit, zu verschiedenen Ärzten zu laufen, Monatstage zu zählen, bis hin zur künstlichen Befruchtung alles zu versuchen, verspannt sich immer mehr und verliert zum Schluss auch noch die Lust am Sex überhaupt. Viele Partnerschaften zerbrechen daran, andere retten sich durch Adoption, wobei nach Wegfall des Drucks ein zweites Kind oft genug ganz von selbst kommt.

Auch hier leidet wieder das Individuum unter den Sonne/Mond-Klischees der Gesellschaft:

Mondfrauen werden nun einmal leichter schwanger als Saturnfrauen, ganz gleich unter welchen äußeren Bedingungen sie leben. Sie werden es auch viel lieber als andere. Merkur-

und Venusfrauen haben es physisch weniger leicht, kommen psychisch aber bestens mit Kindern zurecht.

Die *Sonnenfrau* mag vielleicht auch Kinder, aber nicht als Lebenszweck, weswegen sie in größerer Gefahr schwebt, sehr spät und eher unwillig schwanger zu werden. Das Gleiche gilt für Mars- und Jupiterfrauen. Hier handelt es sich ganz klar um psychische Barrieren, die bei glücklicher Partnerschaft überwunden werden können.

Viele der genannten Frauen bekommen aber auch gegen ihre Natur Kinder, weil der Partner es sich wünscht oder weil sie glauben, ihre Rolle erfüllen zu müssen. Daraus werden angestrengte Mütter, oft genervt, weil psychisch überfordert. Da sie ihre Erfüllung nicht in Haushalt und Kindern sehen, brauchen sie sehr viel Hilfe durch den Partner, um ihre anderen Wünsche und Begabungen nicht begraben zu müssen und die daraus resultierende Frustration nicht auf Mann und Kinder abzuladen.

Saturn hat nicht nur psychisch Schwierigkeiten mit der Schwangerschaft, sondern auch noch physisch. Oft genug braucht sie professionelle Hilfe, um den Zyklus mit den Mondphasen zu harmonisieren. Die meisten Gynäkologen erkennen das Grundproblem gar nicht oder viel zu spät. Als Mütter müssen Saturnfrauen manchmal daran erinnert werden, dass Menschenkinder Säugetiere und keine Reptilien sind und daher entsprechende Zuwendung brauchen.

Spätestens in Gesprächen mit anderen Müttern, für die Geburtserlebnisse oder Stillen das Höchste überhaupt sind, kommt es oft zu Schuldgefühlen bei allen, die damit nicht aufwarten können, weil sie unter Vollnarkose einen Kaiserschnitt erlitten oder nicht genügend Milch hatten oder aus anderen Gründen anders darüber denken und fühlen. Viele postpartale Depressionen könnten vermieden werden, wenn die entsprechenden Frauen wüssten, dass sie trotzdem normal sind, dass sie durch einen weniger üblichen Geburtsherrscher nur einen weniger hormonell geprägten Zugang zur Mutterschaft haben. Dass sie nicht automatisch die schlechtesten Mütter sein werden, nur weil sie keine Lunafrauen sind.

Für alle Nichtlunamenschen gibt es das gute alte *Mondelixier* (Matrigen I® von Soluna), das genau diese Funktion übernimmt. Hinzu kommt intensiver Kontakt mit Silber. Wer Silberschmuck nicht auf der Haut verträgt, zum Beispiel Sonnenkinder, kann es wahlweise auch in homöopathischer Form zu sich nehmen, beispielsweise Argentum metallicum D30 jeden Montag. Dazu empfiehlt es sich auch, Mondzyklen zu beachten. Saturnfrauen können mithilfe von Mondmagie ihre Natur überlisten.

Vollmondbäder sind immer zu empfehlen, dazu lunare Musik und Bäder oder Duschen, um das Element Wasser einzubeziehen.

Hat es dann geklappt und die Kinderaufzucht läuft mehr oder weniger so, wie sie soll, darf nie vergessen werden, dass immer noch Venus gefordert ist. Eltern sind nicht gerne nur Mütter oder nur Väter. Da war doch noch etwas? Ist nicht einfach anzustellen mit Säugling, schon gar nicht, wenn selbiger im Schlafzimmer liegt. Wenn er noch ganz klein ist, geht's ja noch, aber wenn er größer wird und immer noch kein eigenes Zimmer hat, kommt beim Partner irgendwann Frust auf. Drei Jahre sind zu lange für Abstinenz, selbst wenn die Mutter gerade nur Mutter ist und nichts vermisst, der Mann tut es bestimmt. Kinderzimmer haben einen Sinn, besonders nachts, und das Argument, es sei so bequem, nicht aufstehen zu müssen, zählt hier nicht wirklich.

Liebe ist nie bequem, denn wenn sie es wird, ist sie auch schon dabei abzusterben. Also keine schlampigen Hänger über den durchnässten Still-BH oder ausgeleierte Jogginghosen mit Breiresten, das sind alles Venuskiller, die man später, wenn man sich wieder fit fühlt, bitter bereut. Um die Liebe zu erhalten, sind die gleichen Anstrengungen erforderlich wie beim Beruf, darum ist es ja so ungerecht, dass man alle Energien dort schon losgeworden ist und für den Partner nur noch ein winziges Fünkchen bleibt.

Das Gleiche gilt für die Kinderaufzucht, manchmal erweist sich ein Babysitter als Liebesretter, wenn damit die Möglichkeit geschaffen wird, einmal wieder einen Abend zu zweit zu verbringen, und sei es nur ein Spaziergang Hand in Hand.

Karriere und Kinderaufzucht: Marszeit

Es gibt einen Spruch, der wie kein anderer die Marsspanne des Lebens charakterisiert: »Zwischen dreißig und fünfzig liegt das Leben auf einem wie nasse Erde auf dem Sargdeckel«, wobei diese Erde sich aus drei K zusammensetzt, als da wären Karriere, Konten und Kinder. Von den K der vorherigen Jahrhunderte, Kinder, Küche und Kirche, haben wir uns hingegen weit entfernt. Ob allerdings die neue Sargerde, die auf Männern und Frauen gleichermaßen lastet, wirklich einen Fortschritt bedeutet, wird noch zu untersuchen sein.

Zunächst einmal kann man beobachten, dass die Forderung nach Karriere in der Reihenfolge der K den ersten Platz einnimmt. Kaum einer kommt heute von der Schule, um sich als Erstes die Verantwortung für ein Kind aufzuladen. Zunächst einmal braucht der moderne Mensch einen Beruf, um sich finanzielle und emotionale Unabhängigkeit sichern zu können, eventuell, wenn nicht sehr wahrscheinlich sogar, muss diese Unabhängigkeit ein ganzes Leben reichen, wo sie dann später Singledasein genannt werden wird.

Für Männer ist der Vorgang von Ausbildung und Berufsausübung normal, seit im Mittelalter das Bürgertum aufkam, für Frauen, geschichtlich gesehen, erst seit gestern.

Chancengleichheit schafft gleiche Ziele und gleiche Ergebnisse, zumindest oberflächlich gesehen. Bohrt man etwas tiefer, blickt einen aber stattdessen immer wieder der Abgrund des tiefen Unbehagens in der Kultur entgegen, dem wir heute den Allzweckterminus Stress verpasst haben.

Stress ist das Marswort schlechthin, es bedeutet Adrenalinausschuss, Schweißausbruch, Panik, verspannte Muskeln, behinderte Verdauung und bei mangelnder Gelegenheit zum Abbau garantiert dann auch Krankheit.

Früher hatte das Wort Stress mit Arbeitsausübung nichts zu tun. Arbeit konnte geregelt bis langweilig sein wie die von Beamten, eintönig und anstrengend wie die von Arbeitern, naturverbunden und kraftraubend wie die von Bauern oder spannend, dafür aber gefährlich wie die von Gesetzeshütern. In den wenigsten Fällen war Arbeit heiterer Ausdruck von geistiger Erfüllung, meistens nur dann, wenn es sich um einen künstlerischen Beruf handelte oder einen, der auf einem Wunschstudium basierte. Und nur ganz, ganz selten garantierte einem der Beruf die Ausübung aller sieben Formen von Intelligenz, als da wären: numerische Intelligenz, räumliche Intelligenz, sprachliche Intelligenz, Logik, künstlerische Intelligenz, soziale Intelligenz und Magie.

Sieben Formen der Intelligenz

Himmelskörper	*Intelligenzform*
Sonne ☉	visuelle Intelligenz
Mond ☽	soziale auditive Intelligenz
Merkur ☿	verbale, linguistische Intelligenz
Venus ♀	künstlerisch-musikalische Intelligenz
Mars ♂	psychomotorisch-mechanische Intelligenz
Jupiter ♃	inter- und intrapersonelle Intelligenz
Saturn ♄	reine Logik

Arbeit garantierte fast immer zuallererst das Überleben und war nur ganz sekundär eine Quelle der Freude. Das war auch nicht weiter schlimm, solange das Familienleben, der Freundeskreis und die privaten Hobbys die fehlenden Lücken füllen konnten, ein gewisses Gefühl von Sicherheit die Härten der aufgezwungenen täglichen Disziplin kompensierte, ein bestimmter Rhythmus von Arbeit und Freizeit gewährleistet war, das Arbeitsklima selbst von Kollegialität geprägt war.

Nichts von all dem, was alle heute Pensionierten noch mehr oder weniger erlebt haben, gilt mehr für unsere Zeit. Niemand will wahrhaben, am allerwenigsten die Arbeitgeber, dass wir unter absolut verschärften Bedingungen antreten, die dazu führen werden, dass immer weniger Produktivität und Kreativität gewährleistet werden können.

Stress und Angst sind Produktivitätskiller, wie jeder Firmenchef eigentlich wissen sollte, dessen Unternehmen sich in eine Art moderner Dschungel verwandelt hat. Da die Arbeitsplätze knapp sind, von Sicherheit schon lange nicht mehr die Rede sein kann, die eigene Effizienz ständig durch Zusatzarbeit bewiesen werden muss, fallen regelmäßige Arbeitszeiten und somit auch regelmäßige Mahlzeiten weg. Kollegen werden zu Konkurrenten, womit der Terminus *Mobbing* geboren wurde. Seit der Anteil der Frauen am Arbeitsmarkt einen kritischen Wert überschritten hat, sind auch noch die Faktoren Sex und Gewalt in die Arbeitswelt geraten, was den Stress auf der einen Seite und die Angst auf der anderen Seite weiterhin erhöhen. Beides führt zu Unproduktivität und Fehlern, die eine Firma ruinieren können.

Wie immer zu allen Zeiten reagieren die Menschen sehr unterschiedlich auf die veränderten Situationen. Marsgeborene können von Natur aus besser mit Stress leben als die anderen. Disziplin in Form von frühem Aufstehen und Pflichterfüllung in Form überlanger Arbeitszeiten stören sie weniger als andere. Konkurrenz erleben sie als Ansporn, Kollegen werden gerne in feste Rangformen eingeordnet und danach behandelt. Ihre Arbeit erledigen sie gründlich und super, dabei nach Möglichkeit schweigsam. Sie wären also theoretisch die Gewinner der neuen Situation, wenn da nicht ein Problem wäre, das sie früher nicht hatten: der hohe Frauenanteil in fast allen Berufssparten. Frauen bedeuten Jagdobjekte, denn Frauen haben in einer Marswelt keinen Rang als den, den die Männer ihnen zubilligen. Ist die Frau eine Untergebene, ergibt sie sich vielleicht dem Jagdtrieb freiwillig oder aber das Problem landet beim Betriebsrat. Ist sie eine Ranghöhere, wird der Marsmann seine Energien dazu verwenden, das störende Element zu verunglimpfen, zu überflügeln oder, wenn gar nicht anders möglich, zu ignorieren, eine produktive Zusammenarbeit ist nur in wenigen Fällen zu erwarten (wie etwa in dem Film »Enthüllung« zu sehen ist).

Sein Gegenteil, der Venusmann, stört sich an arbeitenden Frauen sehr viel weniger. Da die meisten Frauen im Beruf sowohl in puncto Kleidung als auch in Bewegung und Ausstrahlung unweiblich sind und sein Ästhetikgefühl also gar nicht berühren, nimmt er sie gar nicht als solche wahr. Er behandelt sie eher wie Kameraden, bis diese darüber dann beleidigt sind. Was ihn leiden lässt, das sind die Hässlichkeit, die unfrohe Atmosphäre und die lieblosen menschlichen Kontakte, die eine typische Büroatmosphäre kennzeichnen.

Sonne wird versuchen, das Geschehen zu dominieren und den Stress an sich abprallen zu lassen, statt ihn bei sich zuzulassen.

Mond bekommt eher Angstzustände, die seine kreativen Elemente lähmen. Mond braucht Sicherheit und Frieden, die heute nur noch wenige Berufe gewährleisten können.

Merkur kann sehr gut vermitteln und ist daher ein sehr wichtiges Element in einem Team. Probleme hat er hauptsächlich mit dem Schlafmangel und den miserablen, wenn überhaupt vorhandenen Mahlzeiten, wie sie in modernen

Betrieben üblich sind. Da Kommunikation sein Element ist, verkümmert er, wenn er isoliert vor einem Bildschirm sitzen muss, lebt dagegen auf, wenn er mit anderen Kontakt haben kann, und das am liebsten noch mehrsprachig. Sein Hang zur Schlampigkeit sorgt zwar für einen chaotischen Schreibtisch, aber für mehr kreative Ideen.

Jupiter hat Probleme, wenn er nicht der Chef ist. Er macht sich dann besser selbstständig. Als Firmenleiter, Abteilungsleiter oder Ähnliches versucht er, für Gerechtigkeit und Ausgleich zu sorgen. Das Arbeitsklima mit solch einem Chef ist meistens besser als mit anderen. Da er Reichtum anstrebt, wird er sehr ärgerlich, wenn er sich unterbezahlt fühlt.

Saturn arbeitet so gern allein. Im Team wird er versuchen, die anderen unauffällig zu manipulieren. Er ist ein geborener Querdenker und stellt erst einmal alle Normen infrage, sein Potenzial liegt in seinem breit gefächerten Wissen und der Neigung, schnell und begeistert jeden scheinbar unwichtigen Unsinn zu lernen. Routine allerdings ödet ihn so an, dass er nachlässig werden kann. Probleme hat er hauptsächlich mit der künstlichen Umgebung aus Neonlicht und Klimaanlagen. Für ihn sind Pausen an frischer Luft unersetzlich, wenn er kreativ bleiben soll.

Allgemein wird erwartet, dass alle Arbeitnehmer sich wie kastrierte Marsgeborene verhalten sollen, also alle Tugenden des Mars aufweisen, allerdings nicht dessen Untugenden wie Aggression oder einen ausgeprägten Sexualtrieb.

Wenn diese Forderungen schon einem Großteil der männlichen Bevölkerung gegen die Natur gehen, wie viel stärker erst dem weiblichen Teil der Arbeitswelt!

Während der Ausbildung glauben die meisten noch an das Märchen von der Emanzipation. Sie haben es geschafft, den Käfigen entronnen zu sein, in denen unsere armen unterdrückten Vorfahrinnen noch eingesperrt waren. Je düsterer man das Frauenbild in der Geschichte zeichnet, umso leichter fällt es der Industrie, von allen heute lebenden Frauen produktive und oft noch unterbezahlte Dankbarkeit zu verlangen.

So also ideologisch vorbereitet, begibt sich frau in den Arbeitsprozess, um sehr bald festzustellen, dass es mit der Chancengleichheit nun doch nicht so weit her ist. Hierarchien und Seilschaften sind Marskonstrukte, bei denen für Frauen eigentlich untergeordnete Positionen vorgesehen sind. Da hilft es auch nicht, wenn sie optische Mimikry in Form von bürograuem Businesslook betreibt, sich aller auffälligen weiblichen Attribute entledigt, indem sie sich die Haare kurz schneidet, Farben und Schmuck nur noch dezent verwendet und mit flachen Schuhen den Stechschritt des Mannes nachahmt. Sie könnte ja trotzdem Kinder bekommen oder wenigstens ihre Tage, eine Tatsache, an die sie spätestens durch gelegentliche verbale oder tätliche Angriffe auf intimere Körperteile erinnert wird.

Kinder sind in diesem Zusammenhang nicht mehr die kostbare nächste Generation, die unsere Mutterherzen füllen und das Alter sichern soll, sondern eine Aufstiegsbremse ohnegleichen. Schwangerschaftsvertretungen sind für alle Mitarbeiter ein Gräuel, Babyjahre unverschämt teuer, Ausfälle durch Kinderkrankheiten eine Zumutung. Je weniger man also davon hat, umso besser für den Betrieb, umso besser für die arbeitende Frau, zumindest kurzfristig gesehen. Langfristig führt es dazu, dass nur noch Arbeitslose oder Familien mit Migrantenhintergrund Kinder haben, die dann allerdings unter der Armutsgrenze leben müssen. Mittelfristig führt es zu einer ausgedehnten Midlife-Crisis, wenn frau sich zu Beginn der Menopause fragen muss, ob die Opferung jedweden Privatlebens zu einem erfüllten Leben geführt hat. Die Effizienz der Arbeit beginnt spätestens jetzt, an immer weniger leicht zu unterdrückender Wut zu leiden. Aggression und Hysterie nehmen zu.

Wie auch den Marsmännern fällt es Marsfrauen am leichtesten von allen, sich in moderne Arbeitsprozesse zu integrieren. Sie werden von ihren Kollegen schnell als Kameraden erkannt und behandelt. Hatten sie vorher schon wenig weibliche Eigenschaften, verlieren sie diese hier vollständig, ohne ihnen nachzutrauern.

Venusfrauen hingegen schaffen diesen Sprung in die männliche Psyche niemals. Aufstiegschancen haben sie daher nur in weiblich dominierten Berufen, in denen Schönheit das Thema ist, wie etwa der Mode- oder Parfümwelt. In Betrieben landen sie oft auf Sekretärinnenposten, wo sie durch ausgiebiges Fingerlackieren die Kollegen erzürnen oder zu den besagten Übergriffen scheinbar einladen.

Sonnenfrauen versuchen nach dem Motto »Augen zu und durch« Karriere zu machen. Solidarität mit anderen Kolleginnen ist ihnen fremd.

Mondfrauen dagegen brauchen diese, um in einer ihrer Natur feindlich gesinnten Welt überleben zu können. Am besten gedeihen sie in sozialen Berufen, in denen ihre Opferbereitschaft und emotionale Beteiligung erwünscht und gebraucht werden.

Merkurfrauen sorgen in Betrieben für den berüchtigten Klatsch und Tratsch, da sie jede Information, ganz nach Laune verzerrt und verändert, durch alle Abteilungen verbreiten. Ihre Anpassungsfähigkeit sichert ihr Überleben bei fast jeder Art von Arbeit, wenn sie auch nicht die nötige Aggression mitbringen, um in Führungspositionen zu gelangen.

Jupiterfrauen versuchen, mit Geschick und Gespür für Gelegenheiten die wenigen gut bezahlten Stellungen zu erreichen.

Saturn klingt sich am liebsten aus allen Zwängen aus und geht einer selbstständigen, freien Tätigkeit nach.

Von allen Frauen im Berufsleben wird erwartet, dass sie wie Männer funktionieren und weibliche Eigenarten größtmöglich unterdrücken.

Da nun alle zum Bruttosozialprodukt beitragen müssen, kommen natürlich die traditionellen Aufgaben der Frau komplett zu kurz. Kinder, Alte und kranke Familienmitglieder werden in unpersönliche öffentliche Einrichtungen verklappt, weil die Zeit nicht mehr reicht, sich wirklich um sie zu kümmern. Familienleben wird damit auf so winzige Intervalle reduziert, dass man unmöglich die Gespräche führen kann, die so dringend nötig wären, um den liebevollen Kontakt zueinander nicht zu verlieren.

Auch für andere soziale Kontakte, wie zum Beispiel Freundinnen oder andere Gleichgesinnte, hat frau heutzutage keine Zeit mehr. Die Freundinnen, die man spätestens dann wieder braucht, wenn das Projekt Ehe und Familie mal wieder zusammengebrochen ist, arbeiten ebenfalls, leisten den gleichen Spagat zwischen Haushalt, Arbeit, Kindern. Kaffeekränzchen, wie sie noch die Mütter und Großmütter regelmäßig abhielten, kennen wir nur noch aus Erzählungen. Heute trifft man sich irgendwo zwischen Tür und Angel, in irgendeiner Kneipe, natürlich ohne den selbst gebackenen Kuchen.

Das ist nun der Punkt, der uns dem Thema Krankheit zwangsläufig näherbringt: das Kochen.

Niemals hat es so viele Fernsehsendungen über dieses Thema und so wenig Menschen gegeben, die tatsächlich kochen können und dies auch regelmäßig tun. Theoretisch wissen wir sehr viel mehr über gesunde Ernährung als unsere Vorfahren, nur praktiziert dieses Wissen keiner.

Kochen braucht Zeit, und da es daran fehlt, werden halb oder ganz fertige Kunstprodukte gekauft. Der Ökoapfel soll dann herausreißen, was an Ernährungssünden täglich begangen wird. Die biologische Notwendigkeit regelmäßiger Nahrungsaufnahme wird von den meisten Firmen ignoriert und scheint nicht zu den Menschenrechten zu gehören.

Fastfood, Mikrowellengerichte, Brötchen oder Kuchenteile sind ein medizinisch bedenklicher Ersatz für richtige Mahlzeiten, der uns ausgerechnet zu den Cholesterinbergen macht, die die Krankenkassen in Zukunft aus dem Versicherungspaket ausschließen wollen.

Ein weiterer Punkt auf der Verzichtslinie der Frauen sind die Handarbeiten. Die wenigsten Frauen haben früher nichts tuend auf dem Sofa gelegen. Selbst während sie ihre sozialen Kontakte pflegten, ruhten die Hände nicht, sondern beschäftigten sich mit Nähen, Stricken, Sticken, Stopfen, Teppichknüpfen, Makramee, Töpfern oder Malen.

Hier konnten sie je nach Typus und Begabung notwendige Übel mit der kreativen Gestaltung des Hauses vereinen. Reparaturarbeiten oder die Herstellung von Anziehsachen reduzierten den Konsum und lieferten gleichzeitig die Möglichkeit, Schönheit und Individualität zu schaffen. Es handelt sich hierbei um Gruppenarbeit, denn kaum eine Handarbeit ist vor dem Fernseher realisierbar, sehr wohl aber beim Gespräch mit anderen. All dies bedeutet aber noch mehr Zeit, die keiner mehr hat. Die Kette der Überlieferungen, die von Großmutter auf Tochter und Enkelin ging, ist durch das

Kaufen von Fertigprodukten abgerissen, sodass heute schon ein abgefallener Knopf für junge Menschen zum unlösbaren Problem werden kann.

So fortgeschritten ist das Aussterben weiblicher Domänen schon, dass selbst die Menschen, die aufgrund von Arbeitslosigkeit zwangsläufig wieder Zeit haben, sich auch nicht mehr auf diese Kenntnisse besinnen. Statt das wenige Geld dadurch zusammenzuhalten, dass sie wieder selbst Salatsaucen herstellen, statt ein Fertigprodukt zu kaufen, findet man ausgerechnet deren Kinder an den Imbissbuden mit ungesunden Fettprodukten.

Arbeitslosigkeit ist heute ein europaweites Phänomen, das nicht zwangsläufig eine Katastrophe sein muss. Es könnte auch eine Chance zur Rückbesinnung auf verloren gegangene Kreativität werden. Der unpfändbare Flachbildschirm oder die zumeist geistlosen Elektronikspiele pürieren allen Menschen das Gehirn und verhindern positive Ideen und Initiativen. Das moderne »Brot und Spiele« wurde zum gleichen Zweck erfunden wie bei den alten Römern: um das Volk dumm und ruhig zu halten. Das muss man sich nicht antun, auch wenn es sehr schwer ist, dagegen anzukämpfen.

Wenn schon das Potenzial, das in der Kombination der verschiedenen Planetentypen liegt, nicht genutzt wird, so ist es geradezu unverständlich, warum nicht wenigstens das Potenzial, das in der Kombination von männlichen und weiblichen Arbeitskollegen liegen könnte, erkannt wird. Warum richten die Betriebe keine Küchen ein und bilden Koch-AGs, die es den darin begabten Mitarbeitern ermöglichen, sich selbst und die unbegabten Kollegen gesund zu erhalten? Warum stellt man keine Trupps zusammen, die die Büroräume gerade der männlichen Kollegen so gestalten, dass diese dort nicht vor Tristesse krank werden? Warum gibt es keinen Grünpflanzenbeauftragten, der dafür sorgen würde, dass eine garantiert friedliche Spezies das Arbeitsklima verbessert und den Sauerstoffspiegel anhebt. Warum wird so wenig Raum für Spaß gelassen, der einzig dazu angetan ist, Ideen zu fördern? Wenn die Arbeit den zeitlich und auch oft emotional größten Teil des Tages ausmacht, dann sollte diese doch so menschengerecht wie möglich gestaltet werden, denn wir sind keine Maschinen und werden niemals wie solche funktionieren, auch wenn man uns so behandelt. Hier ist sicherlich noch eine Menge an Initiative möglich und nötig.

Dem trauten Heim bleiben also in der Regel nur noch die wenigen Stunden vor dem Schlafengehen. Hier treffen nun zwei erschöpfte, ausgehungerte Wesen aufeinander, denen oft genug die Kraft fehlt, auch nur »Hallo« zu sagen. Er, der, wenn er kein Merkur ist, den Tag über mehr reden musste, als ihm lieb war, lässt sich am liebsten schweigsam in einen Sessel vor dem Fernseher fallen und sieht »Tatort«, schon deswegen, weil man dann nichts sagen muss. Essen würde er gerne, aber nur, wenn es ihm hingestellt wird, geschieht das nicht, tut es auch die Flasche Bier.

Sie hat jetzt das volle Programm. Die Kinder hat sie soeben irgendwo von den zahlreichen Hobbys abgeholt, jetzt brauchen sie ihr Abendbrot, Schulsachen müssen zusammengestellt werden, Wäsche muss weggeräumt, gestapelt oder herausgelegt werden, Telefonate zur kinderlogistischen Organisation des nächsten Tages werden geführt, danach werden die Kleinen verklappt. Eine Gutenachtgeschichte wird gelesen, manchmal bekommt man dafür den Mann aus dem Sessel aktiviert, oft genug aber wird die Geschichte durch eine »Benjamin Blümchen«-Kassette ersetzt. Vielleicht erbarmt sie sich des Mannes und setzt ihm auch ein Brot vor, vielleicht stellt man auch nur verbittert fest, dass man gerade noch den Schluss von »Tatort« mitbekommt.

Sie will jetzt eigentlich reden, loswerden, was der Tag ihr an Frust aufgebürdet hat. Er sieht keinen Sinn darin, Frust wird seiner Meinung nach im Fettgewebe neben den Schwermetallen aus der Nahrung gespeichert und fertig. Wenn schon nicht reden, dann würde sie jetzt wenigstens gerne Musik hören (Mond), er dagegen mag lieber das Geflimmer (Sonne). Beiden würde ein Spaziergang guttun, denn das Element frische Luft kommt ohnehin den ganzen Tag zu kurz. Sie würde dabei gerne den Park aufsuchen (Saturn) oder einen Schaufensterbummel unternehmen (Venus), er hingegen dachte eher an die Eckkneipe mit einem frisch gezapften Bier (Mars). Sie lässt sich überreden, weil sie auf ein paar Bekannte hofft (Merkur).

Man sieht, dass es gar nicht so schwierig wäre, die verschiedenen Motivationen zu verstehen. Alle haben ihre Berechtigung, alle sollten abwechselnd zum Zuge kommen.

Aus dem Gesagten ergibt sich ziemlich offensichtlich, dass es keine größere Kunst gibt als die, aus der Zeit der feuchten Erde unbeschadet hervorzugehen – mit bewahrter Gesundheit und kompletter Familie.

Pensionierung: Jupiter

Die magischen fünfzig Jahre sind nun erreicht. Der Job sollte stabil auf dem Weg in die Pensionierung sein, die Kinder sind fast erwachsen, die Haare ergraut, das Skelett knackt morgens in den Knochen, und man muss sich fragen: War es das oder kommt noch etwas?

Die Zeit des Jupiters mag sich für alle Menschen anders gestalten, aber eine Frage ist doch für alle gültig. Ist das Glas halb voll oder halb leer?

Wir haben möglicherweise eine ungeheure Lebenserwartung, also noch gute dreißig Jahre vor uns, davon zwanzig als Pensionär. Wie sollen die aussehen? Denn dass es nicht ewig so weitergeht wie bisher, haben uns schon die ersten Warnzeichen unseres Körpers nahegelegt.

Das Alter von fünfzig gilt in der ayurvedischen Philosophie als die Zeit des Chakrawechsels, Neubeginn mit der roten Phase, also der des Herzens. Hierfür gibt es zwei entgegengesetzte Deutungsmöglichkeiten: Rot kann für »Herz« samt dem passenden Infarkt oder aber eine »neue Liebe« mit neuer Familie und Kindern stehen.

Nicht alle Menschen durchlaufen die Chakren, wie wir sie erläutert bekommen. Die Alchemisten glauben eher an die Kraft der Geburtsherrscher und die damit verbundenen Tendenzen zu Herzbeschwerden oder anderen Leiden. Für sie ist dies die Phase des Jupiters, also leuchtend gelb. Diese Farbe bedeutet Leber und Sonnengeflecht, also Genuss und Sammlung der inneren Kräfte.

Mit der Aufnahme von Nahrungsmitteln und Getränken muss der Mensch ab fünfzig sehr viel vorsichtiger sein. Er kann nicht mehr wahllos alles zu sich nehmen und verträgt auch Zellgifte nach Jahren der Akkumulation im Fettgewebe sehr viel schlechter. Die Leber, nicht mehr ganz so frisch wie einst, wehrt sich jetzt zunehmend gegen Unverdauliches aller Art, verlangt aber stattdessen pünktliche und regelmäßige Zufuhr von Energie.

Drei bis fünf Mahlzeiten am Tag sind in nordischen Ländern leider oft eine Utopie, die kaum erreicht wird. Wer im Berufsleben steht, wird die Last der miserablen Essgewohnheiten noch bis zur Pensionierung durchhalten müssen, doch sollte man sich klarmachen, dass der Tag der Pensionierung auch der letzte Moment ist, sich auf eine richtige Ernährung einzustellen. In den Ferien und an Wochenenden sollte man wieder lernen, wie das ist, vom Einkauf auf dem Markt bis zum Endprodukt alles selbst zu machen, wie es die Großeltern noch selbstverständlich konnten. Mengenmäßig weniger, aber qualitativ höher muss die Anforderung an alles sein, was man sich einverleibt. Keine Diät, »Zero«-, »Du darfst«-, »Light«-, oder anderen Pseudoprodukte mehr. Die Leber kann die Kunstzucker, Zuckeralkohole, Antibiotika und E-Chemieabfälle nicht mehr abbauen; und das Fettgewebe ist schon voll davon.

Das gilt insbesondere natürlich für Getränke. Überzuckerte Softdrinks schaden den Zähnen und Light-Produkte den Verdauungsorganen, Alkohol baut sich nicht mehr so gut ab, billiger Fusel schädigt das Gehirn.

Bier ist okay, aber nur frisch gezapft, nicht mehr aus der Dose mit Konservierungsstoffen. Wenn schon »Kurze« dazu, dann nur noch die echten doppelt gebrannten und keine Produkte aus Pharmaziealkohol.

Für Rotwein gilt: pro Lebensjahrzehnt ein Jahr mehr Lagerungsfähigkeit. Mit fünfzig sollte man sich demnach schon eine »Crianza« (»Cru«) leisten, die fünf Jahre hält. Ab der Pensionierung darf es dann auch »Reserva« oder »Grand Cru« sein. »Beaujolais nouveau« überlasse man getrost der Jugend.

Auch die Arbeit sollte man gut dosieren. Ein Fünfzigjähriger kann körperlich nicht mit einem Mittzwanziger konkurrieren, es wäre daher albern, dies auch nur zu versuchen, und überflüssig obendrein, denn in welchen Jobs wird tatsächlich körperliche Fitness verlangt, wenn man mal von Piloten oder Rennfahrern absieht? In dem Maße, in dem die körperliche Leistungsfähigkeit abnimmt, steigt normalerweise das geistige Potenzial zusammen mit der Erfahrung. Firmen, die aus Kostengründen immer nur Jugendliche ohne Erfahrung einstellen, sind meistens zum Scheitern verurteilt. Die ganzen Mobbingexperten scheinen noch nicht begriffen zu haben, dass nur eine gesunde Altersmischung der Mitarbeiter das Überleben des Unternehmens gewährleisten kann.

Es mag also sein, dass der Jupitermitarbeiter keinen zwölfstündigen Arbeitsmarathon mehr durchhalten kann, dafür leistet er in der Hälfte der Zeit das Doppelte wie der halb so alte Kollege.

Hier also kann der Mensch sich nur auf seine Stärken besinnen: seine Erfahrung, seine Kenntnisse, seine Konzentrationsfähigkeit. Man sollte nicht versuchen, zu den Jüngeren in Konkurrenz treten zu wollen, indem man nun zur Arbeit joggt, den MP3-Player für alle hörbar mit Rapmusik dröhnen lässt, bauchfreie T-Shirts der Tochter ausleiht oder die Kollegen mit »He, Alter« begrüßt. Das alles wirkt nur peinlich und ist genau das Gegenteil von souverän.

Man sollte lieber froh sein, das alles hinter sich zu haben und nicht mehr mitmachen zu müssen. Jupiter bedeutet Herrschaft – über andere und sich selbst. Souveränität im Hinblick auf Mode, Trends und die Jagd nach Anerkennung. Wer nichts mehr beweisen muss, kann sich auch Individualität leisten. Nichts spricht gegen Beethoven im Autoradio.

Anzüge und Kostüme wirken im Gegensatz zu schlampigen Jeans bei jeder Figur gut, und eine gewählte Sprache macht deutlich, dass man sich nicht aus irgendwelchen Slums ins Büro verirrt hat.

Das Äußere muss jetzt mehr gepflegt werden als zu Teenagerzeiten, als alles an einem gut aussah. Männer haben es da eigentlich prinzipiell leichter. Umso mehr muss man sich wundern, dass die Industrie mit ihrer ewigen Suche nach Absatzmärkten für unnötige Produkte es tatsächlich geschafft haben soll, die männliche Souveränität in einem nie da gewesenen Maße zu untergraben. Die Werbung macht es möglich:

Da ziehen Männer den kleinen Bierbauch bis zum Ersticken ein, nur weil drei zwanzigjährige Mädchen vorbeilaufen, die seine Töchter sein könnten und ihn eigentlich nichts angehen sollten. Da schmieren sich gut aussehende Männer teure Lotionen ins Gesicht oder färben das schöne Silberhaar in langweiliges Straßenköterblond. Und dazu riskieren sie ihre Gesundheit durch Einnahme gefährlicher Schmerzmittel, um beim ebenfalls gefährlichen Leistungssport die Warnzeichen zu betäuben. Kein Wunder, dass sich heute fast mehr Männer als Frauen unter das Messer der Schönheitschirurgie begeben, was aber noch bei keinem das Selbstbewusstsein angehoben hat.

Auch hier stellt sich wieder das Gegenteil von dem ein, was die Werbung verspricht.

Männer werden durch den Konsum von Schönheitsprodukten nicht attraktiver, sondern lächerlicher.

Wenn schon auf Männern ein nie gekannter Druck liegt, wie viel mehr erst auf Frauen? Da ihr Ansehen an Äußerlichkeiten gemessen wird, nützt ihr beruflicher Erfolg für das Selbstbewusstsein meist überhaupt nichts. Zuerst kommt der kritische Blick in den Spiegel. Da finden sich Falten um die Augen, besonders bei denen, die viel gelacht haben, dann Denkerfalten auf der Stirn, die früher nur Männern vorbehalten waren, außerdem die gefährlichen Linien um den Mund, besonders bei denen, die viel zu leiden hatten. Das mangelnde Fettgewebe unter der Haut macht sichtbar, was bei Männern noch längere Zeit verborgen bleibt, nämlich die Art und Weise, wie frau emotional bis hierhergekommen ist. Alle Gefühle werden sichtbar, Herzensgüte zum Beispiel, aber auch Verbitterung und Enttäuschung. Gefühle gehören nun einmal zu Mond und Venus, sind eine weibliche Domäne, wovon eigentlich jede Frau wenigstens Spuren besitzen sollte.

Dazu addieren sich die Überreste der Mutterschaft: ausgeleiertes Gewebe in der Bauch- und Busenregion. Ehemals konkave Bauchformen wölben sich jetzt eher konvex nach außen, der einst pralle Busen entwickelt eine Neigung zum Hängen. Das ist der Lauf der Natur, wie es früher hieß. Dafür hatte man dem Mann schließlich Kinder geschenkt, da musste er dann auch die Konsequenzen akzeptieren.

Unsere Marswelt erlaubt so viel Weiblichkeit heute aber nicht mehr. Falten gelten als obszön und müssen mit teuren Produkten behandelt werden. Reicht das noch nicht aus – und den Kampf kann man nun einmal nicht gewinnen –, muss Botox her oder das Messer. Weg mit den Emotionen, her mit der unbeweglichen Maske zeitloser, inhaltsleerer Schönheit. Das Gleiche gilt für die Figur, die muss schließlich in die gleichen Klamotten wie die Jugend gezwängt werden. Die Modeindustrie macht sich nicht mehr die Mühe, Kleidung für verschiedene Altersgruppen zu entwerfen. Also rein in die Wurstpellen, die schon den üppigeren Jugendlichen Tränen vor dem Spiegel entlocken. Dazu passend immer wieder neue, einseitige, ungesunde Diäten, ergänzt durch mörderischen Sport und wenn gar nichts mehr geht, kann man auch, wie Cher, immer wieder unters Messer und Problemzonen beseitigen.

Für wen tut man das? Für den Angetrauten? In den seltensten Fällen macht ein Ehemann dumme Bemerkungen über Speckrollen, schließlich sitzt er mit seinem Bierbauch im Glashaus. Auch auf Falten konzentriert er sich nicht, vielmehr darauf, ob der Mund zu einem Lächeln oder einem Nörgeln verzogen wird.

Sollte er aber mangels eigenen Selbstbewusstseins tatsächlich auf Jugend stehen, nutzen alle Cremes der Welt nichts, schließlich kennt er das Geburtsdatum der Angetrauten, er wird sich eine Jüngere zur Selbstaufwertung nehmen und das teure Lifting der Ehefrau wie ein Bußgeld zahlen.

Mangelnde Mimik ist beim Suchen neuer Partner aber auch nicht förderlich, es sei denn, man akzeptiert von vornherein, dass der Neue nur auf Äußerlichkeiten aus ist und einen niemals um seiner selbst lieben wird.

Nur Mut, meine Damen! Jupiterzeit ist auch für uns da. Wir brauchen den Zirkus um die Eitelkeiten nicht mehr. Gegen Figurfehler hilft ein BH und gute Kleidung, mit der man Problemzonen bedeckt, statt sie zur Schau zu stellen. Den jüngeren Liebhaber muss man nicht wirklich haben.

Der ist vielleicht ausdauernder, aber nicht zärtlicher als der gleichaltrige, in jedem Fall aber ist er anstrengend. Hat der Partner einen um der Jugend willen verlassen, stimmt mit ihm etwas nicht. Dann muss er zurück in die Venus- und Marszeit, während man selbst das Jupiterdasein genießen lernen kann.

Geld für weibliche Eitelkeiten auszugeben macht Spaß, aber wer braucht schon mehr Schuhe als Bücher?

Auf Frauen wartet ein weiteres Schreckgespenst unserer Zeit: die Menopause. Früher fürchteten diese nur Frauen, die ihrem Mann noch keinen Stammhalter geboren hatten. Für sie kochte Paracelsus Gold- und Granatelixiere, damit sie ihre Menstruation noch länger behielten. Die letzten dreißig Jahre hat man Frauen mit Hormonen vollgestopft, und das ganz ohne Kinderwunsch. Nun hat man durch steigende Brustkrebsraten festgestellt, dass das doch keine gute Idee war, und die Hormone wieder gestrichen. Zahlreiche Siebzigjährige machen daraufhin soeben verstärkte Menopausen durch, zu einem Zeitpunkt, zu dem sie die Weisheit des Alters erreichen sollten.

Menopause bedeutet die Umstellung des Körpers von der Gebärfähigkeit auf die Ruhe danach, hierbei sinkt der Östrogenspiegel ab, was in der Umstellungsphase zu Verlust der Knochenfestigkeit und spontaner Depression führen kann. Macht man in dieser Phase eine Knochendichtemessung, stellen alle Ärzte Osteoporose als Diagnose und verschreiben Calcium, moderne Knochenstabilisatoren und Antidepressiva. Ein paar Jahre später verfestigen die Knochen sich bei den meisten Frauen ganz von allein, der Körper lernt, mit weniger Östrogenen zu leben, es sei denn, man hat ihn schon an hohe Mengen Kunsthormone oder Antidepressiva gewöhnt.

Für Alchemisten gibt es einfachere und natürlichere Lösungen. Denn Frauen in der Menopause brauchen ganz einfach Sonne, sei es direkt, im Urlaub oder mittelbar in Form von Gold. Gold auf der Haut oder als Elixier fördert das Wohlbefinden ganz direkt. Hinzu kommen Diamant als Mittel gegen Osteoporose und Perlen gegen Stimmungsschwankungen. Dazu gehören sonnenhelle Farben, nichts in Mausgrau oder Schwarzweiß.

Bei Männern treten parallel dazu das Problem Prostata und die nagende Sorge um die Potenz auf den Plan. Dagegen wirkt Silber, direkt auf der Haut oder als Elixier.

Die Zeit schreitet voran, das Ende der Arbeit ist in Sicht. Was wird man mit all der gewonnenen Zeit tun?

Kochen ist schon mal gut, für sich und den Partner. Wem das zu viel Aufwand für zu wenig Leute ist, der lade Freunde oder Nachbarn ein, oder die Kinder und Enkel, die alle an Vitaminmangel leiden. Das Gesundheitssystem wird nur noch ein Minimum für die Medizin der Rentner tun. Gesunde Ernährung ist einer der Schlüssel zur Erhaltung von Gesundheit als Vorbeugung von Krankheit, und doch wird gerade das am meisten vernachlässigt. Ausgerechnet von Rentnern hört man, sie hätten keine Lust zum Kochen, nähmen nur noch eine Mahlzeit am Tag ein, haben das Gefühl, für zwei Personen lohne sich der Aufwand nicht, und schlucken lieber Vitaminkapseln. Abgesehen davon, dass die Kapseln ungeheuer teuer sind, wenn sie etwas bringen sollen, und natürlich nicht von der Kasse bezahlt werden, halten sie auch selten, was sie versprechen. Vitamine aus dem Labor entsprechen eben nicht denen aus den Nahrungsmitteln, oft genug werden sie einfach nur durch das Verdauungsystem geschleust, ohne ins Blut zu gelangen. Sie sind nicht *bioverfügbar*, wie man heute so schön sagt, um dann noch viel teurere Produkte auf den Markt zu bringen. Bioverfügbar bedeutet: an pflanzliche und tierische Proteine gebunden, die unser Verdauungssystem erkennt und verarbeitet. Ein Teelöffel Kaviar liefert uns unendlich viel mehr Vitamin C und B als eine von genmanipulierten Schimmelpilzen hergestellte Kapsel Ascorbinsäure, und das gilt für alle anderen Vitamine auch.

Für die Gesundheit ein wenig Disziplin der Marszeit einzuhalten ist von enormer Wichtigkeit, sonst verkommt man im Schlafrock vor dem Fernseher.

Der Tag hat jetzt mehr Stunden als je zuvor. Davon beansprucht der Haushalt nur sehr wenig, da sich Rentner normalerweise auch wohnlich eher verkleinern als vergrößern. Hier sind nun die Hobbys immens wichtig, wenn man nicht vor dem Fernseher versauern will, in dem außer bei Reklamen zur Erhaltung der dritten Zähne ohnehin nur Menschen vorkommen, die mindestens zwanzig Jahre jünger sind und deren Probleme den Rentner nicht mehr betreffen.

Hier zeigt sich, ob man aus der Zeit der »Erde auf dem Sarg« noch etwas Zeit für sich selbst hatte retten können. Wer in der Zeit noch Musik gemacht hat, kann dies nun wieder intensiver betreiben. Wer etwas gesammelt, einem Verein angehört, gemalt, getöpfert, genäht hat, kann all dies nun mit neuem Schwung aufnehmen. Wer die Natur liebt, kann sich dort endlich länger aufhalten, als nur einen kurzen Spaziergang am Rheinufer zu unternehmen. Der Garten füllt sich mit Wesen anderer Spezies, und man kann lernen, Zugang zu ihnen zu gewinnen. Der tief verwurzelte Kontakt zu Bäumen und Blumen wird endlich wiederhergestellt.

Sport muss sich vom Leistungssport in eine Form intensiver Bewegung umwandeln, damit er zwar den Kreislauf anregt, aber nicht überlastet. Konkurrenz- und Erfolgsdenken sollten spätestens jetzt aus dem Bewusstsein verbannt werden. Aus Aerobic kann Pilates werden und aus Jogging Walking oder – einfacher ausgedrückt – Spazierengehen.

Die Verlangsamung des Daseins hat den ungeheuren Vorteil, dass die Wahrnehmung, die zuvor durch den Laufschritt nur alles verschwommen sah, nun geschärft wird und auch die Details aufnehmen kann.

Kneipenbesuche sind keine angemessene Vollzeitbeschäftigung und verursachen mehr Probleme, als sich der Besucher auch nur vorstellen kann, wenn er alte schlechte Gewohnheiten durch noch schlechtere neue ersetzt. Gerade im Ausland, wo die Hobbys und das soziale Umfeld fehlen, kann der Alkohol zur bösen Falle werden.

Jupiterzeit bedeutet Genuss mit allen Sinnen, ohne Betäubung, Zeitdruck oder Anpassungszwang. Sie bedeutet auch Besinnung auf das Wesentliche.

Erstaunlicherweise glauben viele Rentner, dass mit dem Wegfallen ihrer Lasten auch ihre Pflichten völlig verschwinden würden. Diese Überzeugung findet in Nordeuropa ihren Ausdruck im Abbrechen aller Bindungen, vor allem denen zur Familie.

Mit dem Spruch »Ich habe meine Kinder groß« wird allen Beteiligten klargemacht, dass finanzielle, aber auch emotionale oder tatkräftige Beteiligung an deren Leben nicht mehr zu erwarten ist. Rentner schließen sich selbst aus dem Kreis der nächsten Generationen aus oder werden ausgeschlossen. Beides ist gleichermaßen bedauerlich.

Wenn Erwachsene ins Jupiteralter eintreten, befinden sich deren Kinder in der Venus- oder Marszeit. Sie brauchen keine Erziehung mehr und meistens auch keine finanzielle Unterstützung, sehr wohl aber tatsächliche Hilfe beim Tragen der »feuchten Erde«. In südeuropäischen Ländern ist es nicht üblich, den Heimatort zu verlassen. Entsprechend räumlich nah leben die Großeltern. Diese übernehmen heutzutage einen Großteil der Enkelerziehung, wofür die arbeitenden Kinder zu wenig Zeit haben.

Hierbei lernen die Kleinen nicht nur ältere Menschen zu lieben und als Teil der Familie zu sehen, sondern auch unterschiedliche Ansichten aus verschiedenen geschichtlichen Epochen. Sie hören staunend von Zeiten ohne Autos und ohne Computer, probieren eingemachtes Gemüse und selbst gekochte Marmeladen. Ihr Leben wird um einen Personenkreis bereichert, zu deren Generation sie sonst niemals Zugang hätten.

In Nordeuropa ist dies allein schon durch die »Flexibilität des Arbeitsplatzes« selten geworden. Die meisten Kinder leben durch das Fehlen der Alten wie von ihrer Geschichte abgeschnitten. Oft genug ist dies eine freie Entscheidung der Pensionäre, die keine Lust mehr auf weitere Verantwortung haben, denen es reicht, die Familie an hohen Feiertagen zu sehen, und die im Übrigen ihre Ruhe haben wollen.

Das mag bequem sein, aber fehlt da nicht auch etwas? Will man nicht wissen, was aus der nächsten Generation wird, wenigstens ein wenig Anteil daran haben, auch wenn es Kraft kostet, ein schreiendes Kind zum Spielplatz zu schieben?

Frauen empfinden meist eine tiefe Freude am Großelterndasein und sind, wenn sie jung genug sind, auch sehr gut in der Lage, den Kindern Arbeiten abzunehmen. Es beantwortet ihre Frage nach dem Sinn ihres Daseins oft ganz direkt und verhindert die Konzentration auf eigene Wehwehchen.

Männer dagegen tun sich sehr viel schwerer. Kleinkinder stören ihre Ruhe und stehlen die Aufmerksamkeit der Angetrauten, die eigentlich nur ihnen vorbehalten sein sollte. Waren sie früher schon eifersüchtig auf die eigenen Kinder oder die besten Freundinnen, so sind sie es jetzt auf die Enkel.

Hinzu kommt, dass Männer schneller als Frauen unflexibel werden und auf Prinzipien herumreiten. Diese Prinzipien, die in ihrer eigenen Jugend zementiert wurden, schließen natürlich auch Erziehungskonzepte mit ein. Da können schon gemeinsame Mahlzeiten mit den Enkeln zur Belastungsprobe werden. Während frau dazu neigt, Enkel mehr zu verwöhnen, als es die Kinder jemals erlebt haben, möchte er am liebsten wieder patriarchalische Verhältnisse aus der Vorkriegszeit herstellen. Da erfordert es große Diplomatie von allen Beteiligten, auch der abwesenden Eltern, die ihren Nachwuchs darauf vorbereiten müssen, was sie sich bei Großeltern erlauben dürfen und was nicht.

Wachsen die Enkel dann heran, kann auch der Mann sein Erziehungspotenzial wieder entdecken. Jemand, der mit ihnen spielt, von Karten über Schach bis zu Trivial Pursuit, fehlt den meisten Kindern heute, der ihnen Geschichten erzählt oder ihnen die Natur erklärt. Dies sind alles Schätze, die die arbeitenden Eltern heute viel zu wenig austeilen können, und in dieser Hinsicht könnten und sollten die Großeltern eine dicke Lücke schließen.

Eine andere Aufgabe der Jupiterzeit ist oft genug auch die Pflege eines älteren Familienmitglieds, das die Statistiken zum Thema Lebenserwartung zu sprengen droht.

Hier gibt es alle Varianten: eine alte Mutter/einen alten Vater, den man pflegt, um das Pflegegeld zu kassieren oder weil man sie immer geliebt hat. Der oder die zu Pflegende ist körperlich und geistig fit und teilt nur das Domizil (seltenster Fall), der/die zu Pflegende ist körperlich gebrechlich und geistig weggetreten, der/die zu Pflegende ist körperlich gebrechlich, aber geistig fit, wobei es sich um einen geduldigen, liebenswürdigen oder eher fordernden Charakter handeln kann.

Alle Varianten bis auf die erste verlangen dem Pflegenden, der zumeist weiblicher Natur ist, enorme physische und psychische Kräfte ab, mit der Folge, dass die eigene Lebensqualität enorm darunter leidet. Solche Kräfte zu mobilisieren ist den wenigsten Menschen heute noch gegeben. Und wenn selbst in Südeuropa zunehmend Altersheime entstehen, so ist es im Norden schon seit Langem Usus, dass die Selbstverständlichkeit, für seine Eltern zu sorgen, zu einer freien Entscheidung geworden ist, die nur noch selten getroffen wird.

Jupiterdasein bedeutet auch eine stärkere Entwicklung des Gerechtigkeitssinns. Haben die Eltern nicht alles Menschenmögliche für ihre Kinder getan, damit diese einen guten Start ins Leben hatten, oder haben sie damals schon nur an sich selbst gedacht? Kurzum, verdienen die Betroffenen es, in ein Heim abgeschoben zu werden?

Irgendwann nach dem Zweiten Weltkrieg, spätestens durch die 68er sind die selbstverständlichen Familienbande zerstört worden. Heute kommen die ersten Menschen ins Pflegealter, die in Kommunen gelebt haben, ihren Eltern abgehauen sind, ihre Partner wie Hemden gewechselt haben und von ihren Kindern nichts wissen wollten. Denen kann man nur wünschen, dass ihre Renten für einigermaßen anständige Heime reichen werden, denn keiner wird sie zu Hause haben wollen. Es sind die, die außer Eigennutz nichts gesät haben und daher auch nichts ernten werden.

Wer aber Eltern hat, auf die das alles nicht zutrifft, Eltern, die wirklich Eltern waren, sollte sich doch überlegen, ob man dem Pflegefall nicht ein würdiges Altern gönnen sollte, zumal man selbst auch nicht unsterblich ist und den gleichen Weg gehen wird. Hier ist letztlich auch das Beispiel für die nächste Generation entscheidend.

Pflegen bedeutet zwar Verlust von Bewegungsfreiheit, aber Gewinn an Selbstachtung und meistens auch Liebe vonseiten des zu Pflegenden plus die Achtung derer, die einen umgeben.

Wer in der Jupiterzeit immer noch nichts sät, kann auch später keine Hilfe ernten, wenn die härteste aller Zeiten naht, die Zeit des Saturns.

Krankheit und Tod: Saturn

Der Übergang von der Jupiterzeit zur Saturnzeit gestaltet sich oft fließend. Man gelangt dorthin, fast ohne es zu bemerken. Es kann die traurigste und leidensreichste Zeit des Lebens sein und den Sinn desselben überhaupt infrage stellen oder es kann die wichtigste Zeit überhaupt werden, in der tatsächlich Weisheit erlangt wird. Deswegen ist der Zeitpunkt des Beginns auch nicht so exakt auszumachen.

Die meisten Menschen würden die Saturnzeit mit dem Beginn einer schweren Krankheit gleichsetzen oder dem Eintritt in ein Seniorenheim. Das muss aber keineswegs so sein.

Krankheit wird natürlich zum zentralen Thema. Treffen sich zwei Siebzigjährige, werden sie in achtzig Prozent der Fälle über ihre Leiden sprechen, den anderen zwanzig Prozent geht nichts mehr auf die Nerven als gerade das Thema.
 Natürlich hat jeder alternde Mensch eine Fülle von Beschwerden, weswegen er sich mehr oder weniger in Dauertherapie befindet. Doch ob dies wirklich zum Gesprächsthema Nummer eins werden muss, bleibt dahingestellt. Doch wenn es dann zum Thema wird, ist es immer noch bedeutend, wie damit umgegangen wird. Man kann einfach jammern und das Gegenüber dazu anregen, das Gleiche zu tun. Man kann sich gegenseitig die Medikamentenliste an den Kopf werfen, den oder jenen Arzt benennen, den einen oder jenen Bekannten mit dem gleichen Leiden erwähnen oder im Extremfall austauschen, wer alles daran gestorben ist.
 Gleiche Interessen verbinden, weswegen Kontakte gerade in Wartezimmern von Arztpraxen gerne geschlossen oder vertieft werden. Dagegen ist auch überhaupt nichts einzu-

wenden, wenn es nicht zur Obsession und einzigen Lebensaufgabe wird, dem Tod ein Schnippchen zu schlagen und noch ein paar Jahre als reinen Selbstzweck abzuringen.

Sinnvoller ist es, mit seiner Zeit gerade im Alter ganz bewusst umzugehen. Jetzt, wo alle Aufgaben wegfallen, die mit Arbeit oder Betreuung anderer zusammenhängen, ist es legitim, wieder wie in der Sonnenzeit zuallererst an sich zu denken. Damit ist aber nicht gemeint, im Bett zu liegen und die Zeit zu verdämmern, sondern, ganz im Gegenteil, aktiv etwas für sich zu tun. Von immenser Wichtigkeit ist daher gerade jetzt eine gewisse Disziplin, die auch einen alten Körper zwingt, sich morgens zu waschen, anzuziehen und für ein Frühstück zu sorgen. Mag es ruhig langsamer gehen als früher, Hauptsache, es geht überhaupt.

Zur Tagesgestaltung kann Harmonie mit dem Rhythmus der Himmelskörper ungeheuer hilfreich sein, wie wir in dem Kapitel *Die Wochenuhr* gesehen haben. Hat man es sein Leben lang nicht geschafft, danach zu leben, gibt es spätestens jetzt keine Ausrede mehr, es nicht zu tun. Wer sich nicht mehr im Arbeitsprozess befindet, ist frei, das zu tun, was ihm beliebt. Wie viele Menschen sehnen sich nach Freiheit, während sie täglich ins Büro hetzen, um dann später nicht zu wissen, was sie mit der Freiheit anfangen sollen.

Rentner werden von Politikern und Wirtschaftsbossen gerne ignoriert, weil sie nicht so gut für den Konsum taugen wie die Jugend, aber Demokratie ist für alle da. Daran sollte man die Damen und Herren Politiker unbedingt erinnern. Und selbst wenn sie noch nie in ihrem Leben einen Computer gebraucht haben, nur allein dazu würde sich ein Kurs schon lohnen, warum nicht an einem Dienstagabend, wenn die

Kampfbereitschaft maximal aufgeladen ist? Und was würde geschehen, wenn nur ein Viertel aller Rentner Deutschlands per E-Mail gegen das grottenschlechte Fernsehprogramm protestieren würde?

Was wäre, wenn ein Großteil der Rentner sich schriftlich dagegen wehren würde, dass ihnen die Gesundheitsreform ihre Lebensberechtigung verkürzt oder ihnen vorschreibt, dass sie sich nicht mehr in einem Urlaubsland aufzuhalten haben, weil ihnen andernfalls jede Erstattung von Arztkosten, die ihnen durch EG-Gesetze zusteht, widerrechtlich aberkannt wird? Bei einer solchen Beschwerdeflut würden die Briefkästen überlaufen. Die Damen und Herren in Berlin wären ihres Lebens nicht mehr froh, wenn jeden Morgen vor dem Gesundheitsministerium eine Flut von Rollstuhlfahrern und Krückenbenutzern Mahnwache hielt, denn solche Protestler könnten sie kaum als »Chaoten« abkanzeln, wie sie das sonst mit Friedensbewegungen zu tun pflegen.

Man hat sein Leben lang so viel Ungerechtigkeit erdulden müssen, dass man sich wenigstens einmal im Leben wehren sollte. Als alter Mensch braucht man weniger Schlaf und ist um die Zeit oft noch wach. Nachts ist also auch eine ideale Zeit, um kreativ zu werden und etwas zu unternehmen.

Wenn man ein sehr hohes Alter erreicht und seine geistigen Fähigkeiten erhalten hat, ist man eine unschätzbare Bereicherung für die Menschheit, die dies oft genug aus reiner Ignoranz nicht wahrnimmt. Oft genug sieht man im Fernsehen Dokumentationen zu Themen aus jüngerer Vergangenheit, bei denen man nur den Kopf schütteln kann, weil man es in seiner Jugend anders erlebt hat. Sind Enkel in der Nähe, kann man ihnen erzählen, wie es wirklich war, denn man ist, wie Helmut Schmidt, zu einem lebenden Zeitzeugen geworden, der vieles Lügen strafen kann, was so verbreitet wird.

Alte Menschen sind die kostbarsten Wissensquellen, die es gibt. Nicht umsonst genossen sie in allen Kulturen außer der heutigen hohes Ansehen und Respekt. Was auch immer man erlebt und gesehen hat, es lohnt sich, dies an die jüngste Generation weiterzugeben, und dazu braucht es lebendigen Kontakt.

Hierzu wird oft das Telefon bemüht, aber was kann man am Telefon schon ausgiebig erzählen? Da wären kleine Visiten wahrscheinlich gar nicht so schlecht. Auch freuen sich arbeitende Menschen über jede Fahrt, die sie nicht machen müssen. Ist man als älterer Mensch also fit, dann ist es besser, sich selbst zu bewegen, als darauf zu warten, dass die anderen kommen. Doch auch bei diesen Besuchen gibt es viele Fallen, die dazu führen können, dass die liebe Familie, bei allem Wohlmeinen, sich sehr viel weniger freut, als sie könnte, und den Kontakt lieber einfriert, als ihn zu intensivieren. Vieles hängt mit der gegenseitigen Erwartungshaltung zusammen.

Früher hat einen die Tochter oder Schwiegertochter mit Kaffee und Kuchen empfangen, heute kommt sie von der Arbeit, hat gerade die Kinder von irgendwelchen Hobbys abgeholt und schafft es gerade noch, die Kaffeemaschine anzuwerfen. Da kann man als Pensionär etwas tun: Kuchen oder Plätzchen mitbringen, am besten selbst gemacht. Wozu hat man schließlich die Zeit? Selbst als älterer Herr lässt sich dies noch mühelos lernen. Die Enkel lieben Kuchen, besonders wenn man der pubertierenden Enkelin, die Angst um ihre Figur hat, erklären kann, dass echte Butter und echter Zucker erst ab über fünf Kuchenstücke an die Menge einer Coca-Cola herankommen.

Auch ist so ein moderner Haushalt nicht mehr das Muster an Ordnung und Reinlichkeit, wie es früher einmal üblich war. Oft genug muss das Wochenende dafür herhalten, den Hausputz in Angriff zu nehmen. Da kann es schon am Montag wieder chaotisch aussehen. An den Zuständen herumzumäkeln bringt genauso wenig, wie seine Hilfe anzubieten, weil das der gestressten Hausfrau erst recht ihr »Versagen« vor Augen führt. Besser ist hier, kommentarlos den Stapel Post und Zeitschriften auf dem Sofa zur Seite zu rücken und sich ein Plätzchen zwischen Katze und Kissen zu erkämpfen.

Was auch nicht gut ankommt, das sind ständige Nörgeleien an der Erziehung der Enkel nach dem Motto »Zu meiner Zeit lief man aber nicht so herum ...«. Zur Erinnerung an die heute Siebzig- bis Neunzigjährigen: Ihr habt gegen alles protestiert, was der patriarchalischen Kriegsgeneration noch lieb und teuer war. Ihr habt das braune Gedankengut besiegt, das Wirtschaftswunder bewirkt und die sexuelle Revolution vorangebracht.

Wir Eltern von heute waren Atomkraftgegner, Hausbesetzer, Ökofreaks und Friedensaktivisten. Die moderne Jugend ist dagegen oft genug Opfer der Castingshows. Sie protestieren gegen gar nichts mehr, sondern promovieren ihre Vermarktung. Macht man sie darauf aufmerksam, sind sie aber ebenso wenig begeistert, wie jede Generation es gegenüber Kritik vonseiten der Alten ist. Es scheint in der Natur der Sache zu liegen, dass jede Generation ihre Fehler selbst machen will und muss. Scheinbar können wir nicht aus der Geschichte lernen, sonst würden sich nicht immer wieder alle Fehler wiederholen. Also Dialog und Austausch statt herber Kritik. Jugendliche machen sofort dicht, und Eltern fühlen sich nirgendwo so sehr geärgert, als wenn man ihre Sprösslinge kritisiert, dafür sind sie sich ihrer Sache heutzutage selbst viel zu unsicher.

Andererseits sind Großeltern ohnehin nicht mehr ausschließlich zur Versorgung der Enkel da. Das klappt schon darum so schlecht, weil die Familien nicht mehr zusammenwohnen und immer große Entfernungen zurückgelegt werden müssen. Außerdem sind die meisten Großeltern heute schon darum überfordert, weil die folgende Generation sich zu viel Zeit mit dem Kinderbekommen genommen hat. Man kann also schlecht erwarten, dass sich die siebzigjährige Mutter und der siebenundsiebzigjährige Vater noch freuen, schreiende Kleinkinder übernehmen zu dürfen.

Trotzdem ist jedes Zusammenleben von drei Generationen ein Gewinn für alle, den man, so oft es möglich ist, nutzen sollte.

Wichtigste Aufgabe in diesem Lebensabschnitt ist natürlich die Vorbereitung auf den Übergang. Wie wird man seinem Schöpfer gegenübertreten? Mit reinem Herzen und weißer Seele? Oder befinden sich da Flecken drauf? Wer kann schon von sich sagen, alles im Leben richtig gemacht zu haben. Noch ist es Zeit, Fehler vor sich selbst einzugestehen und Versöhnung anzustreben, mit verstoßenen Kindern zum Beispiel oder vernachlässigten anderen Familienmitgliedern.

Selten gab es eine Zeit mit mehr unerlösten Seelen als heute, einfach weil das Thema Tod so sehr tabuisiert wird, dass kein Mensch sich aktiv daran begeben mag, die offenen Rechnungen zu Lebzeiten zu begleichen. Das wäre leichter, wenn das Thema gesellschaftsfähig wäre und man sich mit anderen darüber austauschen könnte. Stattdessen tut jeder so, als würde er ewig leben, und schweigt das Thema sprichwörtlich tot. Wir haben eine sehr hohe Lebenserwartung, aber sterblich sind wir zuletzt doch alle, daran kann keine noch so weit entwickelte Medizin etwas ändern. Bücher über Menschen, die mit verstorbenen Seelen Kontakt aufgenommen haben, oder solche, die echte Visionen haben, können da eine echte Bereicherung sein.

Den tatsächlichen Zeitpunkt des Hinscheidens bestimmen die Menschen, die bewusst leben, entgegen aller wissenschaftlichen Vorhersagen fast immer selbst. Man sieht das sehr leicht an Witwern, denen organisch gar nichts fehlt, die aber ihren Gattinnen trotzdem mit rasender Geschwindigkeit ins Grab folgen, oder anderen, die von einem Tag auf den anderen beschließen, es sei genug, und dann einfach einschlafen. Bei willensstarken Menschen ist das durchaus kein Einzelfall, es erfordert Mut und Vertrauen auf eine gute Aufnahme im Jenseits und lässt Arzt und Hinterbliebene zumeist vor einem scheinbaren Rätsel stehen. (Ihm/ihr hat doch gar nichts gefehlt!) Das ist vielleicht die eleganteste Art eines Strohtods, der nur so aussieht, als sei er erlitten, der ältere Menschen in Wirklichkeit aber in die Reihe der Helden rückt, die den Freitod nicht nur in Kauf nehmen, sondern aktiv aufsuchen. Der Verstorbene hat somit sogar ein Anrecht auf Walhall, wenn er auf den Christenhimmel keine Lust haben sollte.

Wie wenig sich die Menschen darüber Gedanken machen, wo sie nach diesem Leben hingehen, zeigt folgende Beobachtung.

Um Geld für Begräbnisfeierlichkeiten und Zeremonien zu sparen, haben sich Deutsche im Ausland angewöhnt, ihre alten Verwandten einzuäschern und die Urne dann im eigenen Garten beizusetzen. Sollten diese sparfreudigen Menschen später einmal ihr Grundstück verkaufen wollen, stellen sie fest, dass zum Beispiel kein Spanier es kaufen will, ja nicht einmal geschenkt nähme. Die katholischen Südländer nehmen gar nicht so sehr Anstoß an der Urne, sondern an der Tatsache, dass in diesem Garten eine unerlöste Seele geistert, schließlich hat kein Priester, keine Kirchenglocke und kein Gebet der Seele den Weg zum Himmel gewiesen. So kann man für den Verstorbenen nur hoffen, dass ein Schutzengel oder eine Walküre sich seiner angenommen hat.

Ein Saturntier par excellence ist die liebenswürdige Schildkröte. Sie lebt zweihundert Jahre, tut keinem Menschen etwas zuleide, nähert sich ihren Zielen langsam, aber unaufhaltsam, wird auf dem Weg dahin weise und erschöpft ihre Gegner durch reine Ausdauer. Und krank wird sie übrigens auch nie.

Dies ist eine Aufforderung an die ältesten Leser dieses Buches. Nutzen Sie die Zeit des Saturns und werden Sie zur Schildkröte, bringen Sie die Renten- und Krankenkassen durch schieres Überleben zum Wahnsinn und erlangen Sie die Heiterkeit des Lebens, die so vielen anderen versagt bleibt, denn die Schildkröte ist nicht nur ein Symbol für Langlebigkeit, sondern auch für Glück, aber denken Sie auch an danach und überlegen Sie sich, wie die lieben Angehörigen Ihnen die letzte Ehre erweisen sollen, damit da nichts schiefgeht.

DIE UHR
UNSERES SONNENSYSTEMS

Entsprechend den hermetischen Gesetzen, nach denen sich alles vom Großen ins Kleine wiederholt, hat auch unsere Erde Lebensabschnitte, die von den sieben Himmelskörpern geprägt werden. Die ersten Lebensabschnitte waren dabei sehr viel länger als diejenigen, die wir jetzt erleben.

Sonnenzeit

Als die Erde entstand und vom glühenden Sonnenball langsam zu einer fruchtbaren Oberfläche erkaltete, hatten wir eindeutig das Zeitalter der Sonne. Vulkane prägten das Antlitz der Oberfläche und ermöglichten die Bildung einer Gashülle. Metalle und Kristalle entstanden durch Temperatur und Druck aus wässrigen Lösungen. Ihre mathematischen Formeln erstarrten zu unbeweglichen Strukturen mit inneren Gittern, die die höchsten Energien aus der Sonnenzeit bis in unsere Zeit gespeichert haben. Gleichzeitig entstanden im Wasser die ersten lebendigen Wesen, Einzeller noch, aber mit drei Charakteristika ausgestattet, die auch heute noch als Kriterium für Leben gültig sind: die Fähigkeit zu Wachstum, Bewegung und Reproduktion.

Biochemisch wurde hier viel ausprobiert. Bakterien, besonders die ganz alten, auch Archaebakterien genannt, können unter den allerextremsten Bedingungen leben, so in Schwefelquellen, Salzquellen oder auf Eisenoxyd. Sauerstoffatmosphäre brauchten sie nicht, die benötigen sie selbst heute noch nicht. Halobakterien und Cyanobakterien probierten einen Stoffwechsel aus, den man heute als Fotosynthese kennt.

Hierbei wurde nicht nur aus Sonnenlicht Energie geschaffen, sondern ein Abfallprodukt, das die Entstehung höherer Lebensformen erst möglich machte: der Sauerstoff, der Stück für Stück die stinkende Methanhülle der Erde verdrängte und die Atmosphäre schuf, die wir heute kennen. Die rosafarbenen Halobakterien und die dunkelblauen Cyanobakterien sind also echte Sonnengeschöpfe, so klein, dass man sie nur mit dem Elektronenmikroskop sehen kann.

Andere Sonnengeschöpfe wie die Heliozoen, die Sonnentierchen, sind immerhin schon mit dem Lichtmikroskop sichtbar. Biochemisch nicht mehr in der Lage, alles selbst herzustellen, leben sie schon wie echte Tiere. Sie müssen Nahrung zu sich nehmen, die ebenfalls im Wasser herumschwimmt, um ihr Überleben zu garantieren.

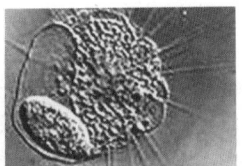

Sonnentierchen

Mondzeit

Die Erde ist nun ein blauer Planet, hauptsächlich von Wasser bedeckt und mit Sauerstoffatmosphäre ausgestattet. Nun übernimmt der Mond eine zentrale Rolle in der Geschichte des Lebens. Nicht nur, dass er die großen Wassermassen auf der Erde durch Gravitation bewegt, er regelt auch die Zyklen der immer zahlreicher im Wasser entstehenden Lebewesen, die selbst großteils noch aus Wasser bestehen. Aus dem Zusammenwirken von Sonne und Mond wird die Sexualität geboren.

Das einzellige Leben wurde vielzellig, dann immer komplexer. Schwämme, Korallen und Medusen bedeckten die Riffe, nicht gerade mit viel Intelligenz gesegnet, noch großteils sessil an einer Oberfläche festgewachsen, aber schon teilweise beweglich und verfressen.

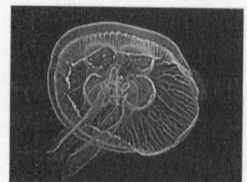

Meduse

Verschiedene Symmetrien wurden ausprobiert, zunächst radiär wie die Medusen oder auch fünfstrahlig wie Seesterne und Seeigel, aber auch bilateral wie die Seescheiden, die das erste Rückgrat hatten und somit den Fischen vorangingen.

Nur die spiegelsymmetrischen Tiere würden an Land gehen können, aber die Radiärsymmetrie erhielt sich bei den Pflanzen und Pilzen.

Aus der Vereinigung von Sol und Luna differenzierte sich das Leben in pflanzliches und tierisches. Es besiedelte die Weltmeere und Flüsse und eroberte schließlich das Land.

Ein Gleichgewicht entstand zwischen Fotosynthese und Atmung, sodass annähernd immer der gleiche Sauerstoffgehalt in der Atmosphäre gemessen werden konnte. Erst in allerjüngster Zeit überwiegt die Atmung in Form von CO_2 gegenüber der O_2-Menge, die die Pflanzen produzieren. Jeder abgeholzte oder verbrannte Baum bringt die Erde dem Erstickungstod näher. Noch retten uns die grünen Algen der Weltmeere, aber das ist bei zunehmender Verschmutzung derselben auch nicht für alle Ewigkeit garantiert.

Die Chinesen haben wirklich nicht unrecht, wenn sie sagen, dass ein Mensch in seinem Leben einen Sohn zeugen, ein Buch schreiben und einen Baum pflanzen sollte. Letzteres ist hierbei wesentlich. Ein mittelgroßer Baum erzeugt genug Sauerstoff für einen Menschen, wenn man sie zusammen unter eine Glocke stellen würde. Wie aber sieht das Verhältnis Mensch/Baum in einer Großstadt aus?

Die Einzigen, die diese beängstigende Entwicklung nicht kratzt, sind die Archaebakterien. Sie waren zuerst da und werden vielleicht auch die Letzten sein, wenn die Atmosphäre wieder aus Methan, Stickstoff oder Kohlendioxid besteht.

Ohne dass wir genau wissen, wann, wer und wie, entwickelte eines der Tiere aus der Primatenfamilie Sprache und läutete damit die Merkurzeit ein, die man schon als Neolithikum bezeichnen kann. Für eine ganze Weile waren die Menschen noch Bestandteil der Natur und des Sol/Luna-Dualismus, doch mit der Sesshaftwerdung in Form von Ackerbau und Viehzucht und der Schaffung von Kunst und Kultur begannen sie, sich außerhalb der Natur zu stellen.

Merkurzeit

Das Unglück des Merkurs ist somit der Rauswurf aus dem Paradies. Er bezahlte die Erkenntnis, wie, weshalb und warum etwas funktioniert, sehr teuer. Zum ersten Mal entstand eine Spezies, die größeres Gewicht auf Anpassung durch ihre neue Fähigkeit, die Intelligenz, legen musste, statt sich auf das ererbte Set von Instinkten und angeborenen Verhaltensmustern verlassen zu können. Die Entwicklung des Verstandes ermöglichte es aber auch, in seine Umwelt gestaltend einzugreifen. In den ersten Höhlen finden wir die Sichtbarmachung innerer Ideen. Menschliche Werke von Harmonie und Schönheit führten zu Bauwerken und Kunstobjekten, die keinen reinen praktischen Nutzen mehr haben.

Die biologischen und psychischen Prozesse der Menschwerdung gelten zwar noch als Wunder und werden daher in Form des Weiblichen verehrt, gleichzeitig aber versucht der Mensch, die Natur zu beherrschen, sei es durch Technik, sei es durch Magie. Die ersten Hochkulturen am Euphrat und am Nil bemühten sich darum, die Verbindung zwischen Mensch und Natur zu verstehen und zu erhalten.

Doch dann begannen Forschung und Wissenschaft ihren Siegeszug über die Emotionen anzutreten.

Rationalität schuf den ersten logischen Staat auf der Erde: das griechische Reich. Als die Griechen unter Alexander dem Großen das schon dekadente Ägypten ca. 300 v. Chr. eroberten und die Dynastie der Ptolemäer gründeten, stießen zwei völlig unterschiedliche Philosophien aufeinander.

Religion, Heilkunst und vor allem das magisches Wissen lagen in Ägypten in den Händen einer Priesterkaste mit Schweigepflicht über alles, was sie dachten und taten, sodass nur Eingeweihte Zugang zu diesem Wissen hatten. Ganz anders die Griechen, die sich vor allem den Gesetzen ihrer Logik unterwarfen, deren oberste und wichtigste Disziplin die Mathematik und die Astronomie waren, welche sie an öffentlichen Schulen, zugänglich für jeden Lernwilligen, vermittelten.

Ägypter kannten weiße und schwarze Magie, Astrologie, Lichttherapie, Chirurgie, Metallurgie und Basiskräuterkunde sowie esoterische Mathematik. Die Griechen stelltem dem ihre weniger esoterisch angehauchte, dafür aber weiter entwickelte Mathematik gegenüber, ergänzt durch Astronomie, Chemie, Physik und Biologie.

In Alexandrien wurden dann diese beiden scheinbar unvereinbaren Denkrichtungen zu einer Wissenschaft zusammengeführt, die beiden Konzepten gerecht werden konnte. Der *Hermes Trimegistos* wurde geboren, das erste alchemistische Werk der Geschichte. Die Alchemie vereinte nun alle Wissenschaften in einer, samt allen bis dahin bekannten magischen Praktiken. Dazu lieferte sie die Grundprinzipien und Naturgesetze, die erläutern, warum dies alles funktionierte, kurzum ein Denkmodell, das den kompletten Aufbau des Universums erklären konnte.

Hermes Trimegistos

Es blieb Geheimwissen, solange die Priesterkaste der Ägypter etwas zu sagen hatte und solange noch in schwer zugänglichen Hieroglyphen geschrieben wurde, aber das hatte sein Ende mit der römischen Besatzung. Weltmächte zeichnen sich bekanntermaßen vor allem durch Übermaß an Waffenbesitz und Strategie bei gleichzeitig umfassendem Mangel an Kultur aus. Die Römer bildeten hierbei keine Ausnahme. Da sie selbst keine Lust auf Philosophie oder Religion hatten, griffen sie auf die Völker zurück, die davon lebten.

Böse Zungen behaupten, dass sie ohne griechische Gefangene nicht einmal die Statik des Forum Romanums hätten berechnen können. Ihr Verstand war praktischer Natur, diszipliniert und diesseitig. Jede Art von Transzendenz lehnten sie im Grunde ab, Magie verabscheuten sie tief, über Religion rümpften sie verächtlich die Nase und setzten ihren Kaiser an Gottes Stelle.

Druiden, germanische Runenmeister oder allzu gläubige Priester, die es wagten, ungünstige Orakel zu verlesen, galten als Staatsfeinde und Unruhestifter. Nicht nur Miraculix war gefährdet, sondern alle ihm verwandten Naturen, wozu die ptolemäischen Priester natürlich auch gehörten.

Es war dies zum ersten und nicht zum letzten Mal eine Epoche, in der die Wissenschaften gefördert wurden, die funktionierende Arbeitsmodelle für das Leben auf der Erde lieferten, aber keinerlei Erklärung für den Grund oder Sinn des Lebens.

Mathematik wurde gelehrt, sofern sie den Steuereintreibern oder Bauherren nützlich war, Medizin bestand aus Kräuterkunde, die ausschließlich in ihrer Anwendung aus älteren Quellen übernommen wurde. Astronomie und Astrologie traten vollkommen in den Hintergrund, sodass es den einfachen Geistern passieren konnte, sich vollkommen im Widerspruch zu den griechischen Berechnungen der Bewegungen der Himmelskörper die Welt als Scheibe vorzustellen.

In der Medizin verdrängte der römisch-praktische Galenus das Wissen der griechischen Ärzte wie Hippokrates und Asklepios. Inmitten dieses allgemeinen Verfalls brannte auch noch die Bibliothek von Alexandria; und die ägyptischen Priester konnten sich nicht mehr darauf verlassen, dass ihr Wissen künftigen Generationen noch zur Verfügung stehen würde.

Zwar gab es noch keine Gameboys und gruseligen Fernsehprogramme, die zur allgemeinen Verdummung beitragen konnten, aber durchaus würdige Vorgänger davon. Die damaligen Hartz-IV-Empfänger hatten Anrecht auf Brot und Spiele in Form von freiem Eintritt ins Kolosseum, wo sie sich manchmal mehrmals in der Woche stundenlang die Realityshows ansehen konnten, deren Niveau den heutigen gar nicht so unähnlich war. Allerdings standen den damaligen Organisatoren hungrige Löwen zur Verfügung, die eventuell durchgefallene Superstar-Kandidaten effizient entsorgen konnten.

In einem solchen Panorama hatten Entsetzensschreie wie »Die Barbaren kommen« ungefähr das gleiche Echo wie heutige Unkenrufe »Die chinesische Wirtschaft macht uns alle«.

Man weiß allerdings inzwischen, wie die Geschichte mit Reichen, in denen solche Zustände allgemeinen geistigen Verfalls herrschen, umspringt. Die Geschichte geht weiter, die Reiche zerfallen.

Die Alchemisten jedenfalls retteten ihr hermetisches Wissen, indem sie ihre Schriften nicht nur in Griechisch, sondern auch in Latein verfassten und aus dem Ursprungsland hinaus in das gesamte Römische Reich, also einmal rund ums Mittelmeer, exportierten.

Nur wenige Jahrhunderte nach Cäsars Tod wurde der römische Pantheon, der eigentlich nur einen tatsächlich gelebten Atheismus deckte, von einem vollkommen neuen Glauben verdrängt. Offenbar konnte der Atheismus die seelischen und spirituellen Grundbedürfnisse der Menschen auf Dauer nicht befriedigen, da nützte es auch nicht, dass die Römer immerhin Schulpflicht für alle eingeführt hatten.

Das Christentum trat seinen Siegeszug in Europa an und ersetzte Wissen durch Glauben, zumindest beim Volk.

Bildung war nun nur noch ein Privileg einer sehr dünn gesäten Priesterklasse, ganz ähnlich wie zu Zeiten der ägyptischen Hochkulturen.

Der nördliche Teil des Römischen Reiches wurde zur Beute von germanischen Barbaren, die größtenteils nicht schreiben und lesen konnten und auch keine Straßen bauten. Wie alle Eroberer ließen sie Wissenschaften ganz gleich welcher Natur zunächst ziemlich kalt. Das Bild mit der Scheibe erfreute sich noch immer großer Beliebtheit, weshalb niemand auf die Idee kam, sich weiter hinauszuwagen als bis nach Galicien in Spanien, dem berühmten »Finisterre«.

Venuszeit

Ganz anders sah es dagegen mit der südlichen Hälfte des Römischen Reiches aus. Diese fiel 500 Jahre später in die Hände von arabischen Eroberern, die soeben den Islam angenommen hatten. Die Eroberung Spaniens durch *Tarik* markiert den Anfang der Venuszeit, symbolisiert durch den Halbmond mit Venus als einem Stern, eine Kombination, die wir heute auf der türkischen Nationalflagge bewundern können. Die junge muslimische Gemeinde, die teils mit dem Schwert, überwiegend aber schlichtweg aus Überzeugung ungeheuer schnell Verbreitung fand, beherrschte nicht nur Schrift und Sprache, sondern bekundete auch lebhaftes Interesse an Wissenschaften aller Art. Auf dem frisch eroberten spanischen Boden stießen sie dann auf lateinische Schriften, nicht nur naturwissenschaftlichen Inhalts, die von Interesse waren. Sprachbegabt wie Araber sind, ließen sie in den Übersetzerschulen Toledos von Latein ins Arabische, vom Ägyptischen ins Hebräische, vom Griechischen ins Latein und von dort ins mittelalterliche Spanisch alles kopieren, was sie aus der Antike finden konnten.

Hierbei erkannten sie recht bald den Unterschied der rein wissenschaftlichen Texte zu den wenigen esoterischen Werken der Alchemisten. Die Ersteren wurden verbreitet und an allen Universitäten des maurischen Spaniens gelehrt, von wo aus sie über den christlichen Teil Spaniens den Siegeszug in die gesamte mittelalterliche Welt Europas antraten. Arabisch-jüdische Medizin ersetzte oder ergänzte so bald die rudimentäre Klostermedizin der Christen.

Mit den alchemistischen Texten gab es aber mehr Probleme. Es liegt ihnen ein panspiritueller Denkansatz zugrunde, der im Gegensatz zu exklusivem Monotheismus steht. Die sieben hermetischen Prinzipien erklären die Zusammensetzung des Universums. Das war kein Wissen, das irgendein Machthaber zum Allgemeingut machen wollte. Es blieb also wenigen Eingeweihten vorbehalten und verborgen, wie zuvor auch.

Das Charakteristikum der Venuszeit waren aber nicht ihre so bedeutenden Fortschritte im Bereich der Naturwissenschaften, sondern ihre Hingabe an Ästhetik, Symmetrie und Schönheit. Die Kultur des Islam ruht zu einem Großteil auf den schöpferischen Kräften der Venusgeborenen. Von der Harmonie der Architektur über die Kachelmuster, Stuckarbeiten, Gartenbaukunst, Teppichkunst, Stoffwebereien bis hin zu den kalligrafischen Arbeiten stand alles unter dem Imperativ der Schönheit. Nie hat es eine Zeit mit mehr Farben, mehr überladener Üppigkeit, mehr Sinnenfreude gegeben als zur Blütezeit des Al-Andalus.

Arabische Ornamentik

Gleichberechtigt neben Wissenschaft und Medizin wurden Prosa und Poesie entwickelt, wofür sich die vieldeutige, oft märchenhafte Sprache des Arabischen ja besonders eignet. Minnesänger und Minnedienst, der später das Rittertum spirituell und emotional bereicherte, wären ohne das arabische Vorbild nicht denkbar gewesen.

Da die Liebe in einer Venuskultur so eine zentrale Bedeutung hat, wandelte sich auch das Verhältnis der Geschlechter zueinander. War im Neolithikum das Überleben der Sippe noch das wichtigste Thema, sodass Männer mit Jagen und Frauen mit Sammeln mehr als beschäftigt waren, so hatten die Mittelmeerländer sehr bald keine Existenzsorgen mehr.

In der Venuszeit wurden Frauen zu begehrten Statussymbolen, die man in der Mehrzahl zu besitzen wünschte und denen man die Last der Existenzerhaltung nicht aufhalsen wollte. Der Harem garantierte die Kultur, denn er hatte einzig und allein die Aufgabe, für die Umgebung zu sorgen, die ein venusgerechtes Dasein ermöglichte, und für die Familie da zu sein.

Da die Herstellung eines Teppichs oder das Besticken eines Prachtgewandes sehr zeitaufwendige Arbeiten sind, ganz abgesehen von einer ebenfalls zeitaufwendigen exquisiten Küche, war es nicht verwunderlich, dass man mehr Frauen als Männer in einem Haushalt brauchte. Außerdem sollten Frauen nicht durch Überarbeitung für ihre Hauptaufgabe als Geliebte untauglich werden.

Doch dann brannte schon wieder einmal eine Bibliothek, diesmal die des Kalifen al-Hakam in Córdoba. Offenbar verkraftet keine Kultur den Absturz ihrer Software. Man beachte dies als Warnung, denn auch hier zerfiel das mächtige Reich des Kalifen daraufhin in kleine Teilreiche!

Das spanische Christenreich dehnte sich unterdessen unaufhaltsam nach Süden aus. Immer mehr Schriften fielen ungewollt in christliche Hände, wo sie unter den kritischen Augen eines wissenschaftlich geschulten Verstandes zum Leben erwachten.

Das Universum ist selbstähnlich, die großen Himmelskörper prägen die kleinen Dinge auf der Erde, wie oben so unten. So war die Schöpfung Gottes also zu verstehen, so hing alles zusammen.

Ausgehend von der Universität Córdoba, hinaus in die Welt rund ums Mittelmeer, ungeachtet aller Schlachten, die im mittelalterlichen Europa tobten, zogen nun Gelehrte aller Couleur, um ihr Wissen zu verbreiten, Araber, Juden und Christen gleichermaßen. So bekannt wurden gewisse Prinzipien, dass der spanisch-jüdische Gelehrte Ben Esra, der, aus Spanien kommend, erst in Italien und später in Frankreich lehrte, die wichtigsten Fakten als bekannt voraussetzen konnte.

Es war eine fruchtbare, wissbegierige Zeit. Die germanischen Barbaren begannen, das Schwert auch schon mal mit der Feder zu vertauschen und sich die Welt als Kugel vorzustellen. Das Hochmittelalter akzeptierte die drei Buchreligionen nebeneinander und brachte jedem, der etwas zu lehren hatte, Respekt entgegen. Das Papier kam vom muslimischen Xàtiva in Südspanien nach Mittel- und Nordeuropa, und bald malten sich die Novizen in den Kopierstuben der Klöster die Finger wund.

Doch wie es immer so ist mit Idealzuständen, sie sind nicht von Dauer.

Die Kreuzzüge verhärteten die Fronten zwischen den christlichen und den moslemischen Reichen. Der Geist der Toleranz wich einem Christentum, das, um sich zu behaupten, meinte, in Intoleranz erstarren zu müssen. Der Templerorden wurde verboten, danach die Katharer und jede andere abweichende Glaubensrichtung. Die Inquisition wütete mit Feuer und Zensur, und mit ihr vergiftete die Angst jede Freude an Wissenschaften aller Art. Alchemie war jetzt ein gefährliches Wissen. An keiner Universität durfte sie mehr erwähnt werden, keine Schrift solchen Inhalts durfte mehr kopiert oder verbreitet werden. Wer so ein Werk besaß, mauerte es besser im Keller hinter Ziegeln ein.

Die typischen Früchte der Angst: Unwissen und Aberglaube verbreiteten sich wie die Pest in ganz Europa, repräsentiert durch das Bakterium *Yersinia pestis*, das in diesem Klima hervorragend gedieh und ein Drittel der Bevölkerung Europas für sich fordern konnte.

An den Universitäten wurde wieder Galenus gelehrt, Chirurgie und Anästhesie wurden vergessen. Die römische Säftelehre hatte immerhin so viel Erfolg, dass deutsche Medizinstudenten damit noch bis Ende des 19. Jahrhunderts dumm gehalten wurden.

Marszeit

Die Venuszeit neigte sich dem Ende zu, als das Schießpulver erfunden wurde und aus ritterlichen Zweikämpfen feige und tödliche Massenvernichtung wurde.

Ein bestimmtes Datum kennzeichnet das Ende der Venuszeit und den Beginn der Marszeit: der Fall von Granada (1492). Vielleicht auch der Fall Konstantinopels (1453). Das musste so kommen, denn das Marszeitalter näherte sich mit seinem ureigensten Element: dem Eisen.

Von Eisen starrend, stürmten die Ritter auf klobigen Kaltblütern gegen die bunt gewandeten Mauren auf ihren zarten Andalusierstuten, die wenig Lust auf Schlachten hatten und nur daran dachten, in die Arme ihrer Lieblingsfrauen zurückzusinken.

In Europa siegte Mars in Form des Christentums und mit ihm das Praktische, Karge, Nützliche, die Askese und Waffengewalt.

Christen lümmeln sich nicht auf Teppichen und Kissen, sondern sitzen steif auf Stühlen mit harten Rückenlehnen. Die farbige Kleidung verschwand und machte dem spanischen schwarzen Samt Platz. Stuckarbeiten und bunte Kacheln wurden durch weiß gekalkte Wände mit Märtyrerbildern ersetzt, die an die Sterblichkeit des Lebens an sich gemahnen sollten. Die Vielfalt der Gewürze wurde auf Salz und Knoblauch reduziert, das blumige Arabisch durch das kantige Latein ersetzt. Das härteste Los aber traf die Frauen. Jetzt, wo Schönheit nicht mehr gefragt war und Askese dominierte, stürzten sie vom Podest der Verehrung in den Abgrund der Verachtung. Als Gefäße der Sünde blieb nur das Kinderkriegen als Daseinsberechtigung zurück.

Männer aber verließen ihre Häuser, um sich der wichtigsten aller Marsaufgaben zu widmen, dem Kriegführen. Das tun sie seit 1492 nahezu ununterbrochen.

Mittelalterliche Waffe

Alle technischen Errungenschaften seitdem, so bewundernswert sie scheinen mögen, dienen letztlich immer diesem Ziel, irgendein Land zu erobern und Unterlegene dabei zu vernichten. Sie führen ihre Kriege nicht, um Frauen zu rauben wie zu Zeiten der Venus, sie führen Kriege, um Geschäfte zu machen und um des Vernichtens willen.

Dass dies keine guten Voraussetzungen für die Entwicklung von spirituellen Werten sind, liegt auf der Hand. Zu Beginn der Marszeit verkam die Wissenschaft so sehr, dass wieder allgemeine Unwissenheit herrschte, was sich besonders für die Medizin als fatal erwies. Kirchenschisma mit der Entstehung puritanischer Strömungen räumten dann mit den letzten Resten der Venuszeit auf, selbst bunte Fenster fielen ihrem Eifer zum Opfer. So wurde der Engel der armen Venus zu Luzifer, der Verkörperung der Sünde. Viele Frauen bezahlten diese weit verbreitete Ansicht mit dem Tod in den Feuern der Inquisition.

In diesem düsteren Panaroma tauchte Paracelsus wie eine Lichtgestalt auf, einer, der alles infrage stellt, der es wagt, die offizielle Lehrmeinung anzuzweifeln, der die ganze Welt bereist auf der Suche nach klügeren Quellen, als mittelalterliche Universitäten sie bieten konnten. Er vereinte zwei Qualitäten, die den meisten Menschen auch heute abgehen, denn er verband Theorie und Praxis, wie nie jemand vor oder nach ihm. Durch ganz Europa reisend, von Spanien bis Dänemark, von Polen bis Italien, las er nicht nur alle Schriften, deren er habhaft werden konnte, sprach mit jedem, der auch nur den Anschein eines Heilkundigen hatte, wobei er keinerlei Unterschied zwischen studierten Magistern oder alten Kräuterweiblein machte, sondern verglich dies augenblicklich mit der praktischen Anwendung am Patienten. Hierbei wurde er dann einer der wenigen, der durch praktische Anwendung die Prinzipien der Alchemie bestätigen und für die Nachwelt zugänglich machen konnte. Ihm verdanken wir, dass das alchemistische Denken trotz Inquisition und Verfolgung nicht abermals verloren gegangen ist.

Selbstverständlich ist dies allerdings nicht. Paracelsus' Schriften waren zu seinen Lebzeiten verbotene Bestseller, gerieten dann aber ins Vergessen, als die modernen Naturwissenschaften ihren Siegeszug in unsere Welt antraten. Kopernikus und Galilei widerlegten das ptolemäische Modell, nach dem die Himmelskörper sich alle in Kreisbahnen um die Erde bewegten. Als das geozentrische Bild durch das heliozentrische ersetzt wurde, fiel auch die Alchemie in Ungnade. Wenn die Ptolemäer sich in einem so wichtigen Punkt geirrt hatten, dann musste auch alles andere, was sie gelehrt hatten, Unsinn sein. Und wird man bei einer winzigen Unwahrheit erwischt, ist man für alle Zeiten als Lügner abgestempelt.

Da nutzt es auch nichts, dass schon Ben Esra den Lauf der Himmelskörper korrigiert hatte. Der Gelehrte hatte nicht verstanden, warum er mathematisch nachbessern musste, er kam noch nicht auf die Idee, dass es das falsche Weltbild war, das zu astronomischen Irrtümern geführt hatte, aber er korrigierte das Falsche, ohne das Gesamtkonzept anzuzweifeln.

Doch die Zeit der Aufklärung war eine andere. Was sich nicht beweisen ließ, musste Unsinn sein. Wie soll ein weit entfernter Himmelskörper ein Mineral oder gar das Herz eines Menschen prägen? Mit Alchemie beschäftigte sich jetzt nur noch der, der Metalle verwandeln wollte, in Gold natürlich, auf Geheiß eines Fürsten mit Machtgelüsten oder pekuniären Schwierigkeiten.

So wäre es geblieben, wenn nicht die moderne Zeit neue Werkzeuge liefern würde. Nun gibt es Quantenphysik, Homöopathie, Chaosmathematik und vieles mehr. Keine der genannten Disziplinen erfüllt noch den Anspruch von reiner Logik und stringenter Beweisbarkeit. Wie im Mittelalter wissen wir nur, dass es funktioniert, aber nicht, wie, schon gar nicht, warum. Gleichzeitig stagniert die Medizin auf den Errungenschaften weniger bahnbrechender Produkte wie zum Beispiel dem Penicillin oder dem Cortison. Die Römer von heute lehnen einmal wieder jede transzendente Grundlage ab, gesünder wird die Menschheit trotzdem nicht. Musste man im Mittelalter durch Glauben an Gott gesund werden, so muss man das heute durch Glauben an die Pharmaindustrie. Das eine ist so logisch wie das andere.

Angst bringt wieder ihre altbekannten Früchte auf den Markt: Unwissenheit und Aberglaube.

Die tatsächlichen Motoren der Gesundheitsindustrie waren früher die Kirchen, die ihre Macht verteidigen mussten. Heute sind es die Wirtschaftsbetriebe, die ihren Umsatz erhalten müssen. Daher hatte Paracelsus keine Chance, an einer Universität zu lehren, und wird kein moderner Alchemist an einer Universität lehren dürfen. Alchemistische Medizin bewegt kein Geld, weil sie dazu da ist, Menschen gesund zu erhalten und im Krankheitsfall mit wenigen, nicht immer teuren Mitteln und ohne Gerätemedizin zu heilen.

Alchemie ist eine Erkenntnishilfe, die zu Harmonie und Frieden mit sich selbst führen kann, ganz ohne Konsum, aber auch ohne sein fernöstliches Gegenteil: Askese und Verzicht.

Das Ende der Marszeit

Die Marszeit nähert sich nun ihrem Ende und hat wie alle dekadenten Zeiten die absonderlichsten Blüten hervorgebracht. Die Emanzipation der Frau ist so eine Blüte. Sie hat nicht dazu geführt, dass Frauen wieder ein echtes Gegengewicht zur Männerwelt darstellen, sie hat die Luna- und Venuswerte nicht wiederherstellen können.

Im Gegenteil, sie hat die Zerstörung unserer Welt durch das Marszeitalter noch beschleunigt. Frauen haben nicht für Frauenrechte gekämpft, sondern dafür, am Marsleben teilnehmen zu dürfen. Sie spenden nun kein Leben mehr, sondern versehen stolz den Dienst an der Waffe. Optisch präsentieren sie sich als etwas schmächtigerer Mann und halten es für Fortschritt, dass sie ihre langen Haare, ihre schönen Kleider und den üppigen Schmuck zugunsten einer Chance auf dem Arbeitsmarkt aufgegeben haben.
 Marsgedanken sind so allgegenwärtig und verbreitet, dass selbst das Verhalten der Frauen unweiblich geworden ist. Vor die Wahl gestellt, Familie oder Karriere, entscheiden sich viele lieber für die Karriere, auch dann, wenn ihre eigene Signatur zu dieser Entscheidung überhaupt nicht passt.

Mars heißt »praktisch«, was dazu geführt hat, dass alles diesem Diktat unterworfen wurde. Das Ergebnis sind hässliche Städte, hässliche Möbel und noch hässlichere Kleidung.
 Und wenn man damit noch leben könnte, so wird all das Praktische doch gesundheitsschädlich, wenn es um die Nahrung geht, denn hier heißt »praktisch« meistens nur »instant«.

Mars bedeutet auch Schnelligkeit, Hektik, Stress, Aggression, ein Hinterherrennen hinter der Zeit. Die arme Spitzmaus ist so ein Tier, das den ganzen Tag rennen muss, um sein eigenes Körpergewicht futtermäßig mit genügend Energie zu versorgen. Wir aber müssen schon seit Jahrhunderten nicht mehr rennen, um zu futtern, sondern um so etwas Abstraktes wie Geld heranzuschaffen. Das ist, biologisch gesehen, tragisch und weltgeschichtlich lebensgefährlich für die planetaren Ressourcen. Es führt zu noch größerer Ausbeutung und Sklaverei, als wir dies jemals zuvor in der Geschichte erlebt haben.

Die Spielerei mit Waffen, die etwas absolut Kindisches hat, man erinnere sich an Ronald Reagan, der immer wieder verbal den Ernstfall probte, scheint hierbei keinerlei vernunftgebundenen Grenzen zu kennen. Doch wie das immer in der Geschichte war: Ein Ende ist abzusehen. Je irrsinniger sich etwas entwickelt, desto stärker befindet es sich in der Dekadenz und bereitet den Weg für ein neues Zeitalter vor. Die Marszeit verhält sich gerade wie ein Skorpion, auf den man getreten ist und der noch einmal wild um sich sticht und Gift verspritzt, bevor er verendet. Und verenden wird er sehr bald, denn diese Zeit endet 2012.

Jupiterzeit: 2012

Und das ist die gute Nachricht: Dann beginnt das Jupiterzeitalter. Wir werden den Übergang nur sehr allmählich erleben, aber die Vorzeichen häufen sich bereits.

Reine kommerzielle Interessen, kriegerische Auseinandersetzungen und fanatisches Fundamentalistentum, die in den letzten Jahrhunderten eine Unmenge von Leid geschaffen haben und die gesamte Erde bis zur Ausrottung unserer eigenen Art bedrohen, werden Stück für Stück verschwinden und einer neuen Phase Platz machen müssen, in der es um mehr Gerechtigkeit, Verantwortung und Erkenntnis gehen wird. Der Zeitpfeil ist nicht umkehrbar, vergangene Zeiten werden nicht wiederkehren und tote Werte nicht auferstehen, daher wissen wir noch nicht, wie genau das Jupiterzeitalter vorstellbar ist. Dass wir seine Geburt jedoch soeben erleben, gleichzeitig mit dem Zusammenbruch einer kapitalistischen, wertelosen Welt, ist wohl jedem klar, der die weltweiten Nachrichten aufmerksam verfolgt.

Obama wurde Präsident und nährt mit seiner Wahl weltweit die Hoffnung, es werde eine Chancengleichheit für Menschen aller Hautfarben und Herkunft geben. Immer mehr Staaten verlangen eine Weltwährung, die garantieren soll, dass nicht mehr einem einzigen Staat die Weltherrschaft zugebilligt wird.

Jupiterzeit bedeutet Gerechtigkeit. Männer und Frauen könnten es dann noch einmal mit der Gleichstellung versuchen, ohne dass dabei Kinder und Alte zu Verlierern werden müssen. Gleichstellung ist erreicht, wenn das bestickte Tischtuch den gleichen Wert erhält wie ein geschmiedetes Messer, wenn eine Stunde Kochen finanziell einer Stunde Elektrik-

reparatur entspricht. Geistig-spirituelle Arbeit darf nicht nur bei Computerprogrammierung hoch bezahlt werden, während Künstler oder Geistliche nahezu verhungern. Menschen, die sich sozial engagieren und sich um Kinder oder Senioren kümmern, haben Anrecht auf größtmöglichen Respekt und anständige Bezahlung statt auf Mitleid. Vieles wird sich ändern müssen, damit die Jupiterzeit eine gute Zeit für die Erde wird.

Wir werden uns um die Schätze dieser Erde kümmern müssen, wir können sie nicht einfach weiter ausbeuten, wir werden für die pflanzlichen und tierischen Geschöpfe dieser Welt Verantwortung übernehmen müssen wie ausgewachsene Menschen und nicht wie Kinder, die wahllos Zweige abbrechen oder Ameisen zertreten, kurzum, wir werden erwachsen werden müssen.

Wie auch immer der Einzelne sich nun auf 2012 einstellen wird, eines ist für Alchemisten klar: Die Welt wird nicht untergehen. Der Mayakalender bedeutete der Alten Welt nichts, denn er war ihr unbekannt. Nach ägyptisch-arabischer Vorstellung der Astrologen endet die Welt, wenn alle Geburtsherrscher gleichzeitig im Haus ihrer Erhöhung stehen.

So viel kann ich dem Leser immerhin verraten: Das wird am 21.12.2012 nicht der Fall sein. Die Himmelskörper tummeln sich dann überall, nur nicht in den Häusern ihrer Erhöhung. Es lohnt sich also, nicht nur die inzwischen ausgestorbene Langspielplatte noch zu kaufen, sondern sich aktiv und emotional, wo auch immer, zu engagieren und die richtigen Pläne zu schmieden.

Danksagung

Mein Dank gilt hier vor allem Michael Görden und dem ganzen Allegria-Team, wo jeder Einzelne dem Namen des Verlags Ehre macht. Denn was wäre ein Leben ohne Freude? Ich danke jeden Tag, wenn die Sonne aufgeht, dem Schöpfer eines Universums, das voller Schönheit und Harmonie ist. Noch schöner wäre es allerdings, wenn wir uns darauf beschränken könnten, es zu bewundern, statt es zu zerstören.

Dazu kommen die vielen, vielen Menschen, deren Geburtsherrscher ich bestimmt habe und die mir als lebende Belege für Paracelsus' alchemistische Menschenerkennung zur Verfügung gestanden haben. Sie alle aufzuzählen ist an dieser Stelle ein Ding der Unmöglichkeit. Es sei aber mein Sohn Florencio genannt, der als echter Siamkater zwar am liebsten nichts tut, außer sich den schönen Dingen dieser Welt zu widmen, als da wären Musik und Tanz, aber sofort zur Stelle ist, wenn ich ein Problem mit dem Computer habe, und natürlich mein Mann Miguel, Lebensgefährte seit 25 Jahren, der allzu oft das berühmte Hörnchen im Laufrad spielen muss, um vor allem meine unzeitgemäßen Träume verwirklichen zu können.

Wenn ich hier, als eigentlich menschenscheues Reptil, die Sicherheit meiner Höhle verlasse, dann darum, weil mir ein kleines buckliges Genie aus dem fernen Mittelalter durch unbekannte Kanäle in Raum und Zeit zuflüstert, ich möge dafür sorgen, dass sein Name nicht mehr als leere Worthülse missbraucht wird, sondern für die Art von Erkenntnis und Heilung steht, die unsere Zeit dringend braucht.

Michaela Dane

www.michaela-dane.com

Literatur

Allgeier, Kurt, *Paracelsus*, Heyne Verlag, München, 1984

Anglicus, Bartholomeus, *Tratado de los metales y piedras preciosas 1240*, edicion facsimil, Zaragoza, 2000

Arndt, Ulrich, *Edelsteinessenzen*, Hans Nietsch Verlag, Freiburg, 2001

Arndt, Ulrich, *Metallessenzen*, Hans Nietsch Verlag, Freiburg, 2001

Arrowsmith, Nancy, *Herbarium Magicum*, Allegria, Berlin, 2007

Aschner, Bernhard, *Paracelsus, Sämtliche Werke*, Gustav Fischer Verlag, Jena, 1926

Aurora Sonderdruck, *Spagyrische Heilmittel als Kunst der Natur*, ZeitenSchrift Nr. 19

Aviles, Juan Carlos, *Heliosar Spagyrica*, Toledo, 2006

Bach, Edward, *Blumen, die durch die Seele heilen*, Ullstein, Berlin, 2004

Barrow, Gordon, *Physikalische Chemie*, Bohmann Vieweg, Wien, 1973

Battistini, Mathilde, *Astrologie, Magie und Alchemie*, Parthas, 2005

Becker, Georges, *Plantes toxiques*, Gründ Verlag, Prag, 1984

Bernus, Alexander, von, *Alchymie und Heilkunst*, Rudolf Geering Verlag, Freiburg, 1994

Bertelsmann, *Das moderne Tierlexikon*, Gütersloh, 1979

Biegert, Claus, Gaupp, Georg, *Vom Wesen des Wassers*, Frederking und Thaler, Wien, 2006

Bingen, Hildegard, von, *Die Heilkraft der Edelsteine*, Moewig Verlag, Rastatt, 2006

Binz, Dr., *Grundzüge der Arzneimittellehre*, August Hirschwald Verlag, Berlin, 1901

Bölsche, Wilhelm, *Liebesleben in der Natur*, Eugen Diederichs, Jena, 1907

Brohmer, Paul, *Fauna von Deutschland*, Quelle und Meyer, Heidelberg, 1982

Bühring, Malte, *Naturheilverfahren*, Thieme Verlag, Stuttgart, 2003

Burnham, Robert, Dyer, Alan, Garfinkle, Robert, George, Martin, Kanipe, Jeff, Levy, David, O'Byrne, John, *Der Sternenhimmel*, Könemann, Köln, 2000

Burnie, Geoff et al., *Botanica*, Könemann, Köln, 2000

Campion, Nicholas, *Die praktische Astrologie*, Interbook, 1988

Carranza, Armando, *Enciclopedia de Sueños*, Planeta, Barcelona, 2002

Christen, Peter, *Grundlagen der Organischen Chemie*, Salle und Sauerländer, Frankfurt, 1985

Cleffman, Günter, *Stoffwechselphysiologie der Tiere*, UTB Ulmer Verlag, Stuttgart, 1979

Dalichow, Irene, *Krafttiere*, Goldmann Arkana, München, 2007

Dane, Elisabeth, Wille, Franz, Laatsch, Hartmut, *Kleines chemisches Praktikum*, VCH Verlagsgesellschaft, Weinheim, 1997

Der große Brockhaus, Leipzig, 1928

Diaz Mateos, Paloma, *Botiquin de Spagyria*, Ediciones Indigo, Barcelona, 2005

Doeberer, Kurt, *Die Goldmacher*, Universitas Verlag, München, 2003

Duda, Rudolf, Rijl, Lubros, Slivka, Dusan, *Mineralien*, Naturbuch Verlag, Prag, 1995

Ekrutt, Joachim, *Die Sonne*, Geo, Hamburg, 1981

El Firmamento, *Calendario Zaragozano*, Madrid, 2007

Emoto, Masaru, *Mensajes del agua*, La liebre de marzo, Barcelona, 2006

Englert, Ludwig, *Paracelsus*, Wilhelm Limpert Verlag, Berlin, 1941

Escohotado, Antonio, *Aprendiendo de las drogas*, Anagrama, Barcelona, 1995

Faulkner, R. O., *The Ancient Egyptian Book of the Dead*, British Museum Press, London, 2007

Fischer, Paul, *Die Zeitrechnung nach dem Mond*, Selbstverlag Paul Fischer, Düsseldorf, ca. 1970

Gil Brandt, Rafael, *Lehrbuch der klassischen Astrologie*, Chiron Verlag, Mössingen, 2000

Griffith, Colin, *The new materia medica*, Watkins Publishing, London, 2007

Guia de medicamentos homeopaticos, Boiron, Alicante, 2006

Hahnemann, Samuel, *Organon*, Neuauflage 1928, Imprenta del porvenir, Yucatan, 1929

Hackel, Ernst, *Kunstformen der Natur*, Leipzig, 1904

Hay, Louise, *Gesundheit für Körper und Seele*, Heyne Verlag, München, 1984

Heepen, Günther, *Sales de Schüßler*, Ediciones Arola, Tarragona, 2002

Hermes Trismegisto, *Corpus Hermeticum*, Ediciones Indigo, Barcelona, 1998

Hoffmann und Dennert, *Botanischer Bilderatlas*, Schweizerbartsche Verlag, Stuttgart, 1911

Holzer, Sepp, *Der Agrarrebell*, Goldmann Arkana, München, 2002

Homöopathisches Repititorium, DHU, Karlsruhe, 2002

Ibn Esra, *Libro de las tablas astronomicas*, Instituto Arias Montano, Barcelona, 1947

Jenner, Otmar, *Das Buch des Übergangs*, Allegria, Berlin, 2007

Jung, Carl Gustav, *Paracelsus*, Königsfurt Verlag, Krummwisch, 2002

Karlson, Peter, *Biochemie*, Thieme, Stuttgart, 1984

Keller, Erich, *Aromatherapie*, Ullstein, Berlin, 2006

Keller, Hans, *Das Kosmos Himmelsjahr*, Kosmos Verlag, Stuttgart, 2005

Kolbenheyer, E. G., *Paracelsus*, Paul Neff Verlag, Wien, 1951

Kusse, Frans, *Kindertypen*, Narayana Verlag, Kandern, 2007

Lammerts, Frity, *Diplomarbeit zur Farbtherapie*, Schweiz, 1995

Libermann, Jakob, *Die heilende Kraft des Lichts*, Piper Verlag, München, 2005

Lutze, Arthur, *Lehrbuch der Homöopathie*, Hans Greiner Verlag, Köthen Anhalt, 1933

Mangliavori, Massimo, *Schlangenmittel in der Homöopathie*, Narayana Verlag, Kandern, 2008

Mangliavori, Massimo, *Cactaceae*, Narayana Verlag, Kandern, 2008

Mangliavori, Massimo, *Die Meeresmittel*, Narayana Verlag, Kandern, 2008

Meyer, Hermann, *Kompendium der Kinderheilkunde*, Speyer und Kaerner Verlag, Leipzig, 1910

Mortimer, Charles, *Chemie*, Thieme Verlag, Stuttgart, 1980

Mössinger, Paul, *Homöopathie und naturwissenschaftliche Medizin*, Hippokrates, Stuttgart, 1984

Müller Ebeling, Claudia, Rätsch, Christian, Storl, Wolf-Dieter, *Hexenmedizin*, AT Verlag, Baden, 2005

Pahlow, Manfried, *Plantas Medicinales*, Everest, Madrid, 1985

Paungger, Johanna, *Vom richtigen Zeitpunkt*, Irisiana, München, 1995

Paungger, Johanna, *Der lebendige Garten*, Goldmann, München, 2008

Paungger, Johanna, *Alles erlaubt*, Goldmann, München, 1998

Peternell, Peter, *Der König der Ärzte*, Verlag des Berglandbuchs, Salzburg, 1941

Plantas Medicinales, Ediciones Mercurio, Madrid, 1972

Proeller, Christoph, *Alchemia Medica*, Editione Insole, Erasmus Grasser Verlag, Hohenfurch, 2007

Rätsch, Christian, *Der heilige Hain*, AT Verlag, Baden, 2005

Richter, Isolde, *Naturheilkunde Therapieverfahren*, Urban und Fischer, München, 2000

Rinaldi und Tyndalo, *Pilzatlas*, Hörnemann, Bonn, 1976

Ringmacher, Christina, *Hermetisches ABC*, Spannerscher Buchdruck, Leipzig 1778

Rippe, Olaf, Madjewsky, Magret, *Die Kräuterkunde des Paracelsus*, AT Verlag, München, 2006

Salge, Prof. Dr., *Taschenbuch für die Kinderpraxis*, Verlag Fishers Medicin, Berlin, 1909

Samel, Gerti, Krämer, Barbara, *Die heilende Energie der ätherischen Öle*, Südwest Verlag, 2005

Schauenberg, Paul, Paris, Ferdinand, *Guia de plantas medicinales*, Omega, Barcelona, 1979

Scheffer, Mechthild, *Bachblütentherapie*, Ullstein, Berlin, 2006

Schmeil, Otto, Fitschen, Hans, *Flora von Deutschland*, Quelle und Meyer Verlag, Heidelberg, 1982

Schmidt, Josef, *Die philosophischen Vorstellungen Samuel Hahnemanns*, Sonntag Verlag, München, 1990

Schneider, Alfred, *Das grüne Geheimnis*, Kurt Desch Verlag, Basel, 1966

Scholten, Jan, *Geheime Lanthanide*, Narayana Verlag, Kandern, 2006

Scholten, Jan, *Homeopatia y minerales*, Stichting Alonnissos, Utrecht, 1998

Scholten, Jan, *Homöopathie der Elemente*, Narayana Verlag, Kandern, 1997

Schuder, Rosemarie, *Paracelsus*, Rütten und Loenig, Berlin, 1983

Schunk, Rainer, Dr., *Heilkraft aus Heilpflanzen*, Kaulfuss Verlag, Abtswind, 1991

Seignalet, Jean, Dr., *La alimentacion*, RBA Integral, Barcelona, 2001

Sigerist, Henry, Prof., *Der Arzt in der ägyptischen Kultur*, Oxford University Press, 1966

Simonis, Werner, *Taschenbuch der Heil- und Gewürzkräuter*, Vittorio Klostermann Verlag, Frankfurt 1981

Skinner, Stephen, *Geometria Sagrada*, Gaia Ediciones, Madrid, 2007

Smith, Gordon, *Medium*, Allegria, Berlin, 2005

Sommer, Sven, *Homöopathie*, Gräfe und Unzer Verlag, München, 2001

Stoffler, Hans Dieter, *Kräuter aus dem Klostergarten*, Thorbecker Verlag, Stuttgart, 2002

Strassmann, Renato, *Baumheilkunde*, AT Verlag, Aarau, 2006

Stryer, Lubert, *Biochemistry*, Freeman, San Francisco, 1981

Tomkins, Peter, Bird, Christopher, *Das geheime Leben der Pflanzen*, Fischer, Frankfurt, 1983

Vollborn, Marita, Georgescu, Vlad, *Die Gesundheitsmafia*, Wissenschaftliche Buchgesellschaft, Darmstadt, 2005

Vollborn, Marita, Georgescu, Vlad, *Die Joghurtlüge*, Campus Verlag, Frankfurt, 2006

Was ist was: »Der Mond«, Neuer Tesslow, Nürnberg, 1972

Was ist was: »Die Sterne«, Neuer Tesslow, Nürnberg, 1972

Weberling, Focko, Schwantes, Hans Otto, *Pflanzensystematik*, Ulmer Verlag, Stuttgart, 1972
Wiegele, Miriam, *Zauberpflanzen*, Ulmer Verlag, Stuttgart, 2003
Willi, Rudolph, *Vitamine*, Kosmos, Stuttgart, 1951
Willkens, Johannes, *Misteltherapie*, Sonntag Verlag, Stuttgart, 2006
Wolfram, Elise, *Paracelsus*, Verlag am Geotheanum, Dornach, 1991
Zeitler, Herbert, Neidhardt, Wolfgang, *Fraktale und Chaos*, Wissenschaftliche Buchgesellschaft, Darmstadt, 1994
Zimniok, Klaus, *Verzauberte Welt der Reptilien*, Meyster Verlag, Wien, 1979

Ebenfalls von Dr. Michaele Dane:

Heilgeheimnisse des Paracelsus, Allegria, Berlin, 2008
Paracelsusmedizin für Naturheiler, Narayana, Kandern, 2010
Paracelsus im Wandel der Zeiten, Drei Birken Verlag, Freiburg, 2010

Bildnachweis

Kapitelanfänge: fotolia/gabriella 88
Seite 11: The Matrix – Screenshot of the famous GLMatrix screensaver/Copyright © 1999–2003 by Jamie Zawinski.
Seite 27: Mandel zoom 12 satellite spirally wheel with julia islands.jpg/Copyright © wikimedia.org.
Seite 85: Bronze menora, once used in the synagoge Moers/Copyright © Daniel Ullrich, Threedots.
Seite 303: In der Nahrungsvakuole eines Sonnentierchens (Heliozoa) eingeschlossenes Paramecium/Copyright © wikimedia.org
Seite 304: Aurelia aurita/Copyright © BS Thurner Hof
Seite 307: Hermes Trismegistus Floor mosaic in the Cathedral of Siena Russian/public domain

Testauflösung

Die Antworten können mit dem folgenden Schlüssel zugeordnet werden. Der Himmelskörper, der am häufigsten gewählt wurde, ist vermutlich der Geburtsherrscher. Wie schon im Kapitel »Die Archetypen der Geburtsherrscher« erläutert, ist es sehr unwahrscheinlich, dass man bei allen Fragen den eigenen Geburtsherrscher ankreuzt. Sehr oft ist man auch gerade vom Gegenteil fasziniert.

Gegenpaare bei Geburtsherrschern sind die weiblichen und männlichen Himmelskörper wie Sonne und Mond oder Mars und Venus. Saturn kann als Gegenpart Sonne oder Mond haben, Jupiter Mond oder Venus. Merkur steht zu keinem der anderen Himmelskörper in Opposition.

Markieren Sie sich nun den entsprechenden Himmelskörper:

1) Farben
Sie: A: Mars, B: Venus, C: Saturn, D: Sonne, E: Mond, F: Merkur, G: Jupiter
Er: A: Mars, B: Venus, C: Saturn, D: Sonne, E: Mond, F: Merkur, G: Jupiter
Beide: A: Mars, B: Venus, C: Saturn, D: Sonne, E: Mond, F: Merkur, G: Jupiter

2) Metall
A: Sonne, B: Mond, C: Jupiter, D: Merkur, E: Mars, F: Venus, G: Saturn

3) Kraftfahrzeuge
A: Jupiter, B: Mars, C: Venus, D: Saturn, E: Merkur, F: Mond, G: Sonne

4) Schmuck
A: Sonne, B: Mond, C: Merkur, D: Saturn, E: Mars, F: Venus, G: Jupiter

5) Uhren
A: Sonne, B: Mond, C: Merkur, D: Saturn, E: Venus, F: Jupiter, G: Mars

6) Blumen
A: Sonne, B: Mond, C: Jupiter, D: Saturn, E: Mars, F: Merkur, G: Venus

7) Getränke
A: Saturn, B: Mars, C: Merkur, D: Venus, E: Mond, F: Sonne, G: Jupiter

8) Knabbereien
A: Jupiter, B: Venus, C: Saturn, D: Mars, E: Sonne, F: Mond, G: Merkur

9) Wetter
A: Mond, B: Merkur, C: Mars, D: Jupiter, E: Sonne, F: Venus, G: Saturn

10) Tiere
A: Mars, B: Venus, C: Mond, D: Jupiter, E: Sonne, F: Saturn, G: Merkur

11) Hunde
A: Mars, B: Jupiter, C: Mond, D: Saturn, E: Merkur, F: Sonne, G: Venus

12) Vögel
A: Saturn, B: Jupiter, C: Venus, D: Merkur, E: Mars, F: Mond, G: Sonne

13) Insekten
A: Venus, B: Saturn, C: Jupiter, D: Merkur, E: Mars, F: Mond, G: Sonne

14) Speisen
A: Mars, B: Mond, C: Venus, D: Saturn, E: Jupiter, F: Sonne, G: Merkur

15) Gewürze
A: Merkur, B: Jupiter, C: Saturn, D: Venus, E: Mars, F: Mond, G: Sonne

16) Früchte
A: Mars, B: Venus, C: Mond, D: Jupiter, E: Sonne, F: Merkur, G: Saturn

17) Phobien
A: Venus, B: Mars, C: Mond, D: Saturn, E: Jupiter, F: Merkur, G: Sonne

18) Instrumente
A: Merkur, B: Mars, C: Saturn, D: Mond, E: Sonne, F: Venus, G: Jupiter

19) Musiktyp
A: Venus, B: Sonne, C: Saturn, D: Merkur, E: Jupiter, F: Mond, G: Mars

20) Tanz
A: Merkur, B: Mars, C: Mond, D: Saturn, E: Sonne, F: Jupiter, G: Venus

Mein häufigster Himmelskörper: _____

Tabellenübersicht

Organe und Sinne 40
Die Himmelsfarben 51
Himmelskörper und Metalle 54
Die ungleiche Verteilung von Männlich und
  Weiblich 62
Die Häuser der Geburtsherrscher 66
Sonnensignatur 98
Mondsignatur 112
Merkursignatur 125
Kräutersignaturen 129
Venussignatur 138
Tiersignaturen 150
Marssignatur 154
Signatur Himmelskörper und Bäume 159
Jupitersignatur 163
Signatur der Mineralien 168
Saturnsignatur 176
Geburtsherrscher und Nahrungsempfehlungen 197
CHANBIO und Krankheitsbilder 200
CHANBIO und Geburtsherrscher, Spurenelement-
  und Vitaminmangel 201
Spurenelemente und Vitamine in der Nahrung 202
Geburtsherrscher und Krebskiller 204
Küchenkräuter und Gewürze 206
Zuordnung der Stunden des Tages zu den
  Himmelskörpern 209
Kleine Hausapotheke für Kinder 242
Sieben Formen der Intelligenz 269

Cory Taylor

Sterben
Eine Erfahrung

Aus dem Englischen von
Ulrike Kretschmer.
Gebunden mit Schutzumschlag.
Auch als E-Book erhältlich.

Eine Hymne an das Leben

2015 erfährt die australische Schriftstellerin Cory Taylor, dass sie nicht mehr lange zu leben hat. Und so verfasste sie in nur wenigen Wochen dieses ungewöhnliche Buch, das kurz vor ihrem Tod erschien und nun rund um den Globus veröffentlicht wird.

Auf bemerkenswerte Weise reflektiert sie darin über den Sinn der Zeit, die ihr noch bleibt. Sie lässt uns teilhaben an ihrer Erfahrung, was das Sterben sie gelehrt hat. Der universellen Frage über ein Leben nach dem Tod begegnet sie als nicht-religiöser Mensch in einer sie selbst überraschenden spirituellen Form.

Taylor ist präzise in ihren Schilderungen und kommt ohne Selbstgerechtigkeit aus, das macht ihr Buch besonders.
SPIEGEL

Francesc Miralles und Héctor García (Kirai)

IKIGAI
Gesund und glücklich hundert werden

Aus dem Spanischen von Maria Hoffmann-Dartevelle.
Gebunden mit Schutzumschlag.
Auch als E-Book erhältlich.

Das erste Buch zum neuen Trend IKIGAI!

Worin liegt es, das Geheimnis für ein langes Leben? Den Japanern zufolge hat jeder Mensch ein Ikigai. Ikigai ist das, wofür es sich lohnt, morgens aufzustehen, oder auch ganz einfach: »der Sinn des Lebens«. Das Ikigai ist in uns verborgen, und wir müssen geduldig forschen, um es zu finden. Gelingt es uns, haben wir die Chance, gesund und glücklich alt zu werden.

Eine Offenbarung für jeden, der auf der Suche nach dem Sinn des Lebens ist und für den Gesundheit ein hohes Gut ist.

Was dem Leben eines Japaners Sinn gibt, heißt »Ikigai«. Nun entdeckt ein Buch diese Idee für Europäer.
Süddeutsche Zeitung

Das Rezept für ein erfülltes Leben.
IN Das Star- und Style Magazin